Google SketchUp 8

Detlef Ridder

Google SketchUp 8

Praxiseinstieg

Bibliografische Information der Deutschen Nationalbibliothek
Die Deutsche Nationalbibliothek verzeichnet diese Publikation in der
Deutschen Nationalbibliografie; detaillierte bibliografische
Daten sind im Internet über <http://dnb.d-nb.de> abrufbar.

Bei der Herstellung des Werkes haben wir uns zukunftsbewusst für
umweltverträgliche und wiederverwertbare Materialien entschieden.
Der Inhalt ist auf elementar chlorfreiem Papier gedruckt.

ISBN 978-3-8266-9133-1
1. Auflage 2011

E-Mail: kundenbetreuung@hjr-verlag.de

Telefon: +49 6221/489-555
Telefax: +49 6221/489-410

www.mitp.de

© 2011 mitp, eine Marke der Verlagsgruppe Hüthig Jehle Rehm GmbH
Heidelberg, München, Landsberg, Frechen, Hamburg

Dieses Werk, einschließlich aller seiner Teile, ist urheberrechtlich geschützt.
Jede Verwertung außerhalb der engen Grenzen des Urheberrechtsgesetzes ist
ohne Zustimmung des Verlages unzulässig und strafbar. Dies gilt insbesondere
für Vervielfältigungen, Übersetzungen, Mikroverfilmungen und die
Einspeicherung und Verarbeitung in elektronischen Systemen.

Lektorat: Sabine Schulz
Sprachkorrektorat: Petra Heubach-Erdmann
Satz: III-satz, Husby, www.drei-satz.de
Druck: Beltz Druckpartner GmbH und Co. KG, Hemsbach
Coverbild: © mipan – Fotolia.com

Inhaltsverzeichnis

		Vorwort	11
1		**Einfach loslegen: Ich zeichne mein Haus, mein Pferd, mein Boot**	15
1.1		Download – http://sketchup.google.com	15
1.2		Hard- und Software-Voraussetzungen	16
	1.2.1	Windows XP	17
	1.2.2	Windows Vista/ Windows 7	17
	1.2.3	Mac OS X	18
1.3		Download	18
1.4		Installation	19
1.5		Google SketchUp starten	22
	1.5.1	Benutzeroberfläche	24
	1.5.2	Starthilfen	26
1.6		Mein Haus: Linie-Fläche-Volumen	28
	1.6.1	Zoom, Pan und Schwenken	37
1.7		Mein Pferd	38
1.8		Mein Boot	39
1.9		Übungen	45
1.10		Übungsfragen	46
2		**Genau genommen: Exaktes Zeichnen**	47
2.1		Richtungsvorgaben für Linien und Bögen	47
	2.1.1	Rechtwinklige Linien-Konstruktionen	47
	2.1.2	Parallele und senkrechte Linien	48
	2.1.3	Tangentiale Bögen	49
2.2		Ausgezeichnete Punktpositionen	50
2.3		Ableitungen und Hilfslinien	51
2.4		Beispiel für abgeleitete Koordinaten	54
2.5		Die Werteeingabe: exakte Eingaben	56
2.6		Verwendete Einheiten und Genauigkeit	57
2.7		Wie Flächen entstehen und bearbeitet werden können	58
2.8		SketchUp's Trick: Alles ist eckig, Volumen sind hohl	64
2.9		Zeichenübungen	65
2.10		Übungsfragen	66

3		Benutzeroberfläche und Grundeinstellungen	67
3.1		Die Menüs und ihre Funktionen	69
	3.1.1	Datei	69
	3.1.2	Bearbeiten	69
	3.1.3	Ansicht	71
	3.1.4	Kamera	71
	3.1.5	Zeichnen	72
	3.1.6	Tools	72
	3.1.7	Fenster-Menü mit Grundeinstellungen	73
	3.1.8	Hilfe	86
3.2		Die Symbolleisten	87
	3.2.1	Kurzreferenz der Werkzeuge	88
3.3		Übungsfragen	91
4		Die Zeichenbefehle	93
4.1		Linie	93
4.2		Bogen	102
4.3		Kreis	107
4.4		Ellipse	108
4.5		Rechteck	109
4.6		Vieleck	111
4.7		Übungen	112
4.8		Übungsfragen	114
5		Funktionen zum Bearbeiten	115
5.1		Erst mal: Wie wähle ich Objekte zum Bearbeiten aus?	115
5.2		Kommando zurück: Aktionen rückgängig machen	117
5.3		Ganz wichtig: Löschen	118
5.4		Sehr nützlich: Versetzen	119
5.5		Hin und her: Schieben	120
5.6		Kopieren	123
5.7		Drehen	124
5.8		Spiegeln	126
5.9		Skalieren	128
5.10		Vervielfältigen	131
	5.10.1	Beim Kopieren vervielfältigen	131
	5.10.2	Beim Drehen vervielfältigen	133
5.11		Strecken	137

5.12	Längenänderung	140
5.13	Extrusion	140
5.14	Sweeping	144
5.15	Übungsfragen	146

6	**Gruppen und Komponenten**	**147**
6.1	Gruppen	149
	6.1.1 Erzeugen einer Gruppe	149
	6.1.2 Zerlegen einer Gruppe	150
	6.1.3 Bearbeiten einer Gruppe	150
6.2	Komponenten	151
	6.2.1 Erzeugen einer Komponente	152
	6.2.2 Beispiele	154
	6.2.3 Zerlegen einer Komponente	159
	6.2.4 Bearbeiten einer Komponente	159
	6.2.5 Neue Komponente aus bestehender erzeugen	162
6.3	Komponente als eigene Datei erzeugen und verwenden	163
	6.3.1 Treppe konstruieren	163
	6.3.2 Treppe einfügen und positionieren	170
6.4	Komponenten-Bibliotheken	171
6.5	Dynamische Komponenten	175
	6.5.1 Beispiel: Haus mit variabler Länge und automatisch verteilten Fenstern	178
	6.5.2 Attribute der Komponenten als Liste ausgeben	181
6.6	Übungsfragen	184

7	**Layer, Oberflächen, Muster, Stile**	**185**
7.1	Die Flächenstile	185
7.2	Ein Konstruktionsbeispiel mit Layern	187
7.3	Layer einrichten	190
7.4	Zeichnung in Layer aufteilen	193
7.5	Ausbau des Erdgeschosses	195
	7.5.1 Außen- und Innenwände	195
	7.5.2 Die Geschossdecke	198
7.6	Verwendung von Komponenten	200
	7.6.1 Obergeschoss	201
	7.6.2 Dachgeschoss	210
	7.6.3 Kellergeschoss	211

Inhaltsverzeichnis

7.7	Darstellung mit verschiedenen Oberflächen und Mustern	212
7.8	Ort und Sonnenstand	216
7.8.1	Georeferenzierung	216
7.8.2	Sonnenstand	218
7.9	Darstellung mit verschiedenen Stilen	219
7.10	Übungsfragen	222

8	**Mit der Kamera unterwegs**	**223**
8.1	Kamera-Funktionen	223
8.1.1	Umschauen	223
8.1.2	Kamera positionieren	224
8.1.3	Gehen	225
8.2	Animationen	226
8.2.1	Sonnenlauf animiert	227
8.2.2	Innenansichten	228
8.2.3	Exportieren	229
8.3	Beispiel zur Sonnensimulation	230
8.4	Übungsfragen	232

9	**Modellieren mit Fotos**	**233**
9.1	3D-Modell nach einem Foto erstellen	233
9.2	Fassade aus einem Foto auf 3D-Modell projizieren	242
9.3	Übungsfragen	244

10	**Zusammenspiel: Google Earth und andere CAD-Systeme**	**245**
10.1	Funktionsübersicht	245
10.1.1	Geostandort	246
10.1.2	Vorschau in Google Earth	246
10.1.3	Fototexturen	246
10.1.4	Gebäude-Erstellungstool	246
10.1.5	3D-Galerie	247
10.2	Ein Modell nach Google Earth übertragen	247
10.2.1	Koordinaten in Google Earth ermitteln und manuell verwenden	247
10.2.2	SketchUp-Modell automatisch georeferenzieren	250
10.2.3	Anzeige des importierten Geländes	251
10.2.4	Modell nach Google Earth exportieren	252
10.3	Beispiel: Gelände aus Google Earth in SketchUp übernehmen	253
10.4	Fototexturen	258

10.5	Gebäude-Erstellungstool	260
10.6	Export von 2D-Grafik	265
	10.6.1 Pixeldaten exportieren	265
10.7	3D-Export	266
	10.7.1 3D-Export nach AutoCAD	267
10.8	Die 3D-Galerie	269
10.9	Übungsfragen	273
11	**Plotten und Präsentieren**	**275**
11.1	Plotausgabe mit SketchUp	275
11.2	Plotausgabe mit LayOut	278
11.3	Übungsfragen	283
12	**3D-Volumen und Flächen**	**285**
12.1	3D-Volumenkörper	285
	12.1.1 Volumenkörper erstellen	285
	12.1.2 Boolesche Operationen	286
12.2	Freiformflächen oder Sandkiste = Buddelkasten	291
	12.2.1 Freiformflächen erzeugen	292
	12.2.2 Flächen umformen	293
12.3	Übungsfragen	298
A	**Fragen und Antworten**	**299**
A.1	Kapitel 1	299
A.2	Kapitel 2	300
A.3	Kapitel 3	300
A.4	Kapitel 4	301
A.5	Kapitel 5	302
A.6	Kapitel 6	303
A.7	Kapitel 7	304
A.8	Kapitel 8	305
A.9	Kapitel 9	306
A.10	Kapitel 10	307
A.11	Kapitel 11	308
A.12	Kapitel 12	309
B	**Die Menüs und ihre Funktionen**	**311**
B.1	Datei	311
B.2	Bearbeiten	313
B.3	Ansicht	315

B.4	Kamera	321
B.5	Zeichnen	324
B.6	Tools	324
B.7	Fenster	325
B.8	Hilfe	341
	Stichwortverzeichnis	343

Vorwort

Was macht Google SketchUp

Das Programm Google SketchUp dient zum Konstruieren und Präsentieren von dreidimensionalen Objekten. Es wird in seiner Grundausführung gratis übers Internet angeboten. Mit dieser Software kann deshalb jedermann kostenlos den Einstieg in die Welt des CAD (Computer Aided Design – Konstruieren mit Computerunterstützung) finden. Das Programm zeichnet sich durch ein sehr modernes Design und viele elegante Funktionen zur schnellen Erstellung von 3D-Darstellungen aus. Gerade der Einstieg in das Konstruieren ist relativ einfach. Für Profis gibt es dann eine kostenpflichtige »Professional«-Erweiterung und das Zusatzprogramm LayOut, mit der die erzeugten Daten an professionelle CAD-Programme übergeben werden nnen. Die erstellten 3D-Modelle können auch in das Programm Google Earth übertragen und veröffentlicht werden. Das ist natürlich besonders für Designer von Eigenheimen und generell für Architekten sehr interessant. Zielrichtung ist dabei die schnelle visuelle Darstellung eines dreidimensionalen Modells, weniger die detaillierte absolut präzise Projektentwicklung von Bauvorhaben.

Neu in SketchUp 8

Die neueste Version SketchUp 8 bietet einige Verbesserungen für die Zusammenarbeit mit Google Earth und die Gestaltung von 3D-Modellen aus Fotografien:

1. Aus *Google Maps* können Sie nun den geografischen Standort leicht übernehmen.
2. Sie können aus *Google Earth* noch leichter das Gelände mit Farbschattierung übernehmen.
3. Über das *Google-Earth-Plug-in* lassen sich mit dem Gebäude-Erstellungswerkzeug dort direkt 3D-Modelle über Fotos aus verschiedenen Blickrichtungen erstellen und in SketchUp weitergestalten.
4. Die Funktion *Mit Foto abgleichen* wurde in ihrer Funktionalität verbessert.

Die PRO-Version

Wer die *PRO-Version* für ca. 400 € kauft, bekommt einige Befehlserweiterungen in SketchUp sowie zwei weitere Programme: *LayOut* und *Style Builder*. Insbesondere können mit SketchUp *PRO* dann Grafik- und CAD-Formate wie 3DS, DWG, DXF,

FBX, OBJ, VRML und XSI exportiert werden. Außerdem kann die *PRO*-Version auch eigene dynamische Komponenten erstellen.

LayOut ist ein 2D-Vektor-Zeichenprogramm zur Gestaltung von mehrseitigen 2D-Zeichnungspräsentationen der SketchUp-Konstruktionen und zur PDF-Generierung von Dokumenten. Die 2D-Dokumente bleiben dabei mit den 3D-SketchUp-Modellen synchronisiert bei Änderungen.

Mit Style Builder können Sie Stile für Grafikdarstellungen erstellen. Damit können dann die SketchUp-Konstruktionen sehr individuell dargestellt werden.

Einige wichtige Neuerungen betreffen auch die *PRO*-Version:

1. Es wurden neue Funktionen zur Volumenmodellierung unter Verwendung von booleschen Operationen eingeführt: 3D-Objekte in Form von Gruppen oder Komponenten lassen sich mit Funktionen wie Vereinigung, Schnittmenge und Differenz zu neuen Volumenkörperobjekten kombinieren.

   Passend dazu werden in den Elementinformationen die Volumeninhalte solcher 3D-Objekte angezeigt.

2. Mit *Hinterkanten* können Sie verdeckte Kanten gestrichelt anzeigen lassen.

3. Der Im- und Export von DWG- und DXF-Dateien (verwendet von AutoCAD Version 2010 bis 2012) wird von *SketchUp* und *LayOut* unterstützt.

4. Das *LayOut*-Modul verfügt nun über eine Winkelbemaßung.

5. In *LayOut* sind gestrichelte Linientypen bearbeitbar.

6. In *LayOut* lassen sich Elemente auch über den *Mittelpunktsanfasser* positionieren.

Zielsetzung für dieses Buch

Dieses Buch soll eine leichte Einführung in dieses moderne Programm und seine Bedienungsart geben. Dazu werden vor allem viele einzelne Konstruktionsbeispiele verwendet und die einzelnen Bedienungsarten im Detail erläutert. Schwerpunkt werden dabei Beispiele aus dem Bereich Architektur bilden. Das Programm ist zwar für alle Anwendungsbereiche der CAD-Technik geeignet, also auch für Maschinenbau, Metallbau, Schreinerei, Gartenplanung und Elektronik-Zeichnungen, aber die meisten Anwendungen finden in den Bereichen Architektur und Inneneinrichtung statt, wo es um eine schnelle Darstellung für den visuellen Eindruck eines Entwurfs geht.

Es gibt verschiedene Versionen von SketchUp. Im Frühjahr 2011 ist die Version 8 in deutscher Fassung erschienen, auf die sich dieses Buch bezieht. Die Abweichungen zur Vorgängerversion sind nicht allzu drastisch. Die generelle Philosophie des Programms hat sich nicht geändert, nur in einzelnen Befehlen sind Änderungen vorgenommen worden. So können Sie das Buch auch als Einführung in die Vorgängerversionen von SketchUp verwenden.

Vorgehensweise im Buch

Wenn Sie Google SketchUp starten und die ersten Konstruktionen probieren, werden Sie feststellen, dass Sie schnell mit einfachen Aktionen vorankommen. Die ersten Schritte mit diesem Programm sind leicht und führen schnell zu ersten Erfolgen. Wenn Sie aber dann höhere Ansprüche haben und größere realistische Objekte erstellen wollen, werden Sie merken, dass doch noch Hintergrundinformationen für die komplexeren Vorgehensweisen nötig sind. Deshalb will dieses Buch beginnend mit einfachen Beispielen in kleinen Schritten in die trickreicheren Funktionen und Optionen der einzelnen Befehle einführen. Gerade wenn Sie diese Software mit anderen CAD-Programmen vergleichen, werden Sie feststellen, dass einige Vorgehensweisen durch moderne und unkonventionelle Wege überraschen. Deshalb ist es auch für »alte CAD-Hasen« nötig, sich zur kompletten Beherrschung dieses Programms einzuarbeiten.

Unterschiede zwischen Windows- und MAC-Version

Das Buch beschreibt die Windows-Version von SketchUp 8. Die MAC-Version unterscheidet sich nicht signifikant, trotzdem aber sind einige Details zu beachten.

Da beim MAC typischerweise mehr mit Tastenkürzeln als mit dem Anklicken von Werkzeugen in Symbolleisten gearbeitet wird, gibt es generell weniger Symbolleisten. Die Tastenkürzel beginnen stets mit der Apfeltaste [⌘], der ein weiteres Zeichen folgt. Für die auf dem MAC nicht vorhandenen Symbolleisten sind deshalb hier die Menü-Aufrufe wiedergegeben. Dort können Sie dann auch die Tastenkürzel ablesen. Die Symbolleisten werden übrigens auf dem MAC als Funktionspaletten bezeichnet.

Windows-Symbolleiste	Menü-Alternative auf MAC
ERSTE SCHRITTE	ANSICHT|SYMBOLLEISTE VERBERGEN (ein-/ausschalten)
KAMERA	In GROßER FUNKTIONSSATZ enthalten (bei MAC)
STILE	FENSTER|STILE
LAYER	FENSTER|LAYER
MAßANGABEN (Werteeingabe)	TOOLS|ABMESSUNGEN
SCHNITTE	TOOLS|SCHNITTEBENE
SCHATTEN	FENSTER|SCHATTEN
STANDARD	DATEI|...
ANSICHTEN	KAMERA|STANDARDANSICHTEN
SANDKISTE	Zu aktivieren bei MAC über SKETCHUP|VOREINSTELLUNGEN|ERWEITERUNGEN

Die folgenden Symbolleisten KONSTRUKTION, ZEICHNEN, GOOGLE, ÄNDERUNG, HAUPTSYMBOLLEISTE und DURCHLAUFEN sind unter beiden Betriebssystemen in GROßER FUNKTIONSSATZ enthalten und werden beim MAC nicht als einzelne Funktionspaletten angeboten.

Insgesamt gibt es damit beim MAC nur die folgenden Funktionspaletten: GROßER FUNKTIONSSATZ, VOLUMENKÖRPERFUNKTIONEN, GOOGLE, DYNAMISCHE KOMPONENTEN, SCHATTENLINIENKORREKTUR, SONNENNORDEN und (nach expliziter Aktivierung) SANDKISTE.

Die Sondertasten zur Aktivierung bestimmter Optionen bei Befehlen wie beispielsweise VERSCHIEBEN oder DRÜCKEN/ZIEHEN unterscheiden sich ebenfalls bei den beiden Betriebssystemen. Lesen Sie dazu dann beim MAC bitte aufmerksam die Eingabeaufforderungen am unteren Bildschirmrand. Üblich sind bei Windows meist die Tasten [Strg] und [Alt], beim MAC aber [⌘] und [⇧].

Anhang A

Jedes Kapitel enthält am Ende Übungsfragen. Die Antworten dazu finden Sie in Anhang A.

Anhang B

Für diejenigen, die schon andere CAD-Systeme kennen, wird in Anhang B eine Kurzzusammenfassung der Menüfunktionen gegeben. Dieses Kapitel ist auch zum schnellen Nachschlagen bestimmter Funktionen geeignet, wie es nach den Menüs geordnet ist.

Download

Zum Buch finden Sie einen Download unter www.mitp.de/9133 mit Übungszeichnungen und Tutorials. Sie sind nach Kapiteln geordnet in entsprechenden Verzeichnissen untergebracht. Diese Dateien könnten Sie beispielsweise zur bequemen Benutzung in Ihr Arbeitsverzeichnis Eigene Dateien kopieren. Die Tutorials sind Dateien, die Sie mit dem Windows-Media-Player abspielen können. Darin werden Ihnen noch mal die grundlegenden Bedienschritte vorgeführt.

Detlef Ridder
Germering, den 29.7.2011

Kapitel 1

Einfach loslegen: Ich zeichne mein Haus, mein Pferd, mein Boot ...

In diesem einleitenden Kapitel wird grundlegend in die erste Programmbenutzung eingeführt. Sie finden eine Anleitung zum Download und zur Installation der Software. Danach lernen Sie einige typische Bedienelemente von SketchUp anhand von drei Beispielen kennen.

1.1 Download – http://sketchup.google.com

Zum kostenlosen Download der Software können Sie zur Seite http://sketchup.google.com gehen und dort auf die Schaltfläche GOOGLE SKETCHUP HERUNTERLADEN klicken.

- Auf der Folgeseite gibt es auf der rechten Seite drei interessante Schaltflächen:
  - GOOGLE SKETCHUP PRO HERUNTERLADEN: Mit diesem dicken Button laden Sie die professionelle Version herunter. Die PRO-Funktionalität ist aber zeitlich auf acht Stunden eingeschränkt, weil sie ja eigentlich Geld kostet. Sie läuft nach dieser Zeitspanne ab.
  - PRÜFEN SIE DIE SYSTEMVORAUSSETZUNGEN: Hier können Sie die Anforderungen an Hard- und Software erfahren. Diese Version läuft unter Windows XP, Windows Vista und Windows 7 sowie Mac OS X 10.5 und neuer. Durch Zurückblättern kommen Sie wieder auf die Downloadseite.
  - GOOGLE SKETCHUP 8 HERUNTERLADEN: Hier laden Sie die kostenlose SketchUp-Version herunter.
- Auf der nachfolgenden Seite können Sie dann zwischen den Betriebssystemfamilien WINDOWS XP/VISTA/7 oder MAC OS X wählen. SketchUp läuft auch unter Windows 7, nutzt aber dessen 64-Bit-Funktionalität nicht aus und ist deshalb nicht schneller als auf einem älteren 32-Bit-Betriebssystem.

Kapitel 1
Einfach loslegen: Ich zeichne mein Haus, mein Pferd, mein Boot ...

Abb. 1.1: Download-Seite für SketchUp

- Den eigentlichen Download starten Sie mit der Schaltfläche ZUSTIMMEN UND HERUNTERLADEN. Damit stimmen Sie auch den Nutzungsbedingungen zu.

Abb. 1.2: Herunterladen starten

1.2 Hard- und Software-Voraussetzungen

Google SketchUp 8 läuft unter folgenden Microsoft-Windows-Betriebssystemen:

- Windows XP
- Windows Vista
- Windows 7

1.2.1 Windows XP

Windows-Software-Bedingungen

- Service Pack 2 bei Windows XP
- Microsoft® Internet Explorer 7.0 oder höher
- Google SketchUp PRO erfordert .NET Framework Version 2.0
- SketchUp läuft auf 64-Bit-Versionen von Windows als 32-Bit-Programm.

Empfohlene Hardware

- Mindestens 2-GHz-Prozessor
- Mindestens 2 GB RAM-Speicher
- 500 MB freier Plattenplatz
- 3D-Video-Karte mit mindestens 512 MB Speicher. Der Grafikkartentreiber sollte OpenGL Version 1.5 oder höher unterstützen.
- SketchUps Verarbeitungsgeschwindigkeit hängt wesentlich von der Fähigkeit der Grafikkarte ab, OpenGL 1.5 oder höher zu unterstützen. Grafikkarten basierend auf Intel werden für SketchUp nicht empfohlen.
- Maus mit 3 Tasten und Mausrad
- Für einige Funktionen ist eine Internet-Verbindung nötig.

Minimale Hardware

- 1-GHz-Prozessor
- 512 MB RAM
- 300 MB Plattenspeicher
- 3D-Video-Karte mit mindestens 128 MB. Der Grafiktreiber sollte OpenGL Version 1.5 oder höher unterstützen.

1.2.2 Windows Vista/ Windows 7

Windows-Software-Bedingungen

- Siehe oben

Empfohlene Hardware

- Siehe oben

Minimale Hardware

- 1-GHz-Prozessor
- 1 GB RAM
- 16 GB gesamter Plattenspeicher

- 300 MB freier Plattenspeicher
- 3D-Video-Karte mit mindestens 256 MB. Der Grafiktreiber sollte OpenGL Version 1.5 oder höher unterstützen.

1.2.3 Mac OS X

Software

- Mac OS X® 10.5 oder 10.6 oder höher
- QuickTime 5.0 und Webbrowser für Multimedia-Tutorials
- Safari
- Weder Boot Camp noch Parallels sind unterstützte Umgebungen.

Empfohlene Hardware

- 2.1+-GHz-Intel™-Prozessor
- 2 GB RAM
- 500 MB Plattenspeicher
- 3D-Video-Karte mit mindestens 512 MB Speicher. Der Grafiktreiber sollte mindestens OpenGL Version 1.5 unterstützen.
- Maus mit 3 Tasten und Mausrad
- Ggf. Internet für einige Funktionen

Minimale Hardware

- 2,1-GHz-Intel™-Prozessor
- 1 GB RAM
- 160 MB Plattenspeicher
- 3D-Video-Karte mit mindestens 128 MB. Der Grafiktreiber sollte mindestens OpenGL Version 1.5 unterstützen.
- Maus mit 3 Tasten und Mausrad

1.3 Download

Nachdem Sie auf der Downloadseite (siehe Abbildung 1.2) auf HERUNTERLADEN geklickt haben, wird Ihr Browser den Download beginnen. Im *Internet-Explorer* können Sie bei gestartetem Download im Dialogfeld unten im Fenster wählen, ob (und wo) Sie *speichern* möchten und ob Sie auch gleich *ausführen* – sprich installieren – möchten. Standardmäßig speichert der *Internet Explorer* die Datei im *Download*-Verzeichnis unter *GoogleSketchUpWDE.exe*, von wo aus dann die Installation gestartet wird.

1.4 Installation

Falls Sie nicht gleich die Option *Ausführen* gewählt haben, gehen Sie nach erfolgreichem Download in das Verzeichnis, das Sie oben für die Datei GoogleSketchUp-WDE.exe gewählt haben, und starten Sie die Installation mit einem Doppelklick auf diese Datei.

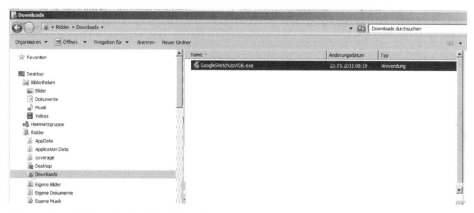

Abb. 1.3: Installationsdatei auf der Festplatte

Abb. 1.4: Die Installation beginnt.

Kapitel 1
Einfach loslegen: Ich zeichne mein Haus, mein Pferd, mein Boot ...

Die Installation läuft in mehreren Schritten ab. Nach dem ersten Begrüßungsdialogfenster erscheinen im nächsten Fenster die Lizenzbedingungen. Diese können Sie mit der Schaltfläche DRUCKEN ausdrucken lassen. Lesen Sie solche Lizenzbedingungen immer genau durch und stimmen Sie nur zu, wenn Sie wirklich einverstanden sind. Danach geht es mit WEITER zum nächsten Installationsschritt.

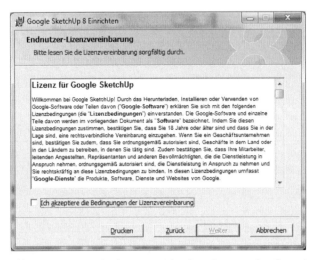

Abb. 1.5: Die Lizenzbedingungen drucken, lesen und ggf. zustimmen.

Danach können Sie noch den Ordner wählen, unter dem das Programm installiert wird. Üblicherweise ist dies der Pfad C:\Programme(X86)\Google\Google SketchUp 8. Wenn das Standard-Laufwerk schon zu voll ist, können Sie hier aber auch ein anderes Laufwerk wählen. Erst danach beginnt mit dem nächsten Dialogfenster die Installation der Software.

Abb. 1.6: Das Programm-Verzeichnis für die Installation

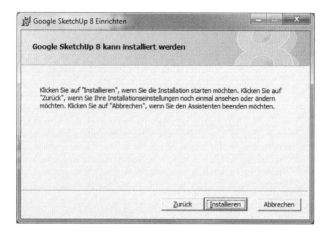

Abb. 1.7: Softwareinstallation mit INSTALLIEREN starten

Der Fortschrittsbalken zeigt den Verlauf der Programminstallation an und wird nach wenigen Minuten fertig sein. Im abschließenden Dialogfenster (Abbildung 1.8) lässt sich Google auch noch gern als Standardsuchmaschine für den Internet Explorer aktivieren. Mit einem Klick auf BEENDEN haben Sie es dann geschafft. Sie finden auf dem Desktop dann das Start-Icon für SketchUp (Abbildung 1.9).

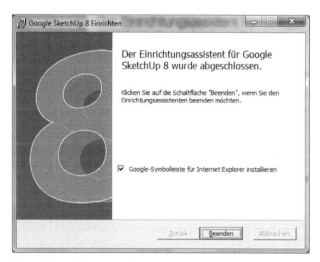

Abb. 1.8: Installationsende

Abb. 1.9: Start-Icon für SketchUp auf dem Bildschirm

1.5 Google SketchUp starten

Wir wollen hier zunächst Google SketchUp so benutzen, wie es bei normaler Installation eingerichtet wird. Für einige Übungen können Sie unter www.mitp.de/9133 Beispiel-Zeichnungen herunterladen und diese in das Verzeichnis Eigene Dateien kopieren.

Starten Sie nun SketchUp mit einem Doppelklick auf das Programm-Icon auf dem Desktop. Beim Start meldet sich das Programm mit einem Dialogfenster (Abbildung 1.10) zur Wahl einer *Standardvorlage* für die Zukunft.

Die Standardvorlage wählen Sie oben über den Lernhilfen mit dem Button VORLAGE AUSWÄHLEN. Diese Vorlage wird dann auch in zukünftigen Sitzungen als Vorlage vorausgesetzt. Es stehen insgesamt 14 Vorlagen zur Verfügung, die Hälfte davon in britischen Einheiten, die andere Hälfte in metrischen Einheiten. Die Vorlagen bestimmen die zugrunde liegenden Einheiten und Voreinstellungen bzgl. der Genauigkeit und des Einrastverhaltens beim Zeichnen. Die letzte Vorlage startet mit einer zweidimensionalen Ansicht, während alle anderen Vorlagen mit einer perspektivischen 3D-Ansicht beginnen.

Vorlage	Einheit	Nachkommastellen		Einrasten	
		Länge	Winkel	Länge	Winkel
Einfache Vorlage	Meter	0,00	0,0	0,01	15,0
Architektonisches Design	Millimeter	0,0	0,0	0,1	15,0
Google-Earth-Modellierung	Meter	0,00	0,0	0,01	15,0
Ingenieurwesen	Meter	0,000	0,0	0,001	15,0
Produktdesign und Holzarbeiten	Millimeter	0,0	0,0	0,1	15,0
Draufsicht	Meter	0,000	0,0	0,001	15,0
Vorlage für die Anfängerschulung	Meter	0,0000	0,0	0,0001	15,0

Tabelle 1.1: Vorlagen

Als *Standardvorlage* können Sie für die ersten Übungen am besten die *Einfache Vorlage* mit Meter-Einheiten und perspektivischer Ansicht verwenden. Gerade in der schnellen und intuitiven 3D-Konstruktionsweise liegt ja der Reiz von SketchUp. Es ist später jederzeit möglich, beliebige andere Ansichten zu wählen. Hier geht es nur um die Ansicht, mit der Sie normalerweise starten möchten. Dazu können Sie über die Vorlage die gewünschten Einheiten für Ihre Konstruktion wählen. Hier ist für Architekturzeichnungen eben eine *Vorlage* mit den Einheiten *Meter* zu empfehlen.

> **Tipp**
>
> Bei der Wahl der Vorlagen sollte man sich weniger nach dem Namen als vielmehr nach den eingestellten Werten richten. Außerdem sollten Sie sich später sinnvolle Vorlagen selbst erstellen. So wäre beispielsweise eine Vorlage für Architekturentwürfe auf Meter-Einheiten mit drei Nachkommastellen und einem Einrasten im Ziegelmaß 0,125 m sinnvoll. Für Ingenieurzeichnungen wären Millimeter-Einheiten und drei Nachkommastellen sinnvoll.

Die Wahl der *Standardvorlage* führt dazu, dass SketchUp ab jetzt mit einer ganz bestimmten Vorlage beginnt, die diese gewählten Einstellungen enthält.

Wenn Sie die über die Vorlage vorgewählten Einstellungen später noch ändern wollen, können Sie dazu die Menüfunktionen des Programms benutzen. Wählen Sie dann das Menü FENSTER und den Menüpunkt VOREINSTELLUNGEN. Im Dialogfenster können Sie links in einer Liste die Option *Vorlage* wählen und dann in der Dropdown-Liste daneben als Vorlage *Einfache Vorlage – Meter* oder andere wählen. Natürlich wären auch andere möglich wie z.B. *Draufsicht – Meter,* was einer zweidimensionalen Draufsicht zum Start entspricht, wobei die Einheiten in Metern zählen. Sie können später während der Zeichenarbeit jederzeit die Ansicht ändern, nicht jedoch die Einheiten. Die liegen dann fest.

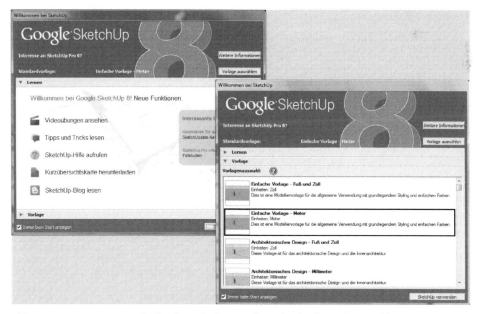

Abb. 1.10: Beim Start: Standardvorlage festlegen oder individuelle Vorlage wählen

Auf dem Begrüßungsdialogfenster werden unter der Zeile LERNEN drei Lernquellen angeboten. Wenn Sie die PRO-Version des Programms besitzen, erscheint noch eine vierte Lernquelle für das Zusatzprogramm *LayOut*:

- VIDEOÜBUNGEN ANSEHEN bietet zahlreiche Videos im Internet für Anfänger und Fortgeschrittene.
- TIPPS UND TRICKS LESEN bietet etliche fortgeschrittene Konstruktionsbeispiele.
- SKETCHUP-HILFE AUFRUFEN führt zu mehreren Hilfsquellen, insbesondere zum SKETCHUP-NUTZERHANDBUCH und zum SKETCHUP-REFERENZHANDBUCH zum Nachschlagen mit thematischer bzw. alphabetischer Gliederung.
- KURZÜBERSICHTSKARTE HERUNTERLADEN liefert Ihnen eine sehr nützliche Übersichtskarte über alle SKETCHUP-Befehle.
- SKETCH-UP BLOG LESEN verzweigt auf eine Seite mit zahlreichen Blogs, meist in Englisch, zu diversen SKETCHUP-Themen.

Für alle Lernhilfen sollten Sie den Zugriff auf das Internet aktiviert haben, weil Sie dann auf der Google-Seite landen werden.

1.5.1 Benutzeroberfläche

Sowie Sie beim ersten Start die Vorlage gewählt haben, klicken Sie unten auf SKETCHUP VERWENDEN und es erscheint die normale Benutzeroberfläche des Programms. Soweit Sie bei späteren Programmstarts dieselbe Standardvorlage verwenden möchten, können Sie dann ohne Vorlagenwahl gleich im Dialogfenster SKETCHUP VERWENDEN anklicken.

Als oberste Leiste der Benutzeroberfläche finden Sie die *Programmleiste*. Sie zeigt den Namen der aktuellen Zeichnungsdatei, im Moment *Unbenannt*, weil sie noch nicht gespeichert wurde und noch kein Name vergeben wurde.

Darunter folgt die *Menüleiste*, die unter diversen Menütiteln die verschiedenen Funktionen des Programms enthält. Diese Funktionen werden Sie schrittweise in diesem und den folgenden Kapiteln kennen lernen.

Alternativ können Sie aber auch die Programmfunktionen über *Symbolleisten* aufrufen. Von den möglichen Symbolleisten ist beim Programmstart nur eine einzige aktiviert, die Symbolleiste *Erste Schritte*. Weitere Symbolleisten werden Sie später über das Menü ANSICHT|SYMBOLLEISTEN aktivieren.

Wenn Sie Funktionen des Programms aufrufen, erhalten Sie in der Leiste unter dem Zeichenfenster *Eingabeaufforderungen* und Hinweise zu möglichen Befehlsoptionen und Tastenkombinationen. Es ist sehr empfehlenswert, wenn Sie diese Texte bei jedem Funktionsaufruf lesen. Nur hier können Sie erfahren, welche Eingaben oder Aktionen von Ihnen verlangt werden. Betrachten Sie die Arbeit mit dem Programm immer als Dialog:

- Sie aktivieren eine Funktion,
- die Funktion verlangt über die Eingabeaufforderung bestimmte Eingaben,
- Sie reagieren darauf,
- es werden ggf. weitere Eingaben oder Aktionen von Ihnen erforderlich etc.

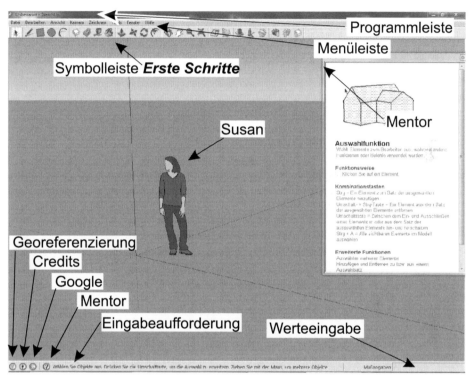

Abb. 1.11: Benutzeroberfläche von SketchUp

Je besser Sie diesen Computerdialog beherrschen, desto schneller werden Sie die Bedienmöglichkeit des Programms und seine Philosophie kennen lernen. Irgendwann werden Sie die Eingaben und Funktionsoptionen natürlich auswendig kennen, aber fürs Erste folgen Sie am besten den Eingabeaufforderungen in dieser Leiste.

Auf der rechten Seite der untersten Leiste finden Sie ein *Eingabefeld für exakte Werte*, meist für Längen, aber auch für Winkel und weitere nötige numerische Werte. Damit können Sie also ganz exakte Konstruktionen vornehmen. Zwar werden wir in den ersten Übungen dieses Kapitels einfach etwas freihändig konstruieren, um die Leichtigkeit der Konstruktionsweise zu demonstrieren, aber spätestens vom nächsten Kapitel an werden wir exakte Daten stets über dieses Eingabefeld tätigen.

Auf der linken Seite der unteren Leiste finden Sie noch drei braune und einen blauen Kreis mit besonderen Informationen:

- GEOREFERENZIERUNG   Hier wird der aktuelle Ort angezeigt, auf den sich Ihre Konstruktion bezieht, falls Sie sie für Google Earth verwenden wollen.
- CREDITS   zeigt die Autoren von eingefügten Komponenten an. Im aktuellen Fall ist als Größenmaßstab die Komponente *Sang* von Google eingefügt. Das ist der Mensch am Koordinaten-Ursprung, der als Größenvergleich für Ihre Konstruktion dient.
- GOOGLE-ANMELDUNG   Diese Option wird aktiviert, wenn Sie bei Google registriert sind.
- MENTOR   schaltet die interaktive Hilfe zu den aktuellen Befehlen ein und aus.

1.5.2 Starthilfen

Was tun, wenn man nicht weiterweiß? Dazu gibt es in SketchUp im Menü HILFE die Unterfunktion HILFE. Damit kommen Sie bei laufendem Internet zur Hilfe-Seite für SketchUp und dort wählen Sie das HANDBUCH »SKETCHUP – ERSTE SCHRITTE« oder das SKETCHUP-NUTZERHANDBUCH oder das SKETCHUP-REFERENZHANDBUCH. Es lohnt sich, darin zu blättern.

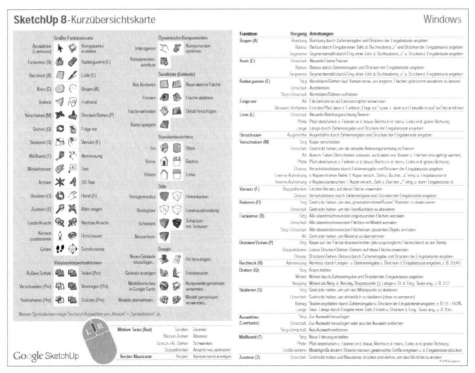

Abb. 1.12: Die *Kurzübersichtskarte* aus dem Internet

Eine besonders nützliche Hilfe finden Sie nach Öffnen des Bereichs HANDBUCH »SKETCHUP – ERSTE SCHRITTE«: die KURZÜBERSICHTSKARTE, die dort auf der rechten Seite angeboten wird. Sie müssen nur noch das Betriebssystem und das SketchUp-Produkt auswählen, um die PDF-Datei dieser Hilfekarte zu öffnen. Diese sollten Sie sich als wichtiges Hilfsmittel ausdrucken (Abbildung 1.12) und neben den Bildschirm legen.

Eine weitere Starthilfe stellt die *Mentor*-Funktion (Abbildung 1.13) dar. Sie ist ebenfalls beim ersten Start aktiv und zeigt zum gerade aktiven Befehl stets eine Hilfe mit dynamischen Darstellungen an. Auch gibt es Verweise zu weiteren Vertiefungen des aktuellen Themas. Da nach dem Start automatisch die Linienfunktion aktiviert ist, werden Sie die Mentor-Funktion dazu als erste sehen. Bei anderen Befehlen wird automatisch umgeschaltet. Sie können die Mentor-Funktion gern abschalten, weil Sie nun die folgenden Befehle im Buch dokumentiert finden. Zum Wiedereinschalten verwenden Sie das Menü FENSTER|MENTOR oder das blaue Fragezeichen links in der unteren SketchUp-Leiste.

Abb. 1.13: Die *Mentor*-Funktion

Eine wichtige dritte Starthilfe besteht in der kleinen Figur, die am Kreuzungspunkt der Koordinatenachsen steht. Sie soll nämlich einen Hinweis auf die Größenordnung geben. Die Frau heißt *Susan* und ist eine automatisch eingebaute Komponente, ein vordefiniertes Bauteil. Sie können das leicht herausfinden über einen Rechtsklick auf die Frau, nachdem Sie in dem dort erscheinenden Menü die Funktion DYNAMISCHE KOMPONENTE|KOMPONENTENOPTIONEN wählen. Über diese Figur sollen Sie ein Gefühl für die Größe eines Menschen in Ihrer 3D-Konstruktionsumgebung bekommen. Sie ist übrigens eine Komponente mit Attributen. Mit der Menü-Funktion TOOLS|INTERAGIEREN können Sie den Pullover anklicken und damit die Farbe ändern.

Abb. 1.14: *Susan* als Größenmaßstab

Links unten neben Susan finden Sie den Kreuzungspunkt der *Koordinatenachsen*. Es gibt drei Koordinatenachsen in Rot, Grün und Blau, die jeweils senkrecht zueinander stehen. Man spricht auch von einem Koordinaten-Dreibein. In der Schule lernt man diese Achsen als x-, y- und z-Achsen kennen. Ihr Kreuzungspunkt ist die Position, bei der alle Koordinaten gleich null sind. In der positiven Richtung sind die Achsen als durchgezogene Linie gezeichnet. Die Achsen mit negativen Koordinatenwerten werden gepunktet angezeigt. Meist wird eine Konstruktion zweidimensional im Bereich positiver x- und y-Koordinaten begonnen, und zwar in der Ebene mit der z-Koordinate 0. Das ist genau der Bereich zwischen den durchgezogenen roten (+x) und grünen (+y) Achsen. Dort werden wir im Folgenden auch die meisten Zeichnungen starten.

1.6 Mein Haus: Linie-Fläche-Volumen

Nun soll es aber losgehen mit der ersten Konstruktion. Falls nicht schon aktiv, klicken Sie auf das Werkzeug LINIE im Werkzeugkasten ERSTE SCHRITTE.

Abb. 1.15: Werkzeug LINIE – Menü ZEICHNEN|LINIE – Kürzel L

Wir wollen den Grundriss für ein Haus zeichnen und beginnen an beliebiger Stelle, eine Linie zu zeichnen. Dazu klicken wir wie in Abbildung 1.16 eine Startposition an. Von nun an hängt an Ihrem Bleistift eine Gummibandlinie als Vorschau für das nächste Liniensegment, das Sie über einen zweiten Klick an einer neuen Position festlegen können. Verbleiben Sie aber in der Gummibandsituation und bewegen Sie den Bleistift in alle möglichen Richtungen, so werden Sie feststellen, dass die Gummibandlinie immer dann einrastet, wenn sie ungefähr parallel zu einer der Achsenrichtungen läuft. Dann nimmt die Linie auch die Farbe der parallelen Achse an (Abbildung 1.16). Dabei müssen Sie übrigens bedenken, dass wir uns in einer perspektivischen Darstellung befinden, also die parallele Linie weiter hinten näher zur Achse liegt als vorne. Aber durch die Farbcodierung der Linien werden Sie schnell herausfinden, wann Sie die Parallel-Lage erreicht haben.

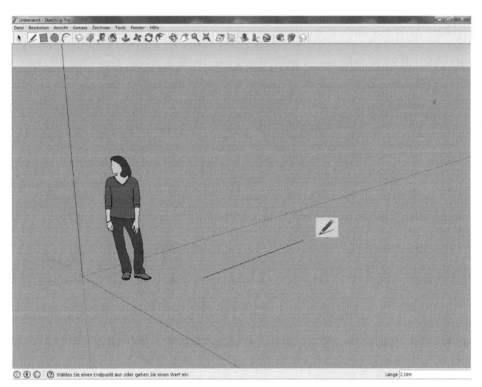

Abb. 1.16: Gummibandlinie rastet achsparallel ein.

Mit dieser Methode wird es Ihnen sicherlich schnell gelingen, die beiden Liniensegmente parallel zur grünen und roten Achse gemäß Abbildung 1.17 zu zeichnen.

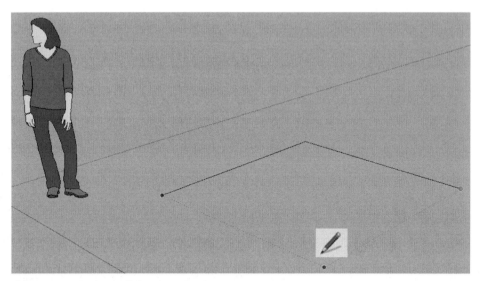

Abb. 1.17: Linie achsparallel und Länge projiziert

Wenn Sie nun den Grundriss durch einen vierten Punkt als Rechteck vervollständigen wollen, werden Sie natürlich wieder parallel zur grünen Achse nach vorn laufen, aber jetzt sollte die Länge gleich der ersten Linie sein! Dazu hilft Ihnen eine automatische Projektionsfunktion mit einer punktierten Linie, die den Startpunkt der ersten Linie automatisch auf die grüne Gummibandlinie projiziert, sobald Sie weit genug nach vorne gelaufen sind (siehe Abbildung 1.17). Dort klicken Sie dann, um den vierten Punkt festzulegen.

Sollte einmal die Projektion nicht automatisch erscheinen, hilft es, den ersten Punkt links kurz mit dem Bleistift anzufahren (nicht klicken!) und dann wieder zurück auf die grüne Gummibandlinie zu gehen. Sie werden sehen, dass auch dabei eine punktierte Projektionslinie herübergezogen wird. Auf der grünen Linie wieder angekommen, klicken Sie.

Schließen Sie nun das Rechteck, indem Sie zum Startpunkt unserer Kontur fahren. Sie werden merken, dass das Programm diesen Punkt automatisch einfängt bzw. auf ihm einrastet, sobald Sie ihm nahe genug kommen. Wenn dieser Endpunkt grün markiert wird und die Meldung ENDPUNKT erscheint, klicken Sie, um das Rechteck zu schließen.

Dabei werden Sie feststellen, dass nun die geschlossene Kontur grau erscheint: Es ist eine Fläche entstanden. Immer, wenn in SketchUp eine Kontur geschlossen wird, wird automatisch eine Fläche erzeugt.

1.6
Mein Haus: Linie-Fläche-Volumen

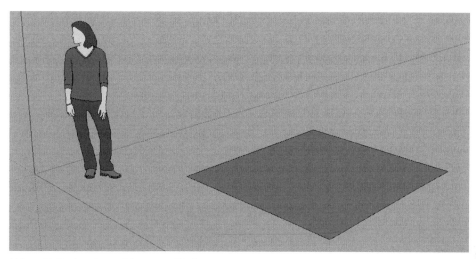

Abb. 1.18: Rechteck geschlossen – Fläche erzeugt

Um die Fläche nun zu einem Volumen nach oben auszudehnen, können Sie das Werkzeug DRÜCKEN/ZIEHEN verwenden und einfach die Fläche zum Quader erweitern. Mit dem Werkzeug gehen Sie in die Fläche, klicken mit der linken Maustaste und halten sie gedrückt und fahren mit der Maus nach oben. In der gewünschten Höhe lassen Sie die Maustaste los.

Abb. 1.19: Werkzeug DRÜCKEN/ZIEHEN – Menü TOOLS|DRÜCKEN/ZIEHEN – Kürzel P

Das Werkzeug DRÜCKEN/ZIEHEN können Sie auch anders bedienen:
- Klicken Sie in die Fläche hinein,
- ziehen Sie mit der Maus nach oben,
- in der gewünschten Höhe klicken Sie nochmals.

Nun soll noch das Dach dazugezeichnet werden. Dafür soll zuerst in der Mitte des linken Giebels die senkrechte Linie gezeichnet werden. Wählen Sie das LINIE-Werkzeug und fahren Sie zur Mitte der Giebelkante. Sie werden wieder sehen, dass der Startpunkt am Mittelpunkt der Kante einrastet. Der Mittelpunkt der Kante wird durch hellblaue Farbe markiert (auch Cyan genannt) und als Hilfstext angezeigt. Hier klicken Sie für den Startpunkt der Linie. Fahren Sie dann parallel zur blauen (+z) Koordinatenachse in die Höhe und klicken Sie bei der gewünschten Höhe (Abbildung 1.21). Nun können Sie die Giebelhälfte schließen durch Klick auf die Ecke vorn links (Abbildung 1.23). Wieder entsteht durch die geschlossene Kontur eine Fläche.

Kapitel 1
Einfach loslegen: Ich zeichne mein Haus, mein Pferd, mein Boot ...

Abb. 1.20: Volumen durch DRÜCKEN/ZIEHEN erzeugt

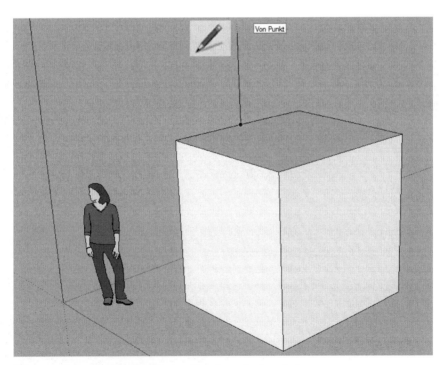

Abb. 1.21: Linie vom Mittelpunkt des Giebels nach oben (+z)

Schließen Sie durch eine weitere Linie vom Giebel oben zum Eckpunkt hinten die zweite Giebelhälfte. Achten Sie immer auf korrektes Einrasten bei den Endpunkten. Die Mittellinie des Giebels war eigentlich nur eine Hilfslinie, die für die Fläche nun nicht mehr nötig ist. Sie können sie löschen. Verwenden Sie dazu die Funktion RADIERGUMMI und klicken Sie einfach auf die Mittellinie. Die Linie verschwindet, aber die Fläche bleibt erhalten, weil diese Linie überflüssig war (Abbildung 1.24).

Abb. 1.22: Werkzeug RADIERGUMMI – Menü TOOLS|RADIERGUMMI – Kürzel E

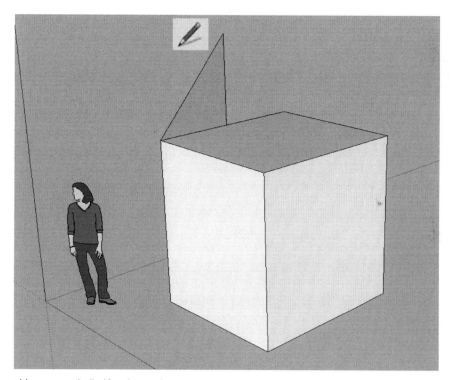

Abb. 1.23: Giebelhälfte als geschossene Fläche

Kapitel 1
Einfach loslegen: Ich zeichne mein Haus, mein Pferd, mein Boot ...

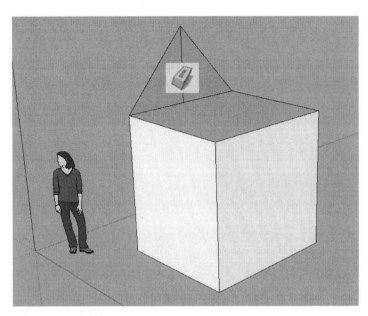

Abb. 1.24: Hilfslinie mit RADIERGUMMI löschen

Nun können Sie aus dem Giebel wieder ein Volumen erzeugen, indem Sie die Giebelfläche mit dem Werkzeug DRÜCKEN/ZIEHEN über die Hausbreite ziehen. Wählen Sie DRÜCKEN/ZIEHEN, klicken Sie in die Giebelfläche hinein und klicken Sie dann einen der Eckpunkte rechts vorne an (Abbildung 1.26).

Abb. 1.25: Dach aus Giebel durch DRÜCKEN/ZIEHEN erzeugen

Abb. 1.26: Endpunkt definiert die Länge des Daches exakt.

Auf der Frontseite soll nun noch ein Fenster mit dem RECHTECK-Werkzeug gezeichnet werden. Wenn Sie das RECHTECK-Werkzeug aufgerufen haben und mit dem Cursor auf die Fläche fahren, sehen Sie ein blaues Quadrat mit der Erklärung AUF FLÄCHE. Das Werkzeug wird also automatisch eine Position auf der Fläche wählen, wenn Sie klicken. Es wird das Rechteck auch exakt in diese Fläche legen. Nach einem Klick für die diagonal gegenüberliegende Ecke ist das Rechteck fertig.

Abb. 1.27: Werkzeug RECHTECK – Menü ZEICHNEN|RECHTECK – Kürzel R

Kapitel 1
Einfach loslegen: Ich zeichne mein Haus, mein Pferd, mein Boot ...

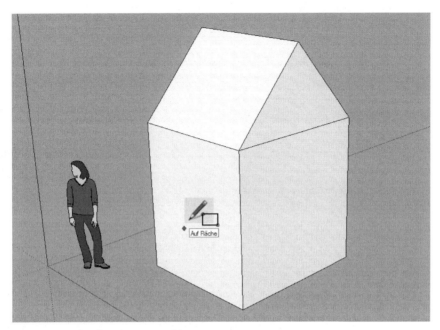

Abb. 1.28: Rechteck auf Hauswand beginnen

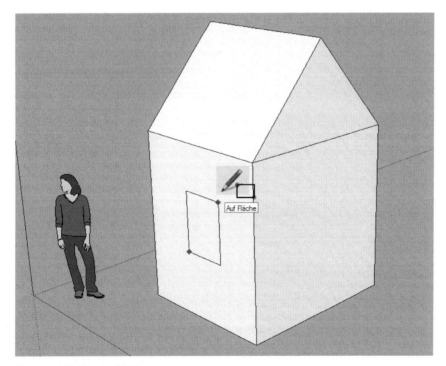

Abb. 1.29: Rechteck aufziehen

Die Rechteckfläche können Sie nun wieder mit dem Werkzeug DRÜCKEN/ZIEHEN etwas in die Tiefe ziehen wie in Abbildung 1.30 gezeigt.

Abb. 1.30: Fensteröffnung durch DRÜCKEN/ZIEHEN

1.6.1 Zoom, Pan und Schwenken

Sie möchten sicher ab und zu beim Zeichnen den dargestellten Bildschirmausschnitt vergrößern/verkleinern, verschieben oder schwenken. Dazu gibt es ganz bequeme Funktionen, die Sie interaktiv direkt über das Mausrad oder über Werkzeuge und Bewegen der linken Maustaste aufrufen können:

- Bildausschnitt verschieben
    - ⇧+Mausrad drücken und Maus bewegen.
    - Werkzeug: HANDFUNKTION im GROSSEN FUNKTIONSSATZ, oft auch als PAN bezeichnet.
- Bildausschnitt vergrößern/verkleinern
    - Mausrad rollen.
    - Werkzeug: ZOOMEN im GROSSEN FUNKTIONSSATZ.
- Bildausschnitt schwenken
    - Mausrad drücken und Maus bewegen.
    - Werkzeug: ROTIERFUNKTION im GROSSEN FUNKTIONSSATZ, oft auch als ORBIT bezeichnet.

Kapitel 1
Einfach loslegen: Ich zeichne mein Haus, mein Pferd, mein Boot ...

Wenn Sie die Funktionen nicht übers Mausrad, sondern mit den Werkzeugen aufrufen, dann beenden Sie diese mit Rechtsklick und BEENDEN.

1.7 Mein Pferd

Das Pferd soll nun als zweidimensionale Zeichnung in der x-z-Ebene erstellt werden. Dazu sind etwas mehr Werkzeuge nötig. Deshalb aktivieren Sie zwei weitere Symbolleisten. Wählen Sie das Menü ANSICHT|SYMBOLLEISTEN und aktivieren Sie GROSSER FUNKTIONSSATZ und ANSICHTEN.

Abb. 1.31: Symbolleisten GROSSER FUNKTIONSSATZ und ANSICHTEN

Wählen Sie nun aus der Symbolleiste ANSICHT das Werkzeug VORDERANSICHT , um in die x-z-Ebene zu wechseln. Schalten Sie außerdem die perspektivische Darstellung ab mit dem Menü KAMERA|PARALLELE PROJEKTION. Dann rufen Sie aus der Symbolleiste GROSSER FUNKTIONSSATZ das Werkzeug FREIHAND auf und zeichnen mit gedrückter Maustaste die Freihandkontur für das Pferd. Auch hier gilt: Sobald die Kontur geschlossen wird, entsteht automatisch eine Fläche. Die Freihandkurve besteht aus vielen kleinen Linienstücken, auf deren Endpunkten das Zeichenwerkzeug wieder automatisch einrastet. Danach können Sie mit dem Werkzeug ISO wieder in die isometrische Darstellung zurückschalten.

Abb. 1.32: Haus mit Pferd

1.8 Mein Boot

Das Boot zeichnen Sie nun zuerst als ebene Kontur bestehend aus Rechteck, Kreis und Bögen. Dann löschen Sie überflüssige Kurvenenden und ziehen die Kontur in die Höhe. Wählen Sie die obere Kontur und versetzen Sie sie nach innen. Die inneren Flächen ziehen Sie dann wieder nach unten. Ganz am Schluss skalieren Sie die beiden Bodenflächen derart, dass sich die typische Bootsform mit schrägen Wänden ergibt.

1. Zeichnen Sie mit RECHTECK ein Rechteck, das die zukünftige Bootsform umschließt. Klicken Sie dazu zwei diagonale Punkte an.

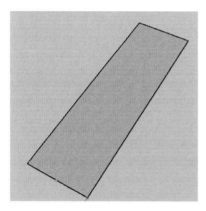

2. Mit KREIS zeichnen Sie einen Hilfskreis am Heck. Achten Sie darauf, dass sein Mittelpunkt auf der Mitte der Rechteckkante einrastet. Sie erkennen das am hellblau markierten Mittelpunktsymbol. Den Radius bestimmen Sie, indem Sie den Kreis aufziehen, bis er durch einen Eckpunkt geht. Beim korrekten Einrasten am Eckpunkt leuchtet dieser grün auf.

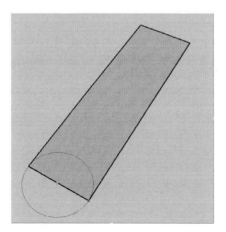

Kapitel 1
Einfach loslegen: Ich zeichne mein Haus, mein Pferd, mein Boot ...

3. Mit KREIS ⬤ zeichnen Sie die Heckrundung so, dass sie alle drei Rechteckkanten berührt. Sie können den Mittelpunkt des zweiten Kreises mitten auf dem Bogen im Rechteck einrasten lassen. SketchUp wird die korrekte Position als Endpunkt in Grün anzeigen. Das liegt daran, dass SketchUp keinen exakten Kreis zeichnet, sondern ihn durch ein Vieleck mit 24 Liniensegmenten annähert. Deshalb wird die Position wie ein Linienende angezeigt. Den Radius ziehen Sie auf, indem Sie senkrecht zur Mitte der kurzen Rechteckseite ziehen und klicken, sobald der Mittelpunkt hellblau aufleuchtet.

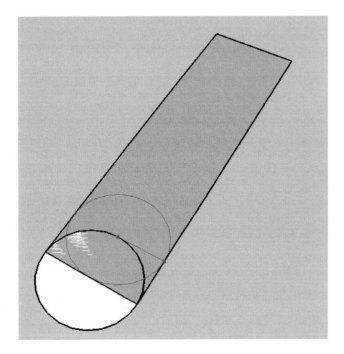

4. Nun zeichnen Sie einen BOGEN ⌒ vom Heckkreis zum Bug. Klicken Sie zuerst den Punkt an, wo der zweite Kreis das Rechteck berührt. Danach klicken Sie auf den Mittelpunkt der anderen schmalen Rechteckseite. Zum vollständigen Bestimmen des Bogens wird nun die Ausbuchtung des Bogens benötigt. Beim Aufziehen des Bogens über den mittleren Punkt achten Sie darauf, dass der Bogen tangential zur langen Rechteckseite entsteht. Sie erkennen das daran, dass sich der Bogen in diesem Fall hellblau verfärbt. Dann müssen Sie klicken. Zeichnen Sie einen zweiten Bogen auf der anderen Seite symmetrisch dazu.

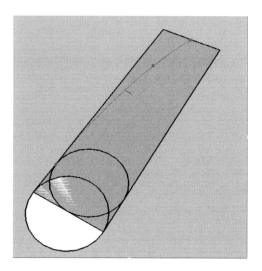

5. Mit RADIERGUMMI ![] löschen Sie nun überflüssige Geometrie. Sie können dazu die zu löschende Geometrie mit dem RADIERGUMMI anklicken oder mit gedrückter Maustaste überfahren. Der erste Kreis war nur Hilfsgeometrie für den Mittelpunkt des zweiten. Er wird vollständig ausradiert. Die Ecken des Rechtecks verschwinden ebenfalls und auch der innere Bogen des zweiten Kreises.

6. An dieser Stelle kann es auch passieren, dass Sie zwar die überflüssigen Bögen und Linien löschen, aber plötzlich die Flächenfüllung verschwindet. Dann zoomen Sie (Mausrad rollen) und prüfen Sie, ob nicht irgendwo doch ein kleines Stück zu viel von der Kontur weggenommen wurde. Sobald nämlich die Kontur nicht mehr komplett geschlossen ist, wird sie nicht mehr als Fläche markiert.

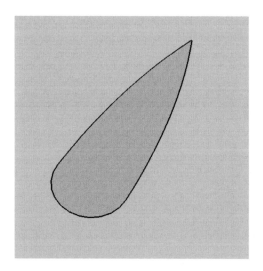

Kapitel 1
Einfach loslegen: Ich zeichne mein Haus, mein Pferd, mein Boot ...

7. Ziehen Sie dann mit DRÜCKEN/ZIEHEN ![icon] die Kontur nach oben.

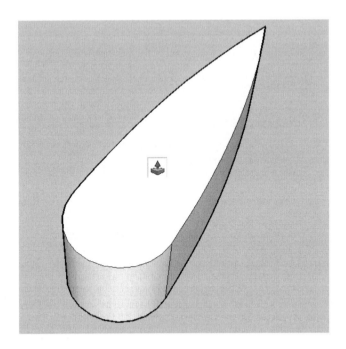

8. Wählen Sie mit AUSWÄHLEN ![icon] die drei oberen Randkurven. Die erste klicken Sie einfach mit dem Werkzeug an; um die beiden nächsten dazuzuwählen, müssen Sie die Taste ⇧ gedrückt halten. Es erscheint das Zeichen +/-, um anzudeuten, dass bei jedem Klick nun Elemente zur Auswahl hinzugefügt werden bzw. bei Klick auf ein bereits gewähltes Element dieses aus der Wahl entfernt wird. Verwenden Sie das Werkzeug VERSATZ ![icon], um die gewählten Konturelemente gemeinsam nach innen zu versetzen. Klicken Sie zuerst eine Position auf der Kontur an, bewegen Sie den Cursor nach innen und klicken Sie eine Position im geeigneten Abstand an.

> **Tipp**
>
> **Mehrfachwahl**
>
> Mit dem Werkzeug AUSWÄHLEN ![icon] können in Kombination mit der Taste ⇧ mehrere Elemente gewählt werden bzw. bereits gewählte wieder aus der Wahl entfernt werden. Der Cursor zeigt +/- an.

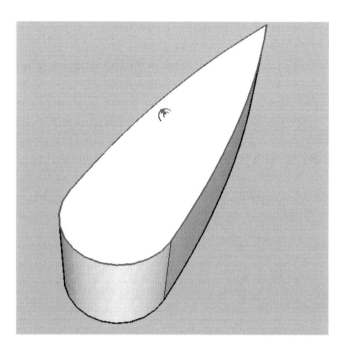

9. Verwenden Sie wieder DRÜCKEN/ZIEHEN , um die versetzte Kontur nach unten zu ziehen. Dadurch entsteht der innere Bootsboden, der natürlich nicht zu tief sitzen darf.

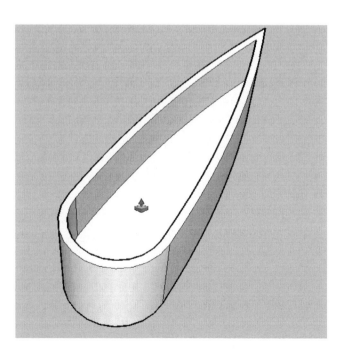

Kapitel 1
Einfach loslegen: Ich zeichne mein Haus, mein Pferd, mein Boot ...

10. Wählen Sie mit dem AUSWÄHLEN-Werkzeug den inneren Bootsboden und nach Drehen der Ansicht mit ROTIEREN auch den äußeren Boden mit dazu. Das ROTIEREN beenden Sie mit Rechtsklick und BEENDEN. Rufen Sie SKALIEREN auf. SketchUp erzeugt einen Skalierungsrahmen um die gewählten Objekte. Nun ziehen Sie einen der unteren Eckpunkte des Skalierungsrahmens bei gleichzeitig gehaltener Strg-Taste nach innen. Das bewirkt eine Skalierung bei festgehaltenem Mittelpunkt, also symmetrisch zum unteren Mittelpunkt. Dadurch wird das Boot so zu verformen, dass es sich konisch nach unten verengt.

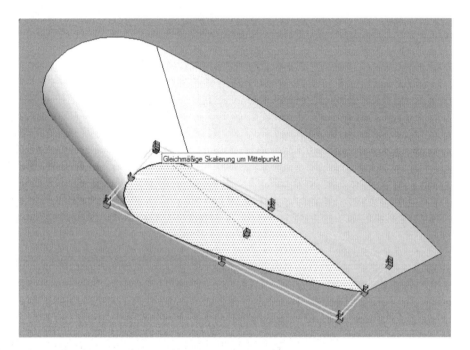

Sie haben nun Haus, Pferd und Boot gezeichnet und ein erstes Feeling für die Arbeit mit SketchUp bekommen. Alle bisherigen Konstruktionen sind freihändig ohne präzise Abmessungen erstellt worden, damit Sie einmal die grundlegende Vorgehensweise des Programms kennen lernen. In den nachfolgenden Übungen können Sie noch einmal probieren, wie Sie mit neuen Teilen zurechtkommen. Es gibt die Lösungen dazu in Anhang A. Im nächsten Kapitel werden Sie sehen, wie exakte Konstruktionen mit präzisen Eingaben für die Abmessungen erstellt werden können.

1.9 Übungen

Die folgenden Übungszeichnungen sind zum Nachzeichnen gedacht.

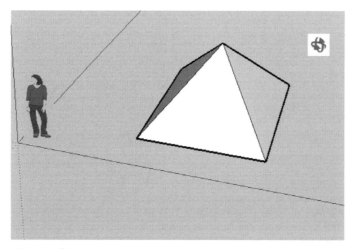

Abb. 1.33: Übungszeichnung Pyramide

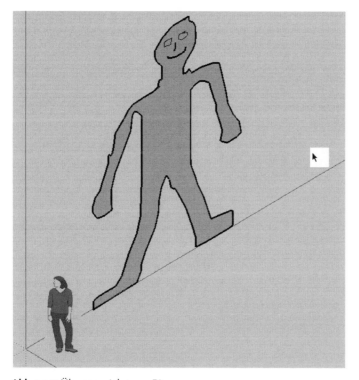

Abb. 1.34: Übungszeichnung Riese

Kapitel 1
Einfach loslegen: Ich zeichne mein Haus, mein Pferd, mein Boot ...

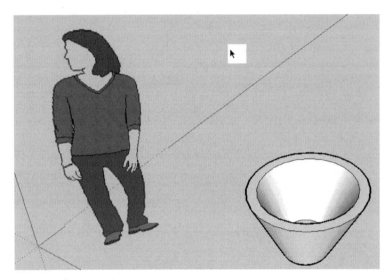

Abb. 1.35: Übungszeichnung Blumentopf

1.10 Übungsfragen

1. Über welchen Menüpunkt können Sie die Standardeinstellungen ändern?
2. In welche Richtung werden bei der Funktion DRÜCKEN/ZIEHEN die Flächen gezogen?
3. Was entsteht, wenn Sie eine geschlossene Kontur zeichnen?
4. Was immer Sie zeichnen, Linien, Kreise oder Freihandlinien, SketchUp speichert die Geometrie immer als was?
5. Wie können Sie weitere Symbolleisten aktivieren?
6. Was ist der MENTOR und wie kann er aktiviert werden?
7. Welche weiteren Lernhilfen gibt es bei Google?

Kapitel 2

Genau genommen: Exaktes Zeichnen

Dieses zweite Kapitel ist eine Einführung in das Zeichnen mit exakten Werteeingaben. Was im ersten Kapitel nur ein Spiel mit den Zeichenwerkzeugen zum Kennenlernen war, wird nun zur ernsthaften Konstruktion mit exakten Längenangaben, Koordinatenangaben und Winkeln.

2.1 Richtungsvorgaben für Linien und Bögen

2.1.1 Rechtwinklige Linien-Konstruktionen

Sie haben schon im ersten Kapitel gesehen, dass während Ihrer Zeichenarbeit durch SketchUp die Eingaben interpretiert werden. Sobald Sie mit dem LINIE-Werkzeug ungefähr parallel zu der roten, grünen oder blauen Achse zeichnen, werden Ihre Linien in dieser Richtung einrasten und bekommen auch die Farbe dieser Achsen. Dadurch ermöglicht es SketchUp, auf einfache Weise orthogonale Konstruktionen – also Konstruktionen in Richtung der rechtwinklig zueinander angeordneten Achsen x, y und z – exakt zu erstellen.

Funktion	Symbol	Menü	Kürzel	Bedeutung
Linie		ZEICHNEN|LINIE	L (engl. line)	Zeichnet eine Linie über Startpunkt und Endpunkt

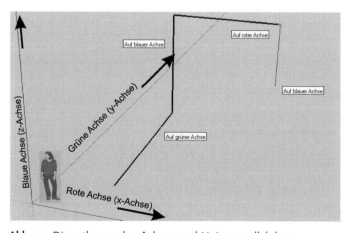

Abb. 2.1: Die orthogonalen Achsen und Linien parallel dazu

Sie müssen dabei natürlich bedenken, dass SketchUp normalerweise im Perspektivmodus ist, wo sich die Linien in großer Entfernung auf einen Fluchtpunkt zusammenziehen. Wenn Sie diese Darstellung irritiert, können Sie mit dem Menü KAMERA|PARALLELE PROJEKTION auf die Parallelprojektion umschalten, bei der die Linien nun auch in der 3D-Darstellung auf dem Bildschirm exakt parallel zu den Achsen verlaufen. Für größere 3D-Konstruktionen erscheint die perspektivische Projektion realistischer, dagegen können Sie in der Parallelprojektion leichter abschätzen, wann eine Linie nun wirklich achsparallel verläuft und wann nicht. Benutzen Sie also das KAMERA-Menü zum Wechseln zwischen diesen Projektionsarten.

Abb. 2.2: Darstellung in Parallelprojektion

Menü	Funktion
KAMERA|PARALLELE PROJEKTION	Parallelprojektion einstellen
KAMERA|PERSPEKTIVE	Perspektivische Projektion einstellen

Tabelle 2.1: Projektionsart für 3D-Darstellung wählen

2.1.2 Parallele und senkrechte Linien

Auch wenn Sie parallel oder senkrecht zu vorhandenen Linien oder Kanten zeichnen, werden Sie ein Einrasten spüren und erhalten eine Farbinformation. Parallele oder senkrechte Kanten werden violett angezeigt.

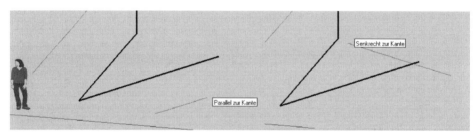

Abb. 2.3: Parallele und senkrechte Linien erscheinen violett.

Farbe	Bedeutung
Rot	Parallel zur roten Achse (x-Achse)
Grün	Parallel zur grünen Achse (y-Achse)
Blau	Parallel zur blauen Achse (z-Achse)
Violett	Bei Linien: Parallel oder senkrecht zu einer vorhandenen Linie oder Kante
Violett	Bei Bögen: tangential zu zwei Kanten (Rundung)
Zyan (hellblau)	Bei Bögen: tangential an eine Kante

Tabelle 2.2: Farbkodierung für Linien und Bögen

2.1.3 Tangentiale Bögen

Wenn Sie mit der Bogenfunktion Bögen zeichnen, klicken Sie eine Position für den Startpunkt und eine für den Endpunkt an und ziehen dann den Bogen über einen dritten Punkt dazwischen auf. Hier ist es interessant, beispielsweise Bögen zu konstruieren, die sich an Linien anschmiegen. Um beispielsweise eine Ecke abzurunden, müssen Sie die beiden ersten Punkte so wählen, dass sie die gleiche Entfernung vom Eckpunkt haben. Das wird Ihnen durch Violettfärbung der Bogensehne beim Anklicken des zweiten Punkts angezeigt (Abbildung 2.4 links). Wenn Sie dann den dritten Punkt dazwischen anklicken, achten Sie wieder darauf, dass der Bogen in Violett erscheint (Abbildung 2.4 rechts). So erhalten Sie einen Bogen, der zu beiden Linien tangential verläuft.

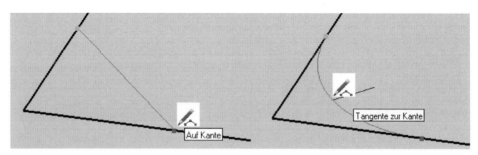

Abb. 2.4: Eckenrundung: Bogensehne violett und Bogen bei mittlerem Punkt violett

Kapitel 2
Genau genommen: Exaktes Zeichnen

Funktion	Symbol	Menü	Kürzel	Bedeutung
Bogen	⌒	ZEICHNEN| BOGEN	A (engl. arc)	Zeichnet einen Bogen über Startpunkt, Endpunkt, mittleren Punkt

Wenn Sie einen Bogen zeichnen wollen, der nur zu einer der beiden Linien tangential ist, dann brauchen Sie beim Endpunkt nicht darauf zu achten, dass die Bogensehne violett wird. Bei Eingabe des mittleren Punkts variieren Sie so lange, bis der Bogen hellblau (Cyan) gefärbt erscheint (Abbildung 2.5). Sie können einen solchen Bogen nur zu einer der beiden Linien tangential erstellen.

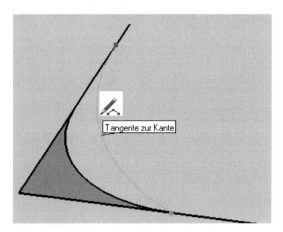

Abb. 2.5: Ein zweiter Bogen (hellblau), nur zur oberen Linie tangential

2.2 Ausgezeichnete Punktpositionen

Bei allen Zeichenfunktionen rastet das Zeichenwerkzeug an bestimmten Punkten ein. Im letzten Kapitel haben Sie schon massiv davon Gebrauch gemacht. Durch verschiedene Farben und in Hinweistexten werden Sie über die Art der Punkte informiert.

Punktart	Farbe	Funktion
Endpunkt	Grün	
Mittelpunkt	Hellblau (zyan)	Mittelpunkt auf Linie
Mittelpunkt	Dunkelblau	Mittelpunkt von Kreis
Auf Kante	Rot	Punkt auf einer Flächenkante
Auf Fläche	Blau	Punkt auf einer Fläche

Tabelle 2.3: Ausgezeichnete Punkte

Mit jedem Zeichenwerkzeug können Sie die Punktpositionen ausprobieren, die in Abbildung 2.6 gezeigt werden. Sie können als Start- oder Endpunkte von Linien dienen, als Mittelpunkte für Kreise oder als Punkte, die einen Bogen bestimmen.

Schnittpunkte gibt es nicht, weil in der aktuellen Version SketchUp 8 die Geometrieobjekte am Schnittpunkt sofort unterteilt werden und damit entstehen dort Endpunkte. Bei der Version SketchUp 6 gab es noch Schnittpunkte in schwarzer Farbe.

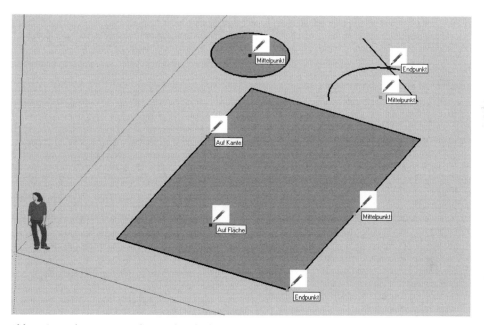

Abb. 2.6: Punktpositionen für Zeichenfunktionen

2.3 Ableitungen und Hilfslinien

Die im letzten Abschnitt genannten expliziten Punktpositionen können Ausgangspunkte so genannter *Ableitungen* sein. So werden die gepunkteten Hilfslinien genannt, die meist automatisch erscheinen, wenn man beim Konstruieren in Richtung einer Achse neben einen der oben genannten diskreten Punkte kommt. Abbildung 2.7 zeigt einen Fall, wo der Anfangspunkt einer Linie durch die Ableitungen von zwei Punkten bestimmt wird. Die erste Ableitung geht vom Endpunkt einer Linie in Richtung der roten Achse (x-Richtung) und die zweite Ableitung läuft vom Mittelpunkt einer anderen Linie in Richtung der grünen Achse (y-Richtung). Der Startpunkt für die Linie wird dort angeklickt, wo sich beide Ableitungen treffen. Die Startpunkt der gepunkteten Ableitungen erscheinen in schwarzer Farbe.

Kapitel 2
Genau genommen: Exaktes Zeichnen

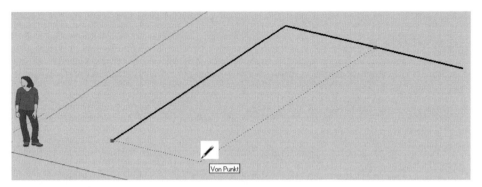

Abb. 2.7: Ableitungen vom Endpunkt in x-Richtung (rot) und vom Mittelpunkt in y-Richtung (grün)

Der Endpunkt der Linie soll umgekehrt aus der Ableitung in x vom Mittelpunkt der linken Linie und der Ableitung in y vom Endpunkt rechts gebildet werden.

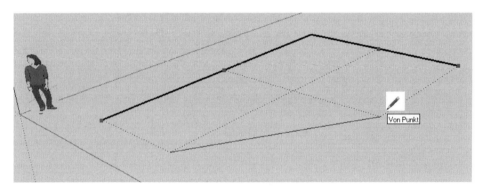

Abb. 2.8: Zweiter Punkt für die Linie aus den übrigen Ableitungen von Mittelpunkt und Endpunkt

Nicht immer zeigen sich diese Ableitungen automatisch. Sie können eine Ableitung erzwingen, indem Sie zuerst den diskreten Punkt anfahren und kurz darauf verweilen. Das können Sie auch mit einem zweiten Punkt machen. Dann fahren Sie von dem Punkt weg und ziehen so die Ableitungslinie mit. Um beispielsweise den Punkt zu erhalten, der sich von beiden Mittelpunkten ableitet, fahren Sie zuerst die beiden Mittelpunkte an und bewegen sich dann auf den Schnittpunkt der beiden Ableitungen zu. Sowie Sie die Position erreicht haben, zeigen sich die gepunkteten Ableitungen und Sie können die Position anklicken.

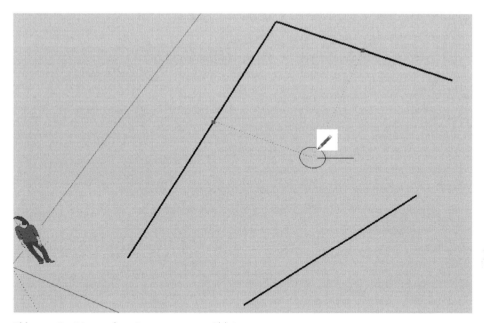

Abb. 2.9: Position auf zwei erzwungenen Ableitungen

Wenn Sie dieselbe Position im LINIE-Befehl erreichen wollen, können Sie auch mit → die Richtung vom ersten Mittelpunkt an fixieren und dann den Mittelpunkt auf der Linie oben anklicken. Die Pfeiltasten können verwendet werden, um eine Koordinatenrichtung zu fixieren:

- → fixiert die x-Richtung (rote Achse).
- ← fixiert die y-Richtung (grüne Achse).
- ↑ oder ↓ fixieren die z-Richtung (blaue Achse).

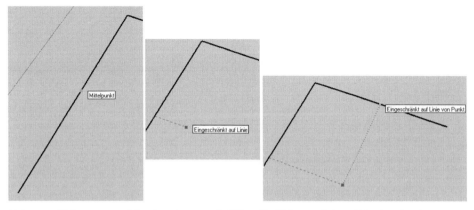

Abb. 2.10: Richtung vom Mittelpunkt aus mit → auf x-Richtung fixiert, Mittelpunkt oben angeklickt

Kapitel 2
Genau genommen: Exaktes Zeichnen

Hilfslinien können Sie mit dem MAßBAND-Werkzeug erstellen. Das Maßband muss dafür im Modus *Führungslinien erstellen* sein, erkenntlich am angehefteten Plus-Zeichen. Sie müssen ggf. die [Strg]-Taste drücken, um in diesen Modus zu schalten. Klicken Sie dann auf die Kante, zu der die Hilfslinie parallel verlaufen soll, ziehen Sie in die gewünschte Richtung, tippen Sie den Abstandswert ein und beenden Sie mit [↵]. Die Hilfslinien können Sie als Grundlage für weitere Linienkonstruktionen oder zur Bildung von Schnittpunkten benutzen.

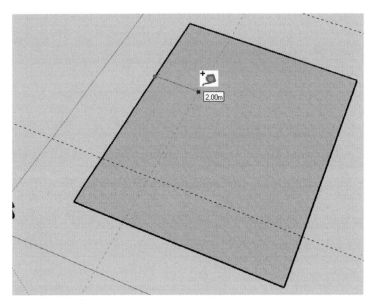

Abb. 2.11: Hilfslinien mit dem MAßBAND-Werkzeug erstellen

Funktion	Symbol	Menü	Kürzel	Bedeutung
Maßband		TOOLS| MAßBAND	T (engl. tracker)	Misst Abstände oder zeichnet Hilfslinien (Umschaltung mit [Strg])

2.4 Beispiel für abgeleitete Koordinaten

In einem kleinen Beispiel soll noch mal das Ableiten von Koordinaten aus vorhandenen Punktpositionen verdeutlicht werden. Als Ausgangsgeometrie wurden zwei Linien parallel zur roten x- und grünen y-Achse gezeichnet. Eine weitere Linie soll nun dort beginnen, wo der vierte Eckpunkt eines gedachten Quadrats wäre. Der Endpunkt soll der halben Seitenlänge des Quadrats entsprechen.

1. Mit dem LINIE-Werkzeug fahren Sie den Endpunkt oben links an (nicht klicken).
2. Ziehen Sie nun parallel zur roten x-Achse nach rechts rüber. Es entsteht eine gepunktete Ableitungslinie.
3. Jetzt halten Sie die Taste ⇧ gedrückt. Die Ableitungslinie wird nun fixiert und rot gestrichelt angezeigt. Damit ist die y-Position festgelegt.
4. Nun fahren Sie auf den Endpunkt unten rechts und klicken ihn an. Von diesem Punkt wird nun nur die x-Position übernommen und der Eckpunkt des gedachten Quadrats ist fertig.
5. Für die y-Position des Endpunkts Ihrer Linie fahren Sie nun auf den Mittelpunkt links (nicht klicken).
6. Ziehen Sie rechts herüber, bis beide Ableitungslinien rot und grün in x- und y-Richtung angezeigt werden, und klicken Sie.
7. Der zweite Punkt und die Linie sind fertig. Beenden Sie mit Esc.

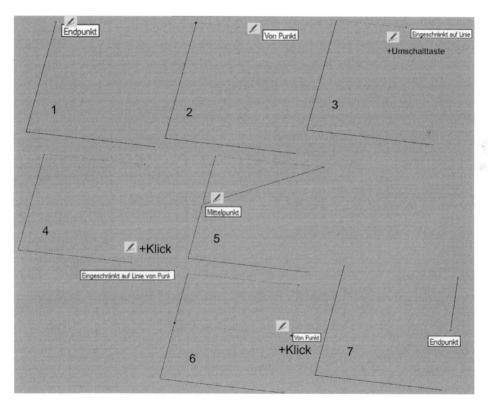

Abb. 2.12: Ableiten von Koordinatenwerten aus vorhandenen Punkten

2.5 Die Werteeingabe: exakte Eingaben

Rechts unten in der Statusleiste des Programms finden Sie ein kleines Eingabefeld, in dem alle Tastatureingaben landen. Verschiedene Funktionen akzeptieren hier unterschiedliche Eingaben. Abbildung 2.13 zeigt die Längeneingabe für das Werkzeug LINIE. Zahlen geben Sie normal in deutscher Nomenklatur ggf. mit Dezimalkomma ein.

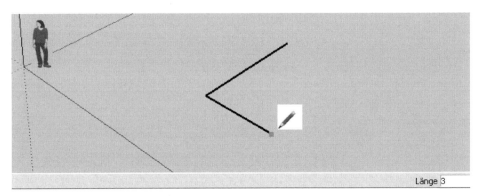

Abb. 2.13: Werteeingabe für Linien-Länge

Beim Befehl RECHTECK können Sie die zweite gegenüberliegende Ecke über Relativ-Koordinaten angeben. Abbildung 2.14 zeigt ein Rechteck mit Seitenlänge in x-Richtung (rote Achse) von 4 Metern und Seitenlänge in y-Richtung (grüne Achse) von 5 Metern.

Funktion	Symbol	Menü	Kürzel	Bedeutung
Rechteck	▪	ZEICHNEN|RECHTECK	R (engl. rectangle)	Zeichnet ein Rechteck über zwei gegenüberliegende Eckpunkte

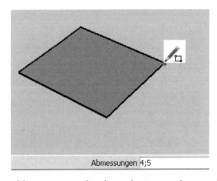

Abb. 2.14: Eingabe der Relativ-Koordinaten für die zweite Rechteckseite

Wenn Sie die Werteeingabe beim KREIS-Werkzeug beobachten, werden Sie finden, dass Sie dort zuerst die SEITEN eingeben können. Ein Kreis wird nämlich immer als Vieleck gezeichnet, also als regelmäßiges Polygon. Voreinstellung ist **24** Seiten. Wenn Sie einen Kreis mit besserer Näherung an die echte Kreisform zeichnen wollen, geben Sie hier also eine höhere Zahl für die Kreissegmente wie etwa **60** ein. Die nächste Eingabe wäre nach Anklicken des Mittelpunkts der Radius.

Funktion	Symbol	Menü	Kürzel	Bedeutung
Kreis	●	ZEICHNEN|KREIS	C (engl. circle)	Zeichnet einen Kreis über Mittelpunkt und Radius

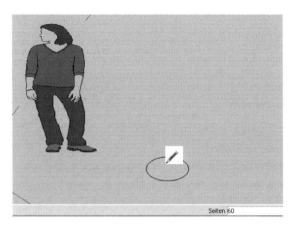

Abb. 2.15: Werteeingabe für Kreissegmente

Mit diesen exakten Eingaben können Sie nun ganz korrekte technische Zeichnungen mit den nötigen Längen und Größenangaben erstellen.

> **Tipp**
>
> **Eingabe von Werten und Koordinaten**
>
> Zahlenwerte werden wie üblich mit Dezimalkomma eingegeben: **20,75**. Sind keine Nachkommastellen vorhanden, dann müssen weder Dezimalkomma noch nachfolgende Nullen eingegeben werden: **20**. Koordinatenwerte für eine Position aus x- und y-Koordinate werden als x-Wert (hier 20) und y-Wert (hier 20,75), getrennt durch ein Semikolon (Strichpunkt) geschrieben: **20;20,75**.

2.6 Verwendete Einheiten und Genauigkeit

Die verwendeten *Einheiten* wurden beim Start über die Vorlage festgelegt, in unserem Fall also Meter.

Kapitel 2
Genau genommen: Exaktes Zeichnen

Wenn Sie für die *gesamte* Zeichnung andere *Einheiten* verwenden wollen, müssen Sie beim Start auf die Schaltfläche VORLAGE WÄHLEN klicken und eine Vorlage mit den gewünschten Einheiten auswählen. Wenn Sie unter FENSTER|VOREINSTELLUNGEN in der aktuellen Zeichnung eine andere Vorlage wählen, so wird das aber erst *bei der nächsten* neuen Zeichnung berücksichtigt.

Wollen Sie innerhalb der aktuellen Zeichnung die *Einheiten* dauerhaft umstellen, dann können Sie dies unter FENSTER|MODELLINFORMATION|EINHEITEN tun. Die dort gewählten Einheiten gelten dann ab sofort. Dort können Sie auch die *Genauigkeit* einstellen, mit der beispielsweise mit dem MASSBAND-Werkzeug nachgemessene Entfernungen angezeigt werden sollen.

Wenn Sie unterschiedliche und von der Vorgabe abweichende Einheiten bei der Eingabe verwenden wollen, so müssen Sie nur das passende Kürzel für die Einheiten anhängen, also **cm** für Zentimeter, **mm** für Millimeter, **m** für Meter, " für Zoll oder ' für Fuß. Für den Fall, dass Sie 1½ Zoll in nicht-dezimaler Schreibweise eingeben wollen, müssten Sie die Einheiten von DEZIMAL auf FRAKTIONAL umstellen und **1 1/2"** mit Leerzeichen dazwischen schreiben.

2.7 Wie Flächen entstehen und bearbeitet werden können

Schon im ersten Kapitel haben Sie sehen können, dass automatisch immer Flächen erstellt werden, wenn eine Kontur geschlossen wird. Solange die Kontur offen ist, bleibt sie eine einfache Kurve. Wenn aber die letzte Seite geschlossen wird (Abbildung 2.17), wird die neue Fläche anhand ihrer Schattierung sichtbar.

Abb. 2.16: Offener Konturzug

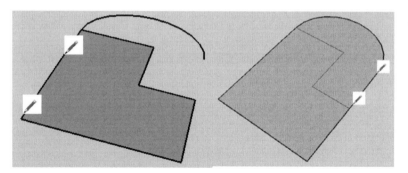

Abb. 2.17: Flächen entstehen durch Schließen der Konturen

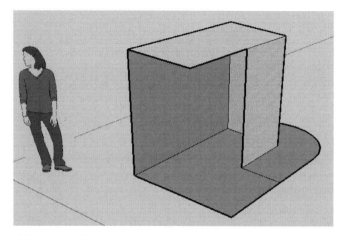

Abb. 2.18: Flächen im Dreidimensionalen entstehen genauso durch Schließen von Konturen.

Die nächsten Beispiele sollen zeigen, wie sich Linien und Flächen verhalten, wenn sie modifiziert werden. Insbesondere ist zu bemerken, dass Flächen und ihre Kanten immer zusammenhängend bleiben, wenn Flächen, Kanten oder Eckpunkte verschoben werden. Abbildung 2.19 zeigt zwei Quadrate mit einer und zwei Diagonalen. Zeichnen Sie die Quadrate, indem Sie mit der RECHTECK-Funktion zuerst den ersten Eckpunkt anklicken und dann für den zweiten Eckpunkt die Relativ-Koordinaten in die Werteeingabe als **5;5** eingeben.

Zeichnen Sie im linken Quadrat mit dem LINIE-Werkzeug eine Diagonale von Ecke zu Ecke. Im rechten Quadrat zeichnen Sie zwei Diagonalen in der gleichen Weise. Wenn Sie nun eine der Diagonalen mit dem AUSWÄHLEN-Werkzeug anklicken, werden Sie feststellen, dass sie unterteilt wurden. Sich schneidende Linien werden nämlich automatisch unterteilt. Diese vier Linien haben auch die Fläche des Quadrats in vier Einzelflächen unterteilt.

Kapitel 2
Genau genommen: Exaktes Zeichnen

Funktion	Symbol	Menü	Kürzel	Bedeutung
Auswählen		TOOLS| AUSWÄHLEN	[Leertaste]	Wählt Objekte für nachfolgende Funktionen durch Anklicken aus, mit [Strg] wird dazugewählt, mit [⇧] wird dazugewählt oder eine bestehende Auswahl zurückgenommen

Mit dem Werkzeug VERSCHIEBEN/KOPIEREN können Sie nun ausprobieren, wie sich die Flächen verhalten, wenn Sie die Diagonalen in der Höhe manipulieren. Klicken Sie zuerst die Diagonale im linken Quadrat mit dem Werkzeug AUSWÄHLEN an. Gehen Sie dann mit dem Werkzeug VERSCHIEBEN/KOPIEREN auf den Mittelpunkt der Diagonalen und bewegen Sie ihn derart nach oben, dass eine Ableitung parallel zur blauen Achse (z-Richtung) erscheint. Die Konstruktion wird aufgefaltet und bildet eine Art Tetraeder (Abbildung 2.22). Die Diagonale hat die Quadratfläche in zwei Dreiecksflächen unterteilt. Das Tetraeder (gab es früher auch mal als Milchtüte) besitzt aber nur zwei Flächen, die übrigen beiden Flächen bleiben hier offen.

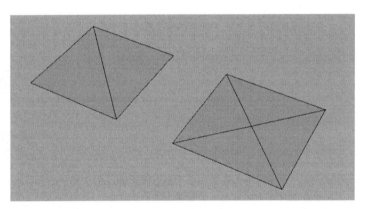

Abb. 2.19: Zwei Quadrate mit einer und zwei Diagonalen

Funktion	Symbol	Menü	Kürzel	Bedeutung
Verschieben/ Kopieren		TOOLS| VERSCHIEBEN	M (engl. Move)	Verschiebt und kopiert Objekte wie Kanten, Flächen, Punkte. Mit [Strg] wird zwischen Verschieben und Kopieren gewechselt.

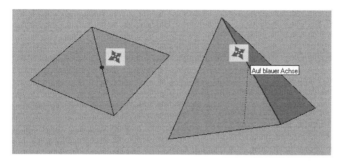

Abb. 2.20: Diagonale wird über Mittelpunkt in die Höhe gezogen.

Wenn Sie dagegen das zweite Quadrat entsprechend in die Höhe ziehen, wird der Mittelpunkt der Diagonalen, der den Endpunkt von vier Linien darstellt, so in die Höhe gezogen, dass eine Pyramide entsteht. Die vier Flächen gehen ebenfalls mit.

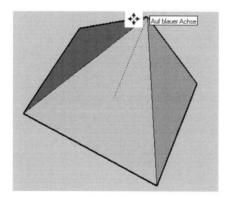

Abb. 2.21: Mittelpunkt wird in die Höhe gezogen und bildet eine Pyramide.

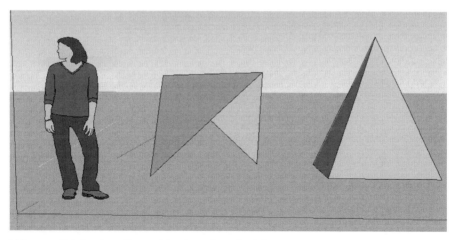

Abb. 2.22: Entstandene Geometrien in anderer Ansicht

Kapitel 2
Genau genommen: Exaktes Zeichnen

Ein weiteres Beispiel zeigt Abbildung 2.23. Hier wurde ein Rechteck durch eine Mittellinie unterteilt. Wenn Sie die Mittellinie in die Höhe ziehen, entsteht eine Art Zeltdach.

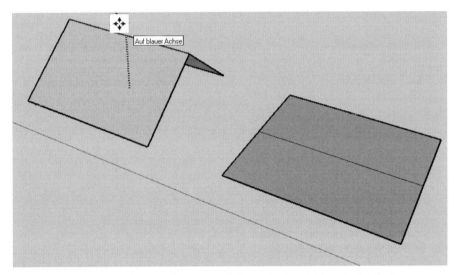

Abb. 2.23: Mittellinie wird in z-Richtung verschoben, Flächen bilden ein Zeltdach.

Für das nächste Experiment zeichnen Sie bitte in eine Quadratfläche mit dem LINIE-Befehl zwei weitere Quadrate ein, die jeweils von den Mittelpunkten ausgehen (Abbildung 2.24). Löschen Sie mit dem RADIERGUMMI das mittlere schräg stehende Quadrat. Versuchen Sie nun, dieses Quadrat in die Höhe zu ziehen. Es wird sich als extra Fläche loslösen (Abbildung 2.25).

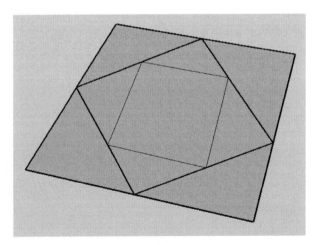

Abb. 2.24: Verschachtelte Quadrate

2.7 Wie Flächen entstehen und bearbeitet werden können

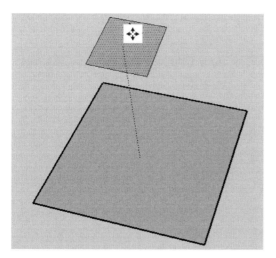

Abb. 2.25: Inneres Quadrat lässt sich nicht in der Höhe wegziehen, weil die verbindenden Kantenlinien zum äußeren Quadrat fehlen.

Wenn Sie verhindern wollen, dass sich die innere Fläche loslöst und in der Ebene verschiebt, müssen Sie beim VERSCHIEBEN/KOPIEREN mit [Alt] die Option AUTOMATISCHES FALTEN aktivieren. Dann werden die nötigen schrägen Kanten automatisch erzeugt, wodurch die vier Seitenflächen entstehen, die erst ein Hochziehen der mittleren Fläche ermöglichen.

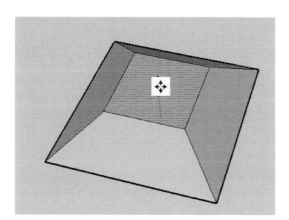

Abb. 2.26: Mit [Alt] wurde das automatische Falten aktiviert, das nötige Kanten hinzufügt.

Alternativ könnten Sie natürlich auch manuell wie in Abbildung 2.27 die schrägen Kanten selbst konstruieren und dann die mittlere Fläche auch ohne [Alt] in die Höhe ziehen.

Kapitel 2
Genau genommen: Exaktes Zeichnen

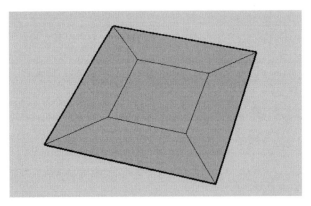

Abb. 2.27: So lässt sich die innere Fläche auch ohne automatisches Falten in die Höhe ziehen.

2.8 SketchUp's Trick: Alles ist eckig, Volumen sind hohl

Vielleicht haben Sie sich schon gefragt, wieso ein solches Konstruktionsprogramm gratis angeboten und zudem auch mit einer relativ kleinen Datei heruntergeladen werden kann. Die Ursache dafür liegt hauptsächlich darin, dass das zugrunde liegende Geometriemodell einige entscheidende Vereinfachungen verwendet.

Ich hatte oben schon erwähnt, dass alle Kreise und auch Bögen nicht exakt dargestellt werden, sondern als Vielecke. Damit entfällt für diese Geometrieobjekte die mathematisch aufwendige Behandlung der Kreis- und Bogenobjekte. Es handelt sich also um ein polygonales Geometriemodell. Kurz formuliert: *Alles ist eckig*, nichts ist exakt rund. Das grundlegende Geometrieobjekt ist nur die Linie, aus der nun alle anderen Objekte zusammengesetzt werden können. Das vereinfacht natürlich den mathematischen Aufwand erheblich.

Außerdem gibt es eigentlich keine Volumenkörper wie in anderen Geometrieprogrammen. Alles besteht nur aus Flächen, und zwar aus ebenen Flächensegmenten. Ein Zylinder beispielsweise wird aus vielen Facetten aufgebaut. Auch kompliziertere gewölbte Flächen werden aus Dreiecksfacetten zusammengesetzt.

Zur besseren Darstellung gewölbter Oberflächen gibt es mathematische Verfahren, die die internen Facettierungen noch glatter erscheinen lassen.

Unerwünschte Kanten auf runden Oberflächen können abgemildert, das heißt ausgeblendet werden. Trotzdem sind dann aber noch die Facettenflächen durch einen Intensitätsunterschied als Schattierung erkennbar. Solche Fälle kann man dann noch zusätzlich glätten, damit die Oberflächenschattierung über diese Facettenkanten kontinuierlich verläuft.

Nun können Sie aber in der neuesten SketchUp-Version doch angeblich auch Volumenkörper erstellen? Ja, das ist möglich, indem Sie Objekte, die aus komplett geschlossenen Flächen bestehen, in Gruppen oder Komponenten zusammenfassen. Dabei ist aber unbedingt darauf zu achten, dass sie sauber aus Flächen zusammengesetzt sind, die nicht überlappen oder irgendwo offen sind, und keine unnötigen Geometrien wie freie Linien oder Bögen enthalten. Mit diesen Volumenkörpergruppen bzw. -komponenten können Sie dann, wie weiter unten beschrieben wird, neue Volumenkörper durch die so genannten *booleschen Operationen* wie *Vereinigung*, *Differenz* oder *Verschnitt* erzeugen. Die meisten dieser Funktionen sind allerdings nur in der PRO-Version verfügbar, nur die *Vereinigung* ist als Funktion TOOLS|ÄUßERE SCHALE in der normalen SketchUp-Version enthalten.

> **Tipp**
>
> **Volumenkörper-Gruppe oder -Komponente erzeugen**
>
> Eine für Volumenkörper geeignete Gruppe oder Komponente erstellen Sie übrigens am schnellsten, indem Sie eine komplett mit Flächen geschlossene Konstruktion wählen. Das geht am schnellsten durch *dreifaches* Klicken auf eine der Flächen, womit automatisch alle verbundenen Flächen und Kanten gewählt werden. Dann wählen Sie nach Rechtsklick im Kontextmenü die Funktion GRUPPIEREN oder KOMPONENTE ERSTELLEN.

2.9 Zeichenübungen

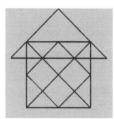

Abb. 2.28: Zeichnung mit Ableitungen erstellen

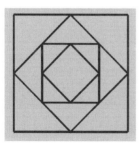

Abb. 2.29: Zeichnung mit diskreten Punktpositionen erstellen

Kapitel 2
Genau genommen: Exaktes Zeichnen

Abb. 2.30: Zeichnung mit diskreten Punktpositionen

2.10 Übungsfragen

1. Welche Farben werden für Achsrichtungen x, y und z verwendet?
2. In welchem Menü können Sie zwischen Parallelprojektion und perspektivischer Projektion wechseln?
3. Mit welcher Farbe wird ein Mittelpunkt markiert?
4. Was bedeutet es, wenn ein Bogen violett markiert wird?
5. Was bedeutet die schwarze Farbe bei einem Punkt?
6. Wie wird ein Punkt markiert, der exakt auf einer Fläche liegt?
7. Mit welcher Pfeiltaste können Sie eine Ableitung in x-Richtung fixieren?
8. Mit welchem Werkzeug konstruieren Sie Hilfslinien?
9. Welche Zeichenfunktionen wurden bisher verwendet?
10. Wie entstehen Flächen?

Kapitel 3

Benutzeroberfläche und Grundeinstellungen

Wichtig für die Benutzung des Programms ist natürlich die Kenntnis der verschiedenen Funktionsaufrufe, die in Menüs und Symbolleisten angeboten werden. Außerdem wird die Auswirkung der verschiedenen Funktionen durch Grundeinstellungen des Programms maßgeblich beeinflusst, die in den Menüfunktionen FENSTER|MODELLINFORMATIONEN und FENSTER|VOREINSTELLUNGEN bedient werden. Bevor wir im nächsten Kapitel mit dem exakten Konstruieren beginnen, sollen Sie einen Überblick übers Menü und diese Grundeinstellungen erhalten.

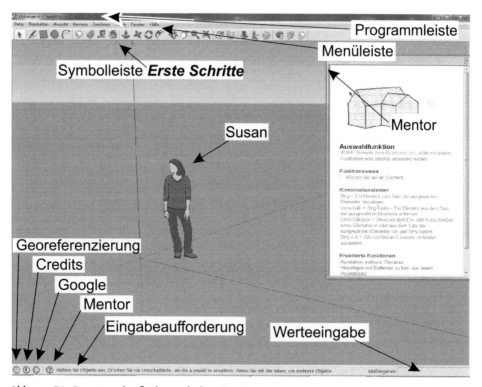

Abb. 3.1: Die Benutzeroberfläche nach dem Start

Kapitel 3
Benutzeroberfläche und Grundeinstellungen

Die Benutzeroberfläche von SketchUp ist übersichtlich gestaltet. Nach dem ersten Start ist noch ein Dialogfenster zur Einführung in die Benutzung aktiv, der MENTOR. Sie können ihn im Normalbetrieb wegschalten. Wenn Sie ihn wieder brauchen, können Sie ihn jederzeit mit dem Menü FENSTER|MENTOR wieder aktivieren.

In der obersten Leiste, der *Programmleiste*, wird der Name der aktuellen Zeichnung angezeigt. Vor dem ersten Speichern steht dort *Unbenannt*. Nach dem ersten Speichern mit DATEI|SPEICHERN wird dann der Name der aktuellen Zeichnungsdatei angezeigt. Sie hat die Endung *.skp (von SKetchuP).

Unter der *Programmleiste* folgt die *Menüleiste* mit den acht Menüs:

- DATEI dient der Dateiverwaltung und zum Drucken.
- BEARBEITEN enthält Funktionen zur Arbeit mit der Windows-Zwischenablage und diverse andere Bearbeitungsfunktionen.
- ANSICHT enthält zuoberst eine Möglichkeit, die verschiedenen *Symbolleisten* mit den Bedienwerkzeugen zu aktivieren, und steuert außerdem die Sichtbarkeit verschiedener Darstellungselemente und die Darstellungsart.
- KAMERA ermöglicht, die Ansichtsrichtung und Projektionsart zu bestimmen.
- ZEICHNEN enthält die sechs Zeichenbefehle BOGEN, LINIE, FREIHAND, RECHTECK, KREIS und VIELECK.
- TOOLS umfasst die meisten Befehle zum *Bearbeiten und Ändern* von Zeichnungselementen.
- FENSTER ist ein vielseitiges Menü, das zahlreiche Dialogflächen für *Voreinstellungen*, *Stile* und *Darstellungsoptionen* enthält.
- HILFE bietet zahlreiche Hilfsquellen zum Verstehen und Kennenlernen des Programms an.

Tipp

In der MAC-Version sind lediglich die Menüs KAMERA und ZEICHNEN in der Reihenfolge vertauscht.

Im Folgenden wird eine kurze Übersicht über die Menüs und Werkzeugkästen gegeben, die für Ihre Arbeit mit SketchUp nützlich sein kann. Eine umfassendere Übersicht aller Menüpunkte finden Sie in Anhang B. Dort werden für den schon versierten CAD-Kenner alle Menüfunktionen mit kurzen Beschreibungen vorgestellt. Dies sei dem CAD-Kenner als Schnelleinstieg empfohlen.

3.1 Die Menüs und ihre Funktionen

3.1.1 Datei

Hier finden Sie die üblichen Dateiverwaltungsfunktionen zum Erstellen neuer Dateien, zum Öffnen bestehender Konstruktionen und zur Ausgabe. Die SketchUp-Dateien erhalten die Endung *.skp. Viele andere Dateiformate können bei der PRO-Version mit der Funktion EXPORTIEREN ausgegeben werden, um mit anderen CAD-Programmen zusammenzuarbeiten.

Abb. 3.2: DATEI-Menü

3.1.2 Bearbeiten

Dieses Menü enthält als Erstes die Funktionen zum Zurücknehmen und Wiederherstellen von Aktionen sowie die üblichen Operationen für die Zwischenablage.

Außerdem liegen hier die wichtigen Funktionen zum Löschen und Aus- und Einblenden von Objekten (Abbildung 3.3). Sie können markierte Objekte zu Komponenten zusammenfassen. Das sind sozusagen eigene Konstruktionen innerhalb der aktuellen Konstruktion.

Kapitel 3
Benutzeroberfläche und Grundeinstellungen

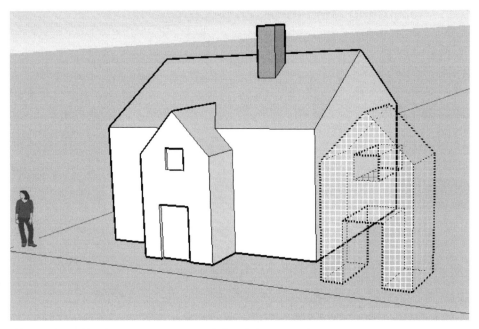

Abb. 3.3: Ausgeblendete Geometrie gestrichelt sichtbar gemacht

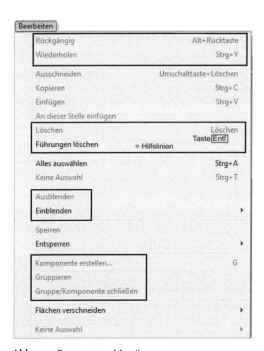

Abb. 3.4: BEARBEITEN-Menü

3.1.3 Ansicht

Mit diesem Menü steuern Sie die Sichtbarkeit verschiedener Elemente der Benutzeroberfläche und verschiedene Darstellungseffekte. Am wichtigsten ist zunächst die Funktion SYMBOLLEISTEN. Sie dient zum Aktivieren oder Deaktivieren diverser *Symbolleisten mit zahlreichen Funktionswerkzeugen* (Abbildung 3.5). Auch können Sie hier zwischen der normalen Anzeige und großen Schaltflächen wechseln. Die Symbolleisten ermöglichen eine schnellere Bedienung des Programms über Anklicken der charakteristischen Icons.

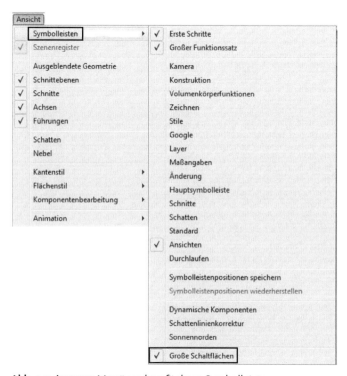

Abb. 3.5: ANSICHT-Menü und verfügbare Symbolleisten

3.1.4 Kamera

Im KAMERA-Menü finden Sie alles, was zur Ansichtssteuerung nötig ist: Wahl der Blickrichtung, die Art der perspektivischen Darstellung und die Manipulation des Bildausschnitts. Die Funktion STANDARDANSICHTEN ermöglicht die Wahl zwischen mehreren Standard-Ansichten: OBEN, UNTEN, VORNE, HINTEN, LINKS, RECHTS und ISO. Sie finden dafür auch eine nützliche Symbolleiste unter ANSICHT|SYMBOLLEISTEN|ANSICHTEN, die Sie unbedingt aktivieren sollten.

Kapitel 3
Benutzeroberfläche und Grundeinstellungen

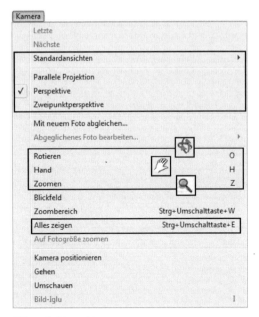

Abb. 3.6: Menü KAMERA

Abb. 3.7: Standardansichten ISO, Draufsicht, Vorderansicht, Von rechts, Rückansicht, Von links

3.1.5 Zeichnen

Die detaillierte Beschreibung des ZEICHNEN-Menüs mit Beispielen folgt im nächsten Kapitel. Deshalb hier nur ein kurzes Zitat der Funktionen: LINIE , BOGEN , FREIHAND , RECHTECK , KREIS und VIELECK .

Abb. 3.8: Menü ZEICHNEN

3.1.6 Tools

Das TOOLS-Menü enthält die wichtigsten Funktionen zur *Bearbeitung von Objekten*. Eine ausführliche Beschreibung der Funktionen folgt im übernächsten Kapitel.

Die Funktion AUSWÄHLEN dient zum Auswählen von Objekten für eine nachfolgende Bearbeitungsfunktion. Dafür können Sie aber auch das *Pfeil-Werkzeug* in der Symbolleiste ERSTE SCHRITTE benutzen, die standardmäßig unter der Menüleiste aktiviert ist.

Neu seit Version 7 ist hier die Funktion INTERAGIEREN, mit der die neuen dynamischen Komponenten je nach einprogrammierter Funktion durch Anklicken verändert werden können. Sie können das leicht ausprobieren, indem Sie die Frau am Nullpunkt, *Susan*, durch einen Klick mit diesem Werkzeug eine andere Hemdfarbe geben.

In Version 8 ist die Funktion VOLUMENKÖRPERFUNKTIONEN für die PRO-Version neu. Damit können Sie fertige Volumenkörper mit den so genannten *booleschen Operationen*, meist aus der Mengenlehre bekannt, kombinieren und neue Volumenkörper erzeugen. Unter SANDKISTE finden Sie in der PRO-Version einige Zusatzfunktionen.

Abb. 3.9: Menü TOOLS

3.1.7 Fenster-Menü mit Grundeinstellungen

Dieses Menü enthält zahlreiche wichtige Grundeinstellungen und Informationen zu den verschiedensten Programmfunktionen. Da diese schon für die nächsten Konstruktionen wichtig sind, werden die beiden Optionen MODELLINFORMATIONEN und VOREINSTELLUNGEN detaillierter beschrieben.

Kapitel 3
Benutzeroberfläche und Grundeinstellungen

Abb. 3.10: Menü FENSTER

Modellinformationen

Die Funktion MODELLINFORMATIONEN umfasst die wichtigsten Grundeinstellungen für die aktuelle Konstruktion (= Modell).

- ABMESSUNGEN   In der Kategorie ABMESSUNGEN sind Einstellungen für die Bemaßung zu finden (Abbildung 3.11). Für eine einigermaßen normgerechte Bemaßung in der Architektur (Abbildung 3.12 unten) wäre unter ENDPUNKTE die Option SCHRÄGSTRICH korrekt, weil Sie als Maßpfeilsymbole die Schrägstriche benötigen. Als ABMESSUNGSAUSRICHTUNG wäre dann ÜBER zu wählen, damit der Maßtext *über* der Maßlinie steht.

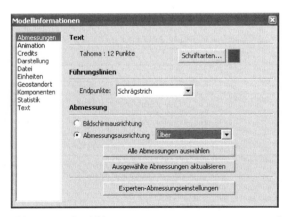

Abb. 3.11: Dialogfeld MODELLINFORMATIONEN, Kategorie ABMESSUNGEN

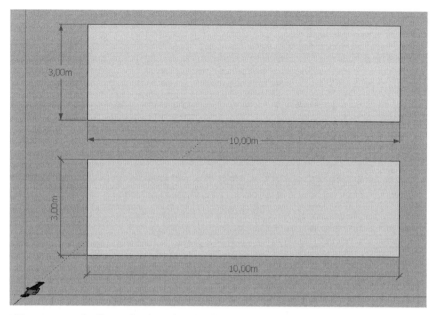

Abb. 3.12: Standardbemaßung und Architekturbemaßung (unten)

- ANIMATION   Die Einstellungen unter ANIMATION werden in späteren Kapiteln mit dem Menüpunkt ANSICHT|ANIMATION beschrieben.
- CREDITS   Unter CREDITS werden die Namen der eigenen oder von außen importierten Komponenten und deren Autoren angezeigt. In der aktuellen Konstruktion ist das bisher der Mann am Nullpunkt mit Namen *Sang* und als Autor wird *Google* genannt.

Abb. 3.13: Anzeige der Komponente und ihrer Autoren

- DARSTELLUNG   Bei DARSTELLUNG gibt es nur eine einzige Einstellung zu aktivieren oder zu deaktivieren, die *Kantenglättung für Texturen*. Damit sollen später Oberflächenmuster an den Flächenkanten einen glatten Verlauf bekommen. Da das aber auch zu ungewöhnlichen Effekten führen kann, lässt sich diese Option abschalten.

Kapitel 3
Benutzeroberfläche und Grundeinstellungen

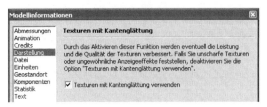

Abb. 3.14: Optimierung für die Darstellung

- DATEI In der Kategorie DATEI werden Speicherort und Größe der Datei angezeigt.
    - Die nachfolgenden Einstellungen unter ALLGEMEINES sind alle für den Fall interessant, bei dem Sie diese Zeichnung später mit DATEI|IMPORTIEREN in eine andere Konstruktion als *Komponente* einfügen. Im Feld BESCHREIBUNG können Sie einen beschreibenden Text eingeben. Sie können später nach Einfügen dieser Zeichnung als *Komponente* in die andere Konstruktion unter FENSTER|KOMPONENTEN die eingefügten Komponenten auflisten und Namen und Beschreibungen anzeigen.
    - Unter AUSRICHTUNG können Sie bei BINDEN AN angeben, ob sich die aktuelle Zeichnung später beispielsweise nur auf horizontalen, senkrechten oder schrägen Flächen einfügen lässt. Wenn die Ebenen, auf die Sie die Zeichnung später als Komponente einfügen möchten, beliebig sein dürfen, wählen Sie hier BELIEBIGE. Es gibt auch die Möglichkeit, die aktuelle Zeichnung als ebenes zweidimensionales Bild parallel zur Bildschirmebene einzufügen. Dazu müssen Sie bei BINDEN AN die Option IMMER KAMERA GEGENÜBER wählen. In diesem Fall bewirkt die Option SCHATTEN DER SONNE GEGENÜBER, dass die Sonne immer auf die Komponente draufscheint. Das wirkt nur für schmale Objekte realistisch. Die Option DURCH SCHNITT ÖFFNEN bewirkt, dass die aktuelle Zeichnung beim Einfügen als *3D-Komponente* eine Öffnung in die Zielfläche schneiden kann. Das ist für Fenster- und Türöffnungen interessant.

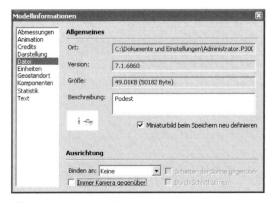

Abb. 3.15: Datei-Einstellungen

- EINHEITEN   Unter EINHEITEN sind Einstellungen für die Eingabeeinheiten und die Anzeigegenauigkeit zu finden. Beim FORMAT ist nur die Einstellung DEZIMAL sinnvoll, weil andere Optionen nur für Zollbemaßungen sinnvoll sind. Dahinter können Sie zwischen METER, ZENTIMETER oder MILLIMETER wählen. Unter GENAUIGKEIT wählen Sie aus, wie viel Nachkommastellen angezeigt werden sollen. Darunter folgt die interessante Option für das Einrasten in festen Abständen. Das bewirkt, dass Sie bei den Zeichenbefehlen in festen Abständen mit dem Zeichenwerkzeug einrasten und eben mit einem Klick diese Positionen wählen können (Abbildung 3.17). Für Bau-Entwürfe wäre das Einrasten in Meter-Abständen oder in 12,5-cm-Abständen interessant. Weiter können Sie unter FORMAT DER EINHEITEN ANZEIGEN wählen, ob die Einheiten (*m* oder *cm*) bei der Bemaßung angezeigt werden sollen. Auch für die *Winkeleinheiten* können Sie die GENAUIGKEIT einstellen, also die Anzahl der Nachkommastellen und das Einrasten für den Winkelmesser in der DREHFUNKTION (Abbildung 3.18).

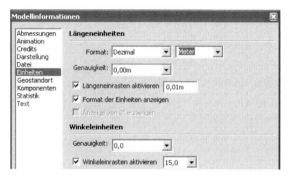

Abb. 3.16: Einheiten für die Eingabe und Anzeige einstellen

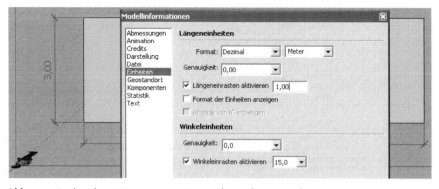

Abb. 3.17: Rechteck mit Einrasten in Meter-Abständen gezeichnet

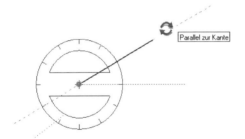

Abb. 3.18: Einrasten beim Drehen

- GEOSTANDORT   Unter GEOSTANDORT können Sie die *Georeferenzierung* festlegen, also Ihre Konstruktion an eine bestimmte geografische Position binden. Das ist natürlich für die spätere Berechnung von Schattenwurf und Sonnenstand von Bedeutung. Sie können entweder einen Ort aus der internen Ortsliste übernehmen oder eigene geografische Koordinaten eingeben (Abbildung 3.19). Die Nordrichtung kann durch eine breite gelbe Linie (hier entlang der grünen y-Achse) markiert werden. Mit ORT MANUELL FESTLEGEN können Sie die geografischen Koordinaten selbst eingeben.

Abb. 3.19: Geografische Position festlegen

Wenn Sie Google Earth geladen haben, können Sie den Ort auch mit ORT HINZUFÜGEN über die Landkarte eingeben. Wenn die Kartenvorschau erscheint, tippen Sie entweder den Ortsnamen ein und werden automatisch dorthin gezoomt oder Sie zoomen selbst mit dem Mausrad. Dann wählen Sie REGION AUSWÄHLEN, stecken einen Geländeabschnitt mit Stecknadeln ab und beenden mit AUSWÄHLEN. Als Ergebnis haben Sie das Gelände als Unterlage in Ihrer Zeichnung und könnten nun praktisch an Ort und Stelle Gebäude errichten. Bei der Ortsangabe *München* steht *Susan* dann mitten auf einer Kreuzung in der Maximilianstraße.

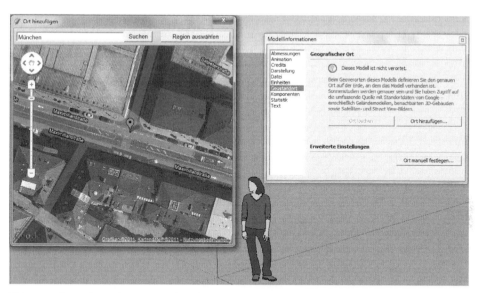

Abb. 3.20: Georeferenzierung mit Google

Abb. 3.21: Ergebnis der Georeferenzierung

- KOMPONENTEN   In der Kategorie KOMPONENTEN stellen Sie ein, wie bei der Bearbeitung von *Komponenten* oder *Gruppen* die gleichen Komponenten oder der Rest des Modells angezeigt werden sollen. *Komponenten* stellen ihrerseits eigenständige Konstruktionen innerhalb der aktuellen Konstruktion dar. Sie können auch mehrfach eingefügt sein. Eine Änderung an dem Exemplar einer *Komponente* wirkt sich dann auch auf die übrigen *Komponenten* aus. Die Begriffe im Dialogfenster sind etwas missverständlich übersetzt. ÄHNLICHE KOMPONENTEN müsste eigentlich *Komponenten gleichen Namens* heißen. Die Intensitätsangaben HELLER und DUNKLER wären vielleicht mit *Schwächer* und *Intensiver* besser formuliert. Es gibt also die Möglichkeit, gleiche Komponenten und/oder den REST DES MODELLS komplett bei Bearbeitungen auszublenden (Abbildung 3.23). Ganz unten können Sie wählen, ob bei den Komponenten die internen Achsenrichtungen angezeigt werden sollen, die von der aktuellen Konstruktion abweichen können.

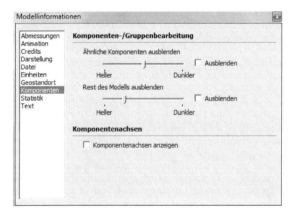

Abb. 3.22: Einstellungen für Komponenten- und Gruppenbearbeitung

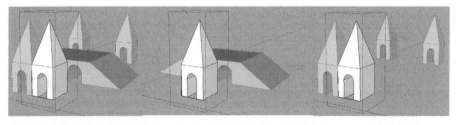

Abb. 3.23: Komponentenbearbeitung normal, ähnliche ausgeblendet, Rest ausgeblendet

- STATISTIK   Die Rubrik STATISTIK kann unter NUR KOMPONENTEN alle eingefügten Komponenten mitsamt Anzahl anzeigen oder unter GESAMTES MODELL die Anzahl aller einzelnen Konstruktionselemente. Mit der Option AUSGEBLENDETE KOMPONENTEN ANZEIGEN werden die in Komponenten enthaltenen Unter-Komponenten oder Geometrieelemente zusätzlich mitgezählt. Unten können auch nicht verwendete KOMPONENTEN, MATERIALIEN, BILDER und LAYER gelöscht werden, um den Speicherplatz für die Konstruktion zu reduzieren. Mit der Schaltfläche PROBLEME BEHEBEN werden nicht konsistente geometrische Verhältnisse korrigiert.

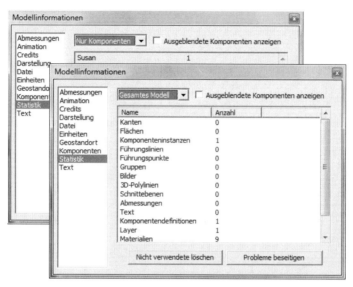

Abb. 3.24: Statistische Angaben der Konstruktion

- TEXT   Die Kategorie TEXT legt die Schriftart für Texte und Hinweistexte fest (Abbildung 3.25). Sie können damit auch alle vorhandenen Texte aktualisieren.

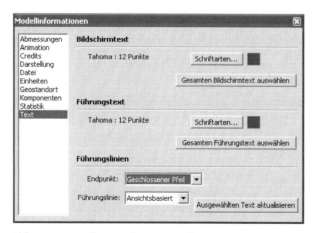

Abb. 3.25: Einstellungen für Texte und Hinweistexte

Kapitel 3
Benutzeroberfläche und Grundeinstellungen

Voreinstellungen

Mit dem Menüpunkt FENSTER|VOREINSTELLUNGEN können Sie zahlreiche Systemvoreinstellungen für den Programmlauf festlegen.

- ALLGEMEINES   In der Kategorie ALLGEMEINES stellen Sie die Bedingungen zur Dateisicherung ein.

  - Mit SICHERUNGSKOPIE ERSTELLEN wird bei jedem Speichervorgang die letzte Version Ihrer Konstruktion als Sicherungsdatei mit der Endung *.skb abgelegt.

  - Die Option AUTOMATISCHE SPEICHERUNG sichert in den angegebenen Zeitintervallen in einer Datei *Autosave....skp*. Diese Datei bleibt bei einem eventuellen Absturz des Programms erhalten und kann bei Datenverlust als Ausgangsmaterial für die Weiterbearbeitung verwendet werden.

  - Unter MODELLE AUF PROBLEME ÜBERPRÜFEN sollte die automatische Überprüfung immer aktiviert sein. Das bewirkt, dass bei geometrisch unsauberen Konstruktionen automatisch eine Warnung erscheint. Dann können Sie die Beseitigung der Probleme manuell wählen. PROBLEME BEIM ERKENNEN AUTOMATISCH BESEITIGEN sollte vielleicht nicht aktiviert werden, damit Sie auf die Probleme hingewiesen werden.

Abb. 3.26: Allgemeine Voreinstellungen

- ARBEITSBEREICH   Bei ARBEITSBEREICH können Sie zwischen großen und kleinen Werkzeugsymbolen wählen.

- DATEIEN   In der Kategorie DATEIEN können Sie die Speicherorte für die verschiedenen Dateien und Bibliotheken wählen. Vorgabe ist hier überall der Ordner *Eigene Dateien* des Anwenders.

3.1
Die Menüs und ihre Funktionen

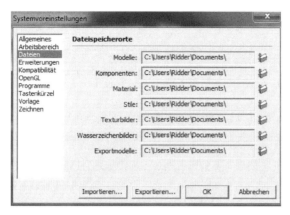

Abb. 3.27: Dateispeicherorte

- ERWEITERUNGEN   Unter ERWEITERUNGEN können Sie Programmerweiterungen aktivieren. Die markierten Erweiterungen werden dann beim nächsten Neustart geladen und stehen übers Menü und eventuelle Symbolleisten zur Verfügung:
    - Die RUBY-SKRIPTBEISPIELE sind Erweiterungen in der Makrosprache von SketchUp.
    - MEERESMODELLIERUNG erlaubt, auf dem Meeresgrund zu modellieren, wenn mit »Ort hinzufügen« ein Gelände aus dem Meer importiert wurde.
    - HILFSFUNKTIONEN fügt zwei Funktionen bei TOOLS|DIENSTPROGRAMME hinzu: FLÄCHE ERSTELLEN und ABFRAGEFUNKTION.
    - DYNAMISCHE KOMPONENTEN aktiviert eine Art von Variantenkonstruktion, also Modelle, die über Parameter variiert werden können. Sie können aber nur mit SketchUp PRO erstellt werden, angewendet und variiert werden können Sie mit jeder Version.

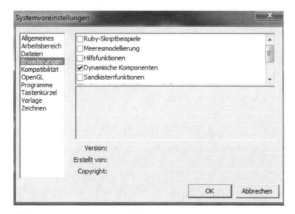

Abb. 3.28: Erweiterungsfunktionen

Kapitel 3
Benutzeroberfläche und Grundeinstellungen

- Die SANDKISTENFUNKTIONEN sind Erweiterungen unter ZEICHNEN und TOOLS für das Erstellen und Bearbeiten von Geländeformen und ähnlich geformten Objekten.
- KOMPATIBILITÄT Bei KOMPATIBILITÄT können Sie oben wählen, ob eine zur Bearbeitung markierte *Komponente* oder *Gruppe* mit Markierungsrahmen und Objekten markiert wird oder nur mit dem Markierungsrahmen. Das Mausrad dient ja als bequemes Hilfsmittel zum Zoomen des Bildschirmausschnitts. Leider gibt es dafür bei verschiedenen Programmen aber keine eindeutige Zuordnung der Richtung zum Vergrößern bzw. Verkleinern. Damit Sie sich bei Benutzung verschiedener Programme nicht umstellen müssen, können Sie hier in SketchUp die Rollrichtung notfalls UMKEHREN.

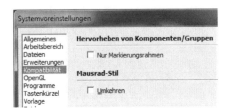

Abb. 3.29: Markierung für zusammengesetzte Objekte

- OPENGL Unter OPENGL können Sie die Hardware-Beschleunigung einer OpenGL-kompatiblen Grafikkarte aktivieren, um die Zeichenarbeit zu beschleunigen. Insbesondere beim dynamischen Drehen mit der Funktion KAMERA|ROTIEREN zahlt sich die Geschwindigkeit der Hardware aus. Falls die Grafikkarte aber nicht voll kompatibel zu OpenGL ist, sollte man darauf verzichten. Die Option TREIBERFEHLER ... sollte nur bei Problemen bei der Flächenwahl aktiviert werden. Die Option SCHNELLES FEEDBACK VERWENDEN wird von SketchUp überprüft und Sie erhalten eine Warnung, falls sie problematisch wäre.

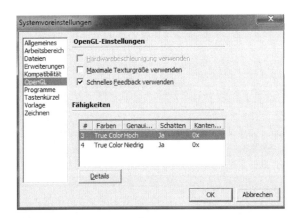

Abb. 3.30: OpenGL-Einstellungen

- PROGRAMME Bei PROGRAMME können Sie ein Standardprogramm für die Pixelbildverarbeitung aktivieren, mit dem Sie Oberflächenmuster bearbeiten möchten.

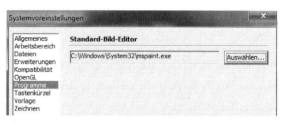

Abb. 3.31: Programm zur Bildbearbeitung wählen

- TASTENKÜRZEL Hier können Sie allen möglichen Funktionen Tastenkombinationen zuordnen oder auch Tastenfunktionen nachschlagen. Mit dem FILTER können Sie aus der Vielzahl der Funktionen bestimmte über den Textanfang herausfiltern.

Abb. 3.32: Tastenkürzel für Funktionen

- VORLAGE Unter VORLAGE können Sie die Standardzeichnungsvorlage für die nächsten Zeichnungen auswählen, die vor allem für die benutzten Einheiten zuständig ist. Außerdem wählen Sie damit auch, ob im 3D- oder 2D-Modus begonnen wird.

Kapitel 3
Benutzeroberfläche und Grundeinstellungen

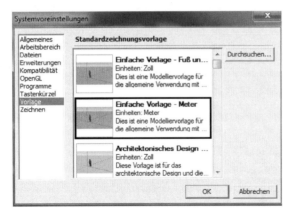

Abb. 3.33: Auswahl der Vorlage

- ZEICHNEN   In der letzten Kategorie ZEICHNEN stellen Sie einige Zeichenerleichterungen ein.

    - Mit KLICKEN-ZIEHEN-LOSLASSEN zeichnen Sie ein Liniensegment, indem Sie am Startpunkt die Maustaste drücken, dann unten lassen und am Endpunkt loslassen.

    - Im Modus KLICKEN-BEWEGEN-KLICKEN klicken Sie den Startpunkt an und lassen die Maustaste wieder los, fahren dann zum Endpunkt und klicken erneut und lassen wieder los.

    - Mit der Option AUTOMATISCH ERMITTELN ist beides möglich. Die Auswahl LINIENZEICHNUNG FORTFÜHREN bewirkt, dass dabei mehrere aneinander anschließende Liniensegmente entstehen können.

    - Mit FADENKREUZE ANZEIGEN erhalten Sie am Linienstift ein großes Achsenkreuz angezeigt. Das kann manchmal eine gute Zeichenhilfe sein.

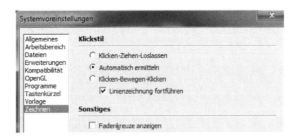

Abb. 3.34: Klickstil und Fadenkreuz

3.1.8 Hilfe

Das HILFE-Menü enthält eine Vielzahl von Links zu verschiedenen Einführungs- und Lernhilfsmitteln für SketchUp, meist im Internet.

- WILLKOMMEN BEI SKETCHUP zeigt die Willkommensseite an, die Sie vom Programmstart her kennen. Hierüber können Sie die oben bereits beschriebenen Hilfefunktionen im Internet aufrufen.
- HILFE verzweigt zur allgemeinen SketchUp-Hilfe im Internet.
- WEITERE INFORMATIONEN ÜBER RUBY-PLUG-INS verbindet Sie automatisch mit der Google-Seite; die Sie in die Ruby-Programmieung einführt.
- KONTAKTIEREN SIE UNS führt zur Google-Kontaktseite, um neue Funktionen vorzuschlagen oder Fehler zu melden.
- LIZENZ dient bei der PRO-Version zur Verwaltung der Lizenz bzw. einer Netzwerklizenz.
- NACH AKTUALISIERUNGEN SUCHEN sucht im Internet nach neuen Versionen.
- INFO ÜBER SKETCHUP zeigt die aktuellen Versionsinformationen zum Programm an.

3.2 Die Symbolleisten

Die zuerst standardmäßig aktivierte Symbolleiste heißt ERSTE SCHRITTE. Sie enthält die wichtigsten Funktionen für die ersten Zeichenaktionen. Sie setzt sich aus den wichtigsten Funktionen der Leisten GRUNDSYMBOLLEISTE, ZEICHNEN, ÄNDERUNG, KONSTRUKTION, KAMERA und GOOGLE zusammen.

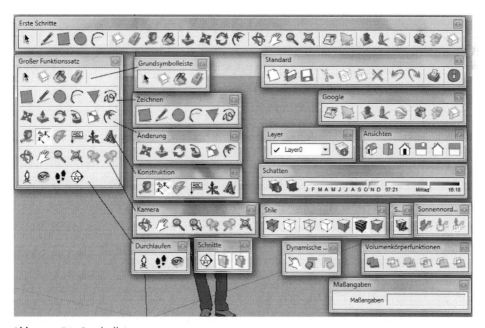

Abb. 3.35: Die Symbolleisten

Als nächstwichtige Symbolleiste wäre GROßER FUNKTIONSSATZ zu nennen. Sie enthält etwas mehr Funktionen aus GRUNDSYMBOLLEISTE, ZEICHNEN, ÄNDERUNG, KONSTRUKTION, KAMERA, DURCHLAUFEN und SCHNITTE.

3.2.1 Kurzreferenz der Werkzeuge

GROßER FUNKTIONSSATZ

- GRUNDFUNKTIONEN
    - ZEIGEN – zum Auswählen von Objekten
    - KOMPONENTE ERSTELLEN – um zusammengesetzte Objekte (sonst auch Block oder Gruppe genannt) zu erzeugen
    - FARBEIMER – zum Füllen von Flächen mit Oberflächenmustern oder Texturen
    - RADIERER – löscht Liniensegmente bis zum nächsten Schnittpunkt
- ZEICHNEN – die einzelnen Funktionen erklären sich aus den Icons selbst
- ÄNDERN
    - VERSCHIEBEN
    - DRÜCKEN/ZIEHEN – dient zum Extrudieren bzw. Ausziehen einer Fläche zum Volumenkörper
    - DREHEN
    - FOLGE MIR – erzeugt einen Volumenkörper durch Extrusion entlang einem Pfad, auch als Sweeping bezeichnet
    - SKALIEREN
    - VERSATZ
- KONSTRUKTION
    - MAßBAND – erzeugt ausgehend von Linien oder Flächenkanten versetzte unendlich lange Hilfslinien
    - ABMESSUNG – erzeugt ein lineares Maß
    - WINKELMESSER – zeichnet unendlich lange Hilfslinien mit gegebenem Winkel
    - TEXT – erstellt einen freien Text mit Hinweispfeil oder zu Punkten und Linien die Angabe der Punktkoordinaten oder der Linienlänge
    - ACHSEN – setzt den Nullpunkt und die Ausrichtung der Koordinatenachsen neu
    - 3D-TEXT – erstellt einen Text, bei dem jeder Buchstabe ein 3D-Objekt ist

- Kamera
    - Rotierfunktion – dient zum Schwenken der Ansicht um beliebige Achsen, oft auch als Orbit-Funktion bezeichnet. Alternativ kann mit gedrücktem Mausrad geschwenkt werden.
    - Handfunktion – verschiebt den Bildschirminhalt, auch Pan-Funktion genannt. Alternativ geht das mit gedrückter ⇧-Taste und gedrücktem Mausrad.
    - Zoomen – kann auch durch Rollen des Mausrades ausgeführt werden
    - Zoom-Bereich – zoomt auf einen mit Klick und Ziehen aufgezogenen Fensterbereich
    - Zurück – zoomt auf den vorherigen Ausschnitt
    - Nächste – zoomt wieder auf den letzten Ausschnitt
    - Alles zeigen – zoomt derart, dass alle Objekte auf dem Bildschirm sichtbar sind.
- Durchlaufen
    - Kamera positionieren – setzt Ihren aktuellen Standpunkt für die Ansicht auf eine wählbare Position
    - Gehen – kann für einen Spaziergang mit den Pfeiltasten durch ein Gebäude genutzt werden, auch Walkthrough genannt.
    - Umschaufunktion – damit schwenken Sie Ihre Blickrichtung
- Standard – diese Symbolleiste enthält Standard-Datei- und -Bearbeitungsbefehle
    - Neu, Öffnen, Speichern – Dateiverwaltung
    - Ausschneiden, Kopieren, Einfügen, Löschen – Arbeit mit der Windows-Zwischenablage
    - Rückgängig, Wiederholen – Befehle zurücknehmen oder auch wiederherstellen
    - Drucken – druckt aus
    - Modellinformationen – zeigt die Modellinformationen an
- Google – enthält zahlreiche Funktionen für die Zusammenarbeit mit Google Earth
    - Ort hinzufügen – definiert den gewünschten Ort als aktuellen Koordinatenursprung. Das ist die Georeferenzierung.
    - Gelände anzeigen – schaltet die Geländeanzeige des Google-Earth-Ausschnitts ein/aus.
    - Neues Gebäude hinzufügen – kann das Gebäude in Google Earth einfügen

Kapitel 3
Benutzeroberfläche und Grundeinstellungen

- FOTOTEXTUREN – Werkzeug zum Übertragen von Street-View Bildpartien auf Modelle in SketchUp per Internet
- MODELLVORSCHAU IN GOOGLE EARTH – zeigt das aktuelle Modell in Google Earth positioniert an
- MODELLE ÜBERNEHMEN – das aktuelle Modell wird in Google Earth übernommen
- MODELL GEMEINSAM VERWENDEN – stellt das Modell in Googles Bibliothek zur Verfügung
- KOMPONENTE GEMEINSAM VERWENDEN – stellt eine Komponente in Googles Bibliothek zur Verfügung

- LAYER – hiermit können die Objekte wie in anderen CAD-Systemen in verschiedenen Layern verwaltet werden
- ANSICHTEN – schaltet in die üblichen Standardansichten
  - ISO , OBEN , VORNE , RECHTS , HINTEN , LINKS
- SCHATTEN – die Darstellung mit Schattenwurf ist sinnvoll zusammen mit der Georeferenzierung und Datum und Uhrzeit
  - SCHATTENEINSTELLUNGEN – aktiviert das Fenster SCHATTEN mit Uhrzeit, Datum, Tonwert für helle und schattige Bereiche und Einstellungen der Schattenarten: AUF BODEN, AUF FLÄCHE und VON KANTEN.
  - SCHATTEN EIN/AUS – Schatten aktivieren/deaktivieren
  - DATUM, UHRZEIT – Schieberegler für Datum und Uhrzeit
- STILE – dient zum Einstellen des Darstellungsstils
  - RÖNTGEN – schattiert, aber halbdurchsichtig
  - HINTERKANTEN – Anzeige sichtbarer und verdeckter Kanten
  - DRAHTGITTER – reine Kantendarstellung ohne Flächen
  - LINIENAUSBLENDUNG – Flächen und sichtbare Kanten (ohne verdeckte Kanten)
  - SCHATTIERT – normale schattierte Darstellung
  - SCHATTIERT MIT TEXTUREN – Darstellung mit Texturen
  - MONOCHROM – einfarbige Kanten
- SCHATTENLINIENKORREKTUR – Wahlschalter für eine Korrektur von Schattenlinien
  - SCHATTENLINIENKORREKTUR EIN/AUS – verändert die Darstellung von Schattenlinien, ggf. bei NVIDIA-Grafikkarten nötig um Artefakte bei der Darstellung zu entfernen, ist auszutesten.

- SONNENNORDEN – Anzeige der Nordrichtung
    - NORDPFEIL EIN/AUS – schaltet die Anzeige einer gelben Linie in Nordrichtung ein, entspricht der grünen y-Richtung
    - NORDFUNKTION EINSTELLEN (nur PRO)
    - NORDWINKEL EINGEBEN (nur PRO)
- DYNAMISCHE KOMPONENTEN – dient der Verwaltung der dynamischen Komponenten
    - INTERAGIEREN – mit diesem Werkzeug können dynamische Komponenten in der vorgesehenen Weise variiert werden. Mit diesem Werkzeug lässt sich die Pulloverfarbe von Susan durch Anklicken verändern.
    - KOMPONENTENOPTIONEN – zeigt mögliche parametrische Aktionen der Komponente an
    - KOMPONENTENATTRIBUTE (nur PRO) – dient zum Bearbeiten der dynamischen Eigenschaften
- VOLUMENKÖRPERFUNKTIONEN (nur PRO) – mit diesen Funktionen können Volumenkörper nach den booleschen Funktionen bearbeitet werden.
- MAßANGABEN – diese Symbolleiste ist üblicherweise am unteren Bildschirmrand rechts angedockt für die Eingabe exakter Werte

3.3 Übungsfragen

1. Wo stellen Sie die Vorlage für den nächsten Start ein?
2. Wo stellen Sie die Einheiten und Nachkommastellen für die Bemaßung ein?
3. Wie oft wird standardmäßig automatisch gesichert?
4. Wo finden Sie den MENTOR, die automatische Hilfe zum aktuellen Befehl?
5. Über welches Menü schalten Sie Symbolleisten ein?
6. In welchem Menü finden Sie die Standard-Ansichten?
7. Welche Funktionen liegen im TOOLS-Menü?
8. Worauf wirkt das Längeneinrasten und worauf das Winkeleinrasten?
9. Wo wählen Sie die Darstellung der Maßpfeile?

Kapitel 4

Die Zeichenbefehle

In diesem Kapitel werden Sie anhand mehrerer Beispiele die Zeichenbefehle kennen lernen. Die Befehle liegen in der Symbolleiste ZEICHNEN (Abbildung 4.1), aber auch in den Symbolleisten ERSTE SCHRITTE und GROSSER FUNKTIONSSATZ (Abbildung 4.2). Ansonsten können Sie diese Befehle auch über das Menü ZEICHNEN aufrufen.

Abb. 4.1: Symbolleiste ZEICHNEN mit RECHTECK, LINIE, KREIS, BOGEN, VIELECK und FREIHAND

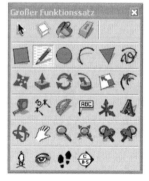

Abb. 4.2: Werkzeugkästen ERSTE SCHRITTE und GROSSER FUNKTIONSSATZ mit Zeichenwerkzeugen

4.1 Linie

Bevor Sie nun mit dem Befehl LINIE den Grundriss aus Abbildung 4.5 nachzeichnen, sollen noch zwei Einstellungen vorgenommen werden, die als Arbeitserleichterung sehr nützlich sind. Im Menü FENSTER|MODELLINFORMATIONEN können Sie in der Kategorie EINHEITEN nicht nur die benutzten Zeicheneinheiten einstellen, sondern auch die GENAUIGKEIT. Wenn wir in Metern konstruieren wollen, dann brauchen wir bei Architekturzeichnungen die Möglichkeit, auf halbe Zentimeter genau einzugeben, und dazu sind drei Nachkommastellen nötig. Für einen Architekturentwurf wäre es auch sinnvoll, das Einrasten auf Baumaße von 12,5 cm einzustellen. Auch das sollten Sie jetzt im Dialogfenster aktivieren und eingeben (Abbildung 4.3).

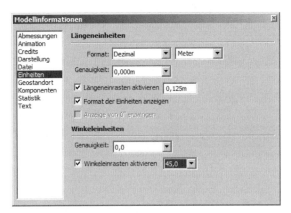

Abb. 4.3: Einheiteneinstellungen aus FENSTER|MODELLINFORMATIONEN

Im Menü FENSTER|VOREINSTELLUNGEN können Sie noch die Art und Weise beeinflussen, wie Sie Start- und Endpunkt einer Linie eingeben. Es besteht die Wahl zwischen zwei Methoden. Die erste, KLICKEN-ZIEHEN-LOSLASSEN, erwartet, dass Sie am Startpunkt der Linie die Maustaste drücken, dann unten lassen und so zum Endpunkt fahren und dort loslassen. Die zweite Methode KLICKEN-BEWEGEN-KLICKEN erwartet einen Mausklick am ersten Punkt, die Bewegung ohne gedrückte Maustaste zum Endpunkt und dort einen zweiten Mausklick. In diesem Modus können Sie mit der Option LINIENZEICHNUNG FORTFÜHREN bewirken, dass der Endpunkt gleich wieder für ein nächstes Liniensegment als Startpunkt verwendet wird. Die Voreinstellung (Abbildung 4.4) zeigt, dass beide Methoden aktiviert sind.

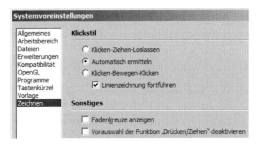

Abb. 4.4: Vorgaben für LINIE-Befehl aus FENSTER|VOREINSTELLUNGEN

Funktion	Symbol	Menü	Kürzel	Bedeutung
Linie	✎	ZEICHNEN|LINIE	L (engl. line)	Zeichnet eine Linie über Startpunkt und Endpunkt

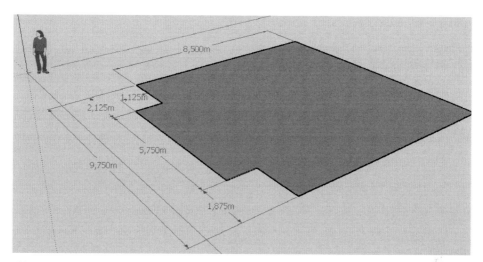

Abb. 4.5: Hausgrundriss

Wenn Sie nun die erste Linie mit Länge 8,50 m zeichnen, klicken Sie zunächst den Startpunkt an. Dann fahren Sie parallel zur grünen Achse (y-Achse) in Richtung Endpunkt. Dass Sie parallel zur grünen Achse laufen, erkennen Sie an der Grünfärbung der Linie. Sie haben nun zwei Möglichkeiten, die korrekte Länge einzugeben. Da Sie oben das Einrasten in 12,5-cm-Abständen aktiviert haben, können Sie einfach so weit in die grüne Richtung fahren, bis die richtige Länge im Feld für die Werteeingabe erscheint (Abbildung 4.6).

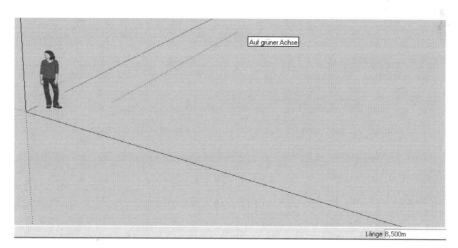

Abb. 4.6: Erste Linie mit Länge 8,50 m

Alternativ können Sie auch einfach die Linie in die richtige Richtung (grün) ziehen und dann über die Tastatur die richtige Länge eingeben und mit ⏎ bestätigen. Solange Sie das LINIE-Werkzeug noch nicht weiterbewegt haben, können Sie auch die eingegebene Zahl noch durch einfache Neueingabe korrigieren.

Danach ziehen Sie mit der Maus parallel zur roten Achse (x-Achse) und geben die Länge **9,75** ein. Für die dritte Linie fahren Sie parallel zur grünen Achse wieder nach vorne, und zwar so lange, bis die gepunktete Ableitungslinie vom ersten Punkt unserer Kontur erscheint, zusammen mit der Meldung VON PUNKT (Abbildung 4.7). Hier klicken Sie.

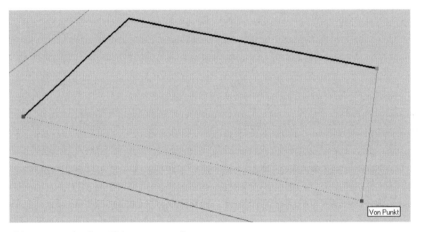

Abb. 4.7: Punkt über Ableitung erstellen

Weiter geht es mit den angegebenen Längen (Abbildung 4.5) parallel zu den roten und grünen Achsen, bis Sie die Kontur durch Anklicken des Ausgangspunkts schließen können. Nutzen Sie aber immer wieder wo möglich die Ableitungen (Abbildung 4.8), um sich Längeneingaben zu ersparen. Nach Schließen der Kontur entsteht automatisch eine schattierte Grundfläche wie in Abbildung 4.5.

Funktion	Symbol	Menü	Kürzel	Bedeutung
Abmessung		TOOLS| ABMESSUNGEN		Erstellt eine Bemaßung für Linien, Punkte, Bögen oder Kreise

Benutzen Sie nun das Werkzeug ABMESSUNG aus der Symbolleiste GROẞER FUNKTIONSSATZ, um Ihre Konstruktion zu bemaßen. Klicken Sie einfach die Endpunkte der Kanten an und positionieren Sie dann die Maßlinie. Wenn Sie Folgebemaßungen in einer Kette erstellen, werden diese in der gleichen Entfernung wie die vorhergehende Bemaßung einrasten. Um eine einigermaßen korrekte Architekturbemaßung zu erhalten, müssen Sie unter FENSTER|MODELLINFORMATIONEN in der Kategorie ABMESSUNGEN für ENDPUNKTE die Option SCHRÄGSTRICH wählen und bei ABMESSUNGSAUSRICHTUNG auf ÜBER umstellen.

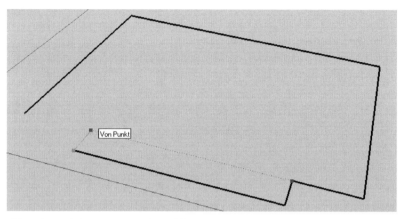

Abb. 4.8: Punktbestimmung über Ableitung

> **Tipp**
>
> Wenn Sie bei EXPERTEN-ABMESSUNGSEINSTELLUNGEN noch NICHT ZUGEORDNETE ABMESSUNGEN MARKIEREN aktivieren, werden alle Maße, die ggf. durch Löschen von Objekten keinen sauberen Bezug mehr haben, rot markiert.

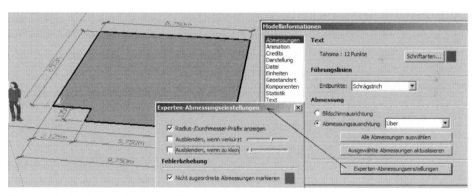

Abb. 4.9: Architekturmäßige Bemaßungseinstellung

Sie können nun auch die senkrechten Kanten mit dem LINIE-Befehl zeichnen, indem Sie 4 Meter parallel zur blauen Achse (z-Achse) nach oben ziehen. Verwenden Sie dann auch wieder möglichst oft die Ableitungsfunktion. Denken Sie daran, dass die Ableitungslinien nicht immer automatisch erscheinen. Oft müssen Sie auch erst den Punkt, von dem Sie die Ableitungslinie benötigen, kurz anfahren, damit diese Hilfslinie erscheint. Auch hilft es, wenn Sie dabei kurz die Taste ⇧ drücken. Nachdem Sie die letzte Linie gezeichnet haben (Abbildung 4.11), wird das Volumen komplett durch Flächen umschlossen.

Kapitel 4
Die Zeichenbefehle

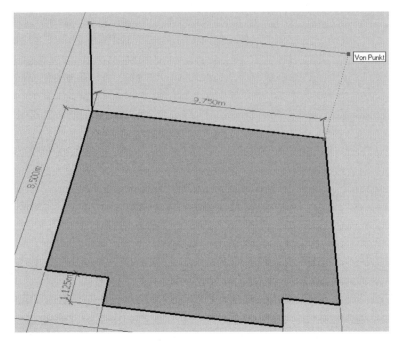

Abb. 4.10: Dreidimensionale Linien

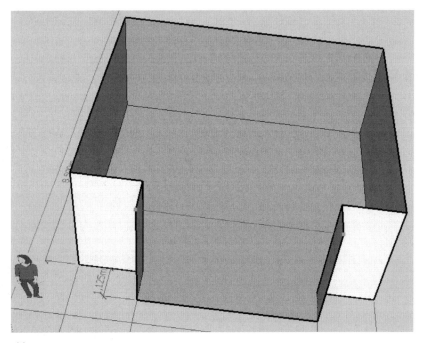

Abb. 4.11: Letzte Linie

Um das Dach zu konstruieren, zeichnen Sie zunächst die beiden fehlenden Linien wie in Abbildung 4.12. Die mittlere Linie ziehen Sie von Kantenmitte zu Kantenmitte. Achten Sie dabei auf die blau markierten Mittelpunkte. Eine weitere Linie von Endpunkt zu Endpunkt (grüne Endpunkt-Markierung beachten) ist nötig, um die Fläche des Erkers abzutrennen.

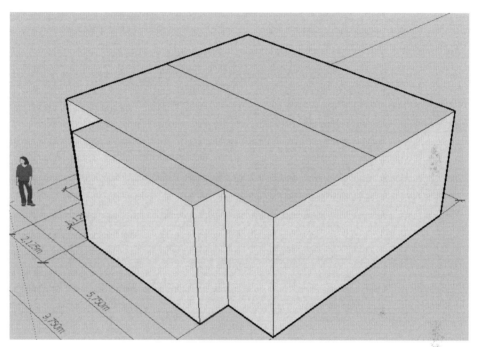

Abb. 4.12: Zwei Linien fürs Dach

Nun kann die Firstlinie mit der Funktion VERSCHIEBEN/KOPIEREN um 5 m in die Höhe gezogen werden. Klicken Sie also dazu mit dem Werkzeug die Firstlinie an und bewegen Sie sich dann so, dass Sie parallel zur blauen Achse (z-Achse) nach oben ziehen. Tippen Sie dann die Zahl **5** ein, die in der Werteingabe erscheint, und drücken Sie ⏎ ein. Mit der Firstlinie werden automatisch die angrenzenden Flächen hochgezogen.

Funktion	Symbol	Menü	Kürzel	Bedeutung
Verschieben/ Kopieren	✥	TOOLS| VERSCHIEBEN	M (engl. move)	Verschiebt oder kopiert (mit Strg) Objekte

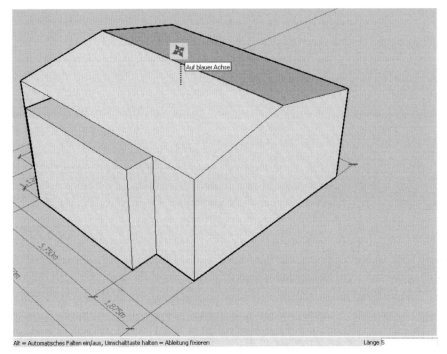

Abb. 4.13: Dach um 5 m über die Firstlinie mit VERSCHIEBEN/KOPIEREN hochziehen

Ein ähnlicher Giebel soll eigentlich auch über dem Erker vorne entstehen. Mit einer Mittellinie und mit automatischem Hochziehen würde es hier nicht klappen, weil dazu auf der Rückseite keine Fläche zur Verfügung steht, die dort zum Giebel verformt werden könnte. Deshalb gehen wir hier einen anderen Weg und ziehen die obere Fläche mit dem Befehl DRÜCKEN/ZIEHEN um 4 m in die Höhe (Abbildung 4.14).

Funktion	Symbol	Menü	Kürzel	Bedeutung
Drücken/ Ziehen		TOOLS| DRÜCKEN/ ZIEHEN	P (engl. push/ pull)	Bewegt Flächen in Richtung senkrecht zu sich selber und erzeugt ggf. die notwendigen Seitenflächen

Da jetzt eine neue Rückseite entstanden ist, können Sie die zukünftige Firstkante oben von Mittelpunkt zu Mittelpunkt ziehen und danach die seitlichen Kanten herunterziehen. Dazu klicken Sie die Kante mit VERSCHIEBEN/KOPIEREN an und ziehen sie vom MITTELPUNKT oben herunter. Damit sie direkt senkrecht bewegt wird, drücken Sie dabei die Taste ↓ und ziehen auf die Hausecke. Die Taste ↓ bewirkt, dass dabei die Bewegung auf die blaue Richtung beschränkt wird (Abbildung 4.15). Dasselbe wiederholen Sie auf der Rückseite, nachdem Sie die Konstruktion mit dem Werkzeug ROTIEREN gedreht haben.

Funktion	Symbol	Menü	Kürzel	Bedeutung
Rotieren		KAMERA|ROTIEREN	O (engl. orbit)	Dreht und schwenkt eine Ansicht um den Ansichtsschwerpunkt

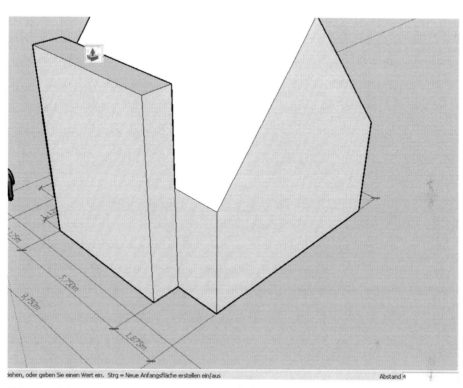

Abb. 4.14: Erker um 4 m mit DRÜCKEN/ZIEHEN erhöhen

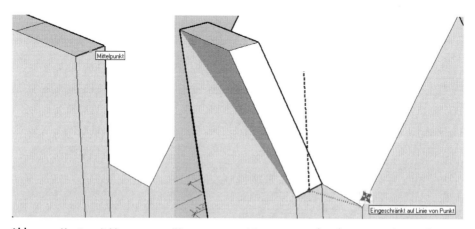

Abb. 4.15: Kante mit VERSCHIEBEN/KOPIEREN vom MITTELPUNKT oben herunterziehen auf Hausecke, dabei Bewegung beschränkt auf blaue Richtung mit ↓

Um den Giebel zum Dach dahinter zu schließen, zeichnen Sie einfach eine Linie vom Endpunkt auf dem First vorne parallel zur grünen Achse – auf die grüne Farbe beim Ziehen achten –, bis Sie auf der Dachfläche landen und die Position zusätzlich blau markiert erhalten mit dem Tipp AUF FLÄCHE. Schließen Sie die offene dreieckige Fläche des Vordachs mit weiteren Kanten, bis die Fläche erscheint. Das Gleiche wiederholen Sie auf der Rückseite. Die Linie in der Vordachfläche parallel zur Kante können Sie übrigens löschen, weil sie für die Konsistenz der Fläche nicht nötig ist.

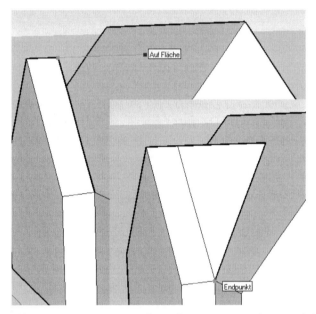

Abb. 4.16: Linie in grüner Richtung bis AUF FLÄCHE, dann Dachdreieck über Endpunkt schließen

4.2 Bogen

Der Standard-Bogen wird bei SketchUp über zwei Punkte für die Bogensehne und einen Punkt senkrecht dazu erzeugt, der die Höhe über der Sehne definiert. Beim Start des BOGEN-Befehls können Sie angeben, aus wie vielen Segmenten er bestehen soll. Der Bogen wird wie alle gekrümmten Objekte in SketchUp als polygonale, d.h. eckige Kurve erstellt.

Funktion	Symbol	Menü	Kürzel	Bedeutung
Bogen	⌒	ZEICHNEN|BOGEN	A (engl. arc)	Zeichnet einen Bogen über Startpunkt, Endpunkt, mittleren Punkt

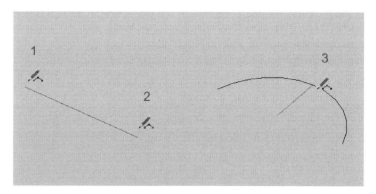

Abb. 4.17: Positionen für den Bogen

Der erste Punkt legt den Startpunkt des Bogens und der Bogensehne fest, der zweite Punkt den Endpunkt (Abbildung 4.17 links). An dieser Stelle können Sie auch eine Zahl für die Sehnenlänge in die Werteeingabe schreiben. Der dritte Punkt definiert die Sehnenhöhe (Abbildung 4.17 rechts). Alternativ können Sie einen Wert für die Rundung eingeben.

Beim Aufziehen des Bogens über den dritten Punkt kann auch der Sonderfall auftreten, dass ein Halbkreis entsteht. Dies wird dann durch einen Tipp angezeigt, und der Bogen rastet kurz bei dieser Position so ein, dass Sie klicken können (Abbildung 4.18). Genauso entsteht natürlich ein Halbkreis, wenn Sie für die Rundung einen Wert eingeben, der der halben Sehnenlänge entspricht.

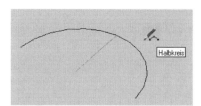

Abb. 4.18: Position für den Halbkreis

Sie können auch Bögen voll dreidimensional konstruieren. Abbildung 4.19 zeigt einen Halbkreis, der in der blauen Richtung (z-Richtung) aufgezogen wird. Die Sehnenhöhe muss dabei in Blau erscheinen. Wenn Sie Punkte auf einer Fläche wählen, die beliebig im Raum liegt, lassen sich koplanare Bögen konstruieren wie der Bogen für eine Dachluke in Abbildung 4.20.

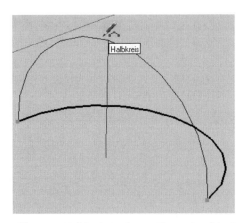

Abb. 4.19: Halbkreis in der x-z-Ebene (rot-blau)

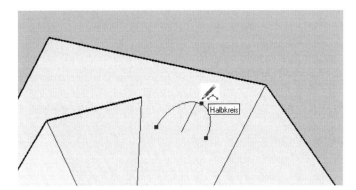

Abb. 4.20: Bogen in einer 3D-Ebene

Ein Spezialfall des Bogens ist die Abrundung von Ecken. Dazu gehen Sie folgendermaßen vor:

- Klicken Sie mit dem BOGEN-Werkzeug eine Position auf der ersten Kante der Ecke an.
- Fahren Sie auf die zweite Kante und bewegen Sie sich so lange auf ihr entlang, bis die Bogensehne violett erscheint, und klicken Sie.
- Ziehen Sie die Sehnenhöhe auf, bis der Bogen violett erscheint mit dem Hinweis TANGENTE ZUR KANTE. Diese Farbe zeigt an, dass der Bogen tangential zu beiden Kanten ist. Klicken Sie nun, um den Bogen zu erzeugen.
- Bisher hat der Bogen noch keinen korrekten Radius. Den gewünschten geben Sie nun ein. Er ersetzt den bisherigen Wert in der Werteingabe und der Bogen nimmt diesen Wert an. Die abgerundete Ecke erscheint ggf. als neue Fläche.
- Die überstehenden Enden der Linien in der Ecke können Sie mit dem RADIERER-Werkzeug löschen.

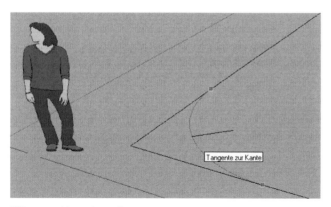

Abb. 4.21: Abrundungsbogen

Sie können Bögen auch tangential aneinander anschließen. Wenn Sie den Startpunkt eines Bogens an eine Linie oder einen Bogen anschließen, wird SketchUp den glatten tangentialen Anschluss anbieten. Der Bogen erscheint in diesem Fall in Hellblau (Zyan). Sie können danach den Endpunkt des Bogens mit einem Doppelklick angeben. Es geht auch ohne Angabe der Sehnenhöhe.

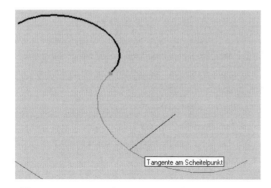

Abb. 4.22: Tangentialer Bogen erscheint in Hellblau (Zyan)

Wenn Sie den Endpunkt mit einem *einfachen* Klick eingeben, müssen Sie die Sehnenhöhe noch spezifizieren, erhalten aber auch noch mal die Farbinformation, wenn der tangentiale Bogen erreicht ist.

Beispiel Spirale

Mit Halbkreisen lässt sich bequem eine Spiralkurve zeichnen. Erstellen Sie zuerst mit dem MAßBAND-Werkzeug mehrere achsparallele Führungslinien (Hilfslinien) im Meter-Abstand. Das MAßBAND-Werkzeug sollte mit dem Plus-Zeichen erscheinen, damit es zum Erstellen der Führungslinien benutzt werden kann. Notfalls müssen Sie es erst durch Drücken der Taste `Strg` dafür aktivieren. Klicken Sie also die Achsen und dann immer die vorhergehenden Führungslinien an und ziehen Sie dann mit dem Maßband um einen Meter weiter (Abbildung 4.23). Damit Sie den Abstand korrekt erreichen, stellen Sie ggf. über das Menü FENSTER|MODELLEINHEITEN bei der Kategorie EINHEITEN das Einrasten auf einen entsprechenden Wert ein oder geben Sie in der Werteeingabe stets den exakten Wert ein.

Funktion	Symbol	Menü	Kürzel	Bedeutung
Maßband		TOOLS|MAßBAND	T (engl. tape measure)	Misst Entfernungen oder erstellt Führungslinien im vorgegebenen Abstand

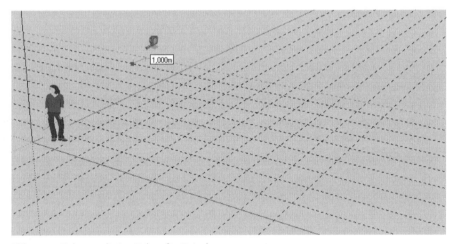

Abb. 4.23: Führungslinien-Schar für Spirale

Nachdem Sie diese Schar von Hilfslinien fertiggestellt haben, zeichnen Sie nun mehrere Halbkreise mit tangentialem Übergang und mit gleichmäßig abnehmender Sehnenlänge (Abbildung 4.24). Die fertige Spirale zeigt Abbildung 4.25.

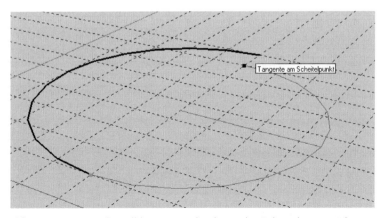

Abb. 4.24: Tangentiale Halbkreise mit abnehmender Sehnenlänge zeichnen

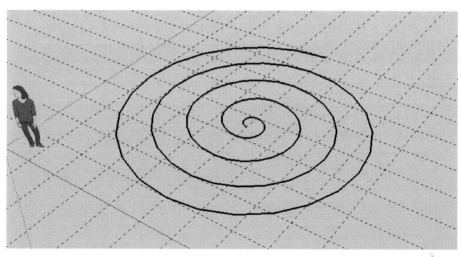

Abb. 4.25: Fertige Spirale

4.3 Kreis

Ein Kreis wird in SketchUp über eine Position für den Mittelpunkt und eine Position oder einen Wert für den Radius erstellt. Da ein Kreis eine geschlossene Kurve ist, entsteht damit immer gleich eine Fläche. Standardmäßig entsteht der Kreis in der xy-Ebene, also senkrecht zur blauen z-Achse. Deshalb erscheint die Vorschau in Blau.

Funktion	Symbol	Menü	Kürzel	Bedeutung
Kreis	●	ZEICHNEN|KREIS	C (engl. circle)	Zeichnet einen Kreis über Mittelpunkt und Radius

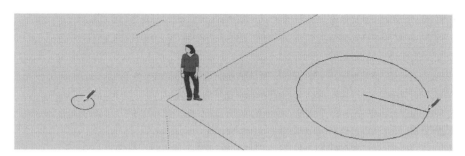

Abb. 4.26: Kreis über Mittelpunkt und Radius

Auf dreidimensionalen Flächen entsteht ein Kreis auf der jeweiligen Fläche (Abbildung 4.27). Sie können auch die Ausrichtung eines Kreises von einer Fläche übernehmen, indem Sie zuerst auf die Fläche fahren, die die beabsichtigte Ausrichtung hat. Dann halten Sie die Taste ⇧ gedrückt, fahren auf den gewünschten Mittelpunkt und ziehen den Radius auf (Abbildung 4.28).

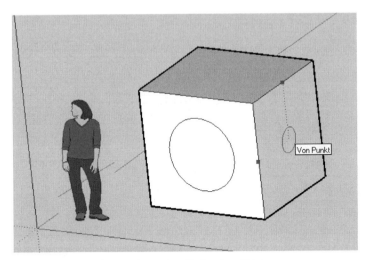

Abb. 4.27: Kreis richtet sich mit der Fläche des Objekts aus.

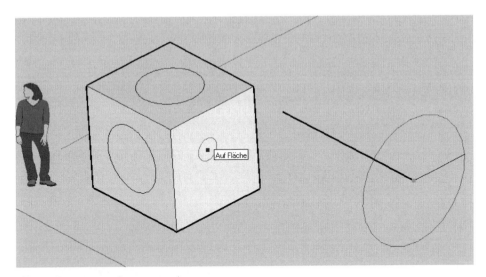

Abb. 4.28: Kreisausrichtung mitnehmen

4.4 Ellipse

Eine Ellipse können Sie nicht direkt erstellen. Die Funktion SKALIEREN bietet aber die Möglichkeit, einen Kreis nur in einer Richtung, beispielsweise in x-Richtung (rot) zu modifizieren. Dadurch entsteht die Ellipse. Der Befehl SKALIEREN legt um das gewählte Objekt eine rechteckige Box mit acht Griffboxen in den Ecken und auf den Seitenmitten. An den Griffboxen in den Ecken würden Sie den Kreis gleichmäßig in x- und y-Richtung skalieren, aber über die Seitenmitten erreichen Sie die gewünschte Skalierung nur in einer Richtung (Abbildung 4.29).

Funktion	Symbol	Menü	Kürzel	Bedeutung
Skalieren		ZEICHNEN|SKALIEREN	S (engl. scale)	Skaliert ein Objekt

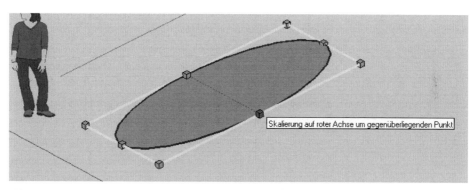

Abb. 4.29: Skalieren eines Kreises führt zur Ellipse.

4.5 Rechteck

Mit dem Befehl RECHTECK zeichnen Sie ein Rechteck mit achsparallelen Kanten. Das Rechteck ist eine geschlossene Kontur und deshalb entsteht auch sofort eine schattierte Fläche. Sie können das Rechteck über zwei diagonale Punktpositionen aufziehen. Alternativ können Sie für den zweiten Punkt des Rechtecks auch die exakten Abmessungen, also die relativen Koordinaten bezogen auf den ersten Punkt, direkt eintippen. Geben Sie dazu den x-Abstand (rote Achse) und den y-Abstand (grüne Achse) durch ein Semikolon getrennt in die Werteeingabe ein. Für ein Rechteck mit den Seitenlängen 3,50 in x- und 5,25 in y-Richtung wäre also **3,5;5,25** einzugeben.

Funktion	Symbol	Menü	Kürzel	Bedeutung
Rechteck		ZEICHNEN| RECHTECK	R (engl. rectangle)	Zeichnet ein Rechteck über zwei gegenüberliegende Eckpunkte

Es gibt noch zwei Spezialfälle: Das Rechteck kann ein Quadrat sein oder es kann ein Seitenverhältnis entsprechend dem Goldenen Schnitt haben. In diesen Fällen erscheinen gestrichelte Diagonalen beim Aufziehen und entsprechende Tipps.

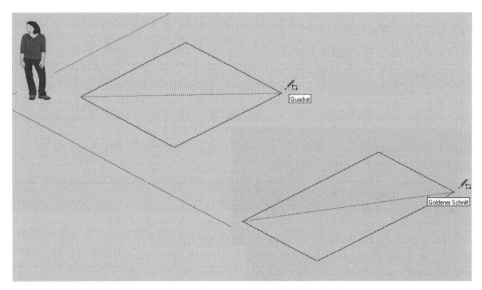

Abb. 4.30: Rechteck als Quadrat und im Goldenen Schnitt

Ein Rechteck in anderen Ebenen lässt sich aufziehen, wenn Sie für den *zweiten* Punkt von einem Punkt in der Ebene parallel zur blauen z-Achse hochgehen (Abbildung 4.31).

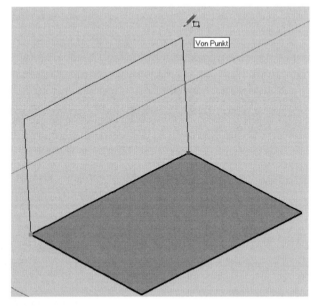

Abb. 4.31: Rechteck in 3D

4.6 Vieleck

Das Vieleck, also ein regelmäßiges Polygon, wird ähnlich wie ein Kreis gezeichnet. Zuerst geben Sie die Anzahl der Seiten über die Werteeingabe ein, dann klicken Sie den Mittelpunkt an und schließlich einen Eckpunkt. Das entspricht der Definition über den Umkreisradius. Alternativ können Sie deshalb auch den Radius über die Werteeingabe setzen. Sie können auch nachträglich die Eingabe für das Vieleck noch ändern, solange Sie den Befehl noch nicht abgeschlossen haben. Geben Sie eine blanke Zahl für einen neuen Radius ein oder eine Zahl gefolgt von **s** als neue Seitenanzahl: **6s**.

Funktion	Symbol	Menü	Kürzel	Bedeutung
Vieleck	▼	ZEICHNEN|VIELECK		Zeichnet ein Vieleck über Mittelpunkt und Eckpunkt

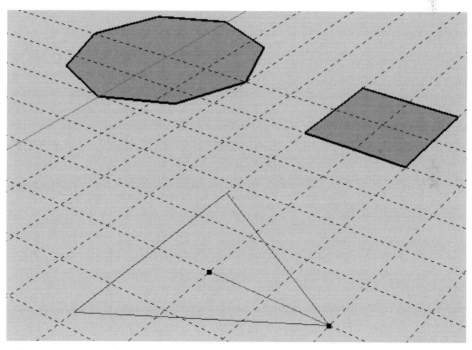

Abb. 4.32: Vielecke zeichnen

4.7 Übungen

Versuchen Sie, die folgenden Übungszeichnungen mit den bisher bekannten Befehlen zu konstruieren.

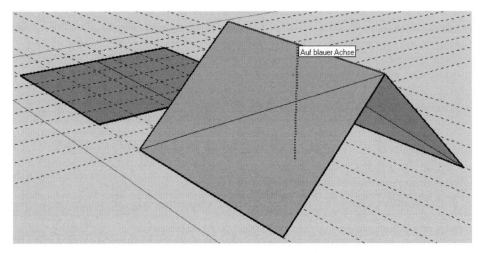

Abb. 4.33: Fläche mit Mittellinie in Richtung blauer Achse hochziehen

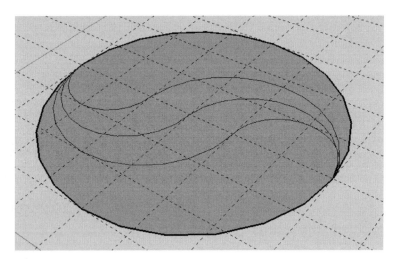

Abb. 4.34: Tangentiale Halbkreise

4.7 Übungen

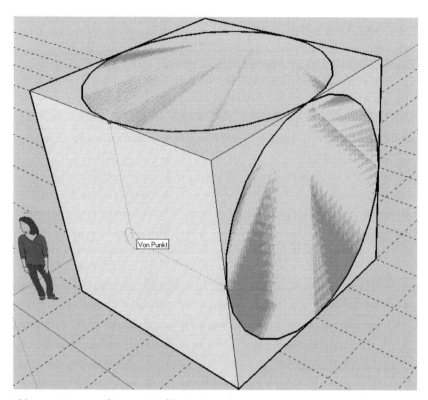

Abb. 4.35: Kreise auf einem Würfel mit Seitenlänge 4 m

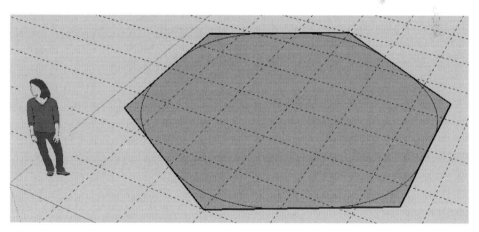

Abb. 4.36: Sechseck mit Umkreisradius 3 m und Eckenrundung 2 m

Damit Sie auf dem Halbkreis einrasten können, müssen Sie ggf. das Einrasten in bestimmten Längenabständen abschalten. Den endgültigen Abrundungsradius können Sie immer nachträglich über die Werteeingabe festlegen.

4.8 Übungsfragen

1. Welche Zeichenbefehle erzeugen sofort eine Fläche?
2. Welche Farbe hat ein tangential an eine Linie oder einen anderen Bogen anschließender Bogen?
3. Wie wird ein Bogen farbig markiert, der ein Vieleck abrundet?
4. Wird ein Vieleck durch den Inkreis oder Umkreis definiert?
5. Wie erhalten Sie eine Ellipse?
6. Woran erkennen Sie, dass beim Befehl RECHTECK ein Quadrat gezeichnet wird?
7. Mit welcher Taste fixieren Sie eine Bewegung auf die blaue z-Achse?
8. Wie finden Sie den Mittelpunkt eines Rechtecks?
9. Mit welchem Werkzeug können Sie Hilfslinien parallel zu Kanten oder Achsen erstellen?
10. Welches Werkzeug wird zum Bemaßen verwendet?

Kapitel 5

Funktionen zum Bearbeiten

In Programmen zur Konstruktionsunterstützung spielen gerade die Funktionen zum Bearbeiten der Objekte eine sehr große Rolle. Die Relevanz der Bearbeitungsfunktionen erkennt man auch, wenn man in den Menüs den Umfang von ZEICHNEN (sechs Funktionen) mit TOOLS (18 Funktionen) vergleicht. In diesem Kapitel werden die Bearbeitungsfunktionen nicht unbedingt nach der SketchUp-Reihenfolge an Beispielen demonstriert, sondern in der Reihenfolge, die sich bei konventionellen CAD-Systemen ausgeprägt hat. Da SketchUp Funktionen, die bei der konventionellen Vorgehensweise getrennt angeboten werden, oft in Optionen und unter Steuerungstasten versteckt in anderen Befehlen anbietet, kann diese Präsentation vielleicht auch beim besseren Auffinden von solchen versteckten Befehlen helfen.

5.1 Erst mal: Wie wähle ich Objekte zum Bearbeiten aus?

Bevor Sie Objekte bearbeiten können, müssen Sie sie erst einmal auswählen können. Dazu gibt es das Werkzeug AUSWÄHLEN. Hierbei gibt es mehrere Methoden, Objekte auszuwählen:

- *Anklicken* Durch Anklicken eines Objekts wird dieses einzeln gewählt. Kurven werden dann *blau* markiert, gewählte Flächen erscheinen blau punktiert. Wenn Sie nach einer Auswahl dann auf ein anderes Objekt klicken, wird die erste Auswahl zurückgenommen. Also: Auswahl eines Objekts zurücknehmen geschieht einfach durch Anklicken eines neuen Objekts.
- *Anklicken weiterer Objekte* Um weitere Objekte hinzuzuwählen, müssen Sie die Taste ⇧ beim Anklicken gedrückt halten. Jedes gewählte Objekt wird blau markiert.

Funktion	Symbol	Menü	Kürzel	Bedeutung
Auswählen		TOOLS| AUSWÄHLEN	`Leer-taste`	Wählt ein Objekt oder mehrere für nachfolgende Bearbeitungen aus

- *Box aufziehen links-rechts* Beim Aufziehen einer Box von links nach rechts werden alle Objekte gewält, die *vollständig* in dieser Box liegen (Abbildung 5.1).
- *Box aufziehen rechts-links* Wenn Sie umgekehrt die Box beim Auswählen von rechts nach links aufziehen, dann werden nicht nur die Objekte gewählt, die

vollständig darin liegen, sondern auch diejenigen, die *teilweise* in der Box liegen (Abbildung 5.2).

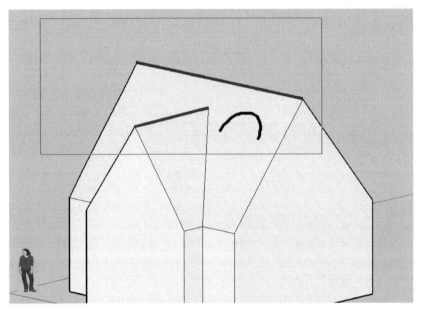

Abb. 5.1: Auswahl mit Box von links nach rechts

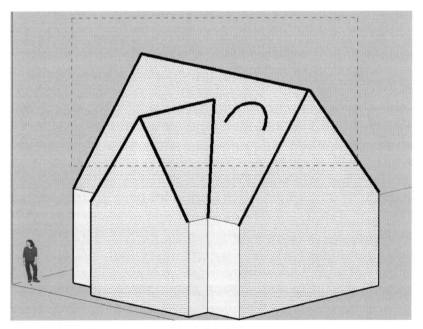

Abb. 5.2: Auswahl mit Box von rechts nach links

- *Doppelklick* Mit einem Doppelklick auf ein Objekt können Sie mit diesem Objekt alle direkt angrenzenden mitwählen (Abbildung 5.3 Mitte).
- *Dreifachklick* Mit dem Dreifachklick wählen Sie mit dem Objekt alle weiteren daran direkt oder indirekt verbundenen mit (Abbildung 5.3 rechts). Der Dreifachklick wählt dann also alle direkt oder indirekt verbundenen Flächen und Kanten. Er ist besonders nützlich, um beispielsweise aus allen verbundenen Elementen über Kontextmenü (Rechtsklick) eine Gruppe oder Komponente zu erstellen. Wenn die gewählten Objekte einen korrekten Flächenverband bilden, entsteht eine Gruppe oder Komponente, die für Volumenkörperfunktionen verwendet werden kann.

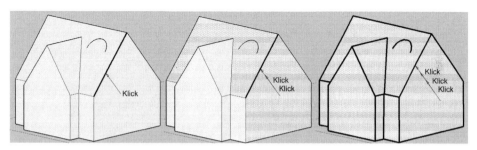

Abb. 5.3: Auswahl mit Klick, Doppelklick und Dreifachklick

- *Abwählen* Wenn Sie eines oder mehrere Objekte nach einer der obigen Methoden noch einmal mit gedrückter ⇧-Taste anwählen, werden diese Objekte aus der laufenden Auswahl entfernt.

5.2 Kommando zurück: Aktionen rückgängig machen

Sowie Sie etwas bearbeiten, geht auch mal etwas schief. Wie geht es dann rückgängig zu machen?

Dafür gibt es die Funktion RÜCKGÄNGIG. Sie macht die letzte Aktion ungeschehen. Das klappt sogar mehrfach. Bis zu 100 Mal können Sie so zurückgehen und Aktion für Aktion zurücknehmen. Ansichtsmodifikationen wie das Zoomen oder das Wechseln der Ansichtsrichtung sind davon aber nicht betroffen. Nur echte Konstruktionsbefehle werden hier rückgängig gemacht.

Funktion	Symbol	Menü	Kürzel	Bedeutung
Rückgängig *letzter Befehl*	↩	BEARBEITEN|RÜCKGÄNGIG *letzter Befehl*	Strg+Z	Macht die letzte Aktion rückgängig
Wiederholen *letzter Befehl*	↪	BEARBEITEN|WIEDERHOLEN *letzter Befehl*	Strg+Y	Macht die letzte Aktion rückgängig

Kapitel 5
Funktionen zum Bearbeiten

Nun kann es natürlich auch passieren, dass Sie mit dem Rückgängigmachen etwas übertrieben haben und zu weit in Ihren Aktionen zurückgegangen sind. Das können Sie auch noch korrigieren mit WIEDERHOLEN. Das korrigiert wieder die RÜCKGÄNGIG-Aktion, so oft Sie wollen. Sie können mit diesen beiden Funktionen RÜCKGÄNGIG und WIEDERHOLEN eben auch Dinge ausprobieren und mal vorwärts und mal wieder rückwärts gehen.

Die Möglichkeit, etwas rückgängig zu machen, endet, wenn Sie die Zeichnung speichern und neu starten. Sie können keine Aktionen aus vorhergehenden Sitzungen rückgängig machen. Nur in der aktuellen Sitzung kann etwas zurückgenommen werden, auch Aktionen, die vor dem letzten Speichern liegen.

5.3 Ganz wichtig: Löschen

Die fundamentalste Bearbeitungsfunktion ist ganz einfach das Löschen von Objekten. Dafür gibt es zwei Möglichkeiten.

Wenn Sie Objekte mit AUSWÄHLEN gewählt haben, dann können Sie einfach die Funktion LÖSCHEN verwenden, um diese zu entfernen. Diese Funktion löscht auch einzelne Flächen. Alternativ können Sie auch gewählte Objekte mit der Taste [Entf] löschen.

Funktion	Symbol	Menü	Kürzel	Bedeutung
Löschen	✗	BEARBEITEN| LÖSCHEN	[Entf]	Löscht vorher gewählte Objekte
Radiergummi		TOOLS| RADIERGUMMI	E (engl. erase)	Löscht Linien, Bögen, Kreise durch Anklicken oder Überfahren mit dem Werkzeug

Etwas anders arbeitet der RADIERGUMMI. Er erlaubt keine vorherige Auswahl, sondern löscht die Linien oder sonstigen Kurven, die Sie dann mit dem RADIERGUMMI *anklicken* oder mit gedrückter Maustaste *überfahren*. Flächen verschwinden nur, wenn eine Kante wegradiert wird und damit die Fläche nicht mehr möglich ist. Eine einzelne Fläche kann nicht direkt mit dem RADIERGUMMI gelöscht werden, sondern nur indirekt dadurch, dass eine der Kanten entfernt wird, die die Fläche definieren.

Im Beispiel Abbildung 5.4 wurde rechts mit LÖSCHEN die Seitenfläche gelöscht. Bei der Vorderfront des Hauses wurde mit dem RADIERGUMMI nur die senkrechte Kante des Erkers entfernt, wodurch natürlich die Flächen für die Vorderfront und die rechte Seite des Erkers ihre Kante verloren haben und damit die Flächenbegrenzung nicht mehr vollständig ist. Damit entfallen dann indirekt auch beide Flächen.

Abb. 5.4: Rechts: Fläche gelöscht, Vorderfront: senkrechte Linie radiert

5.4 Sehr nützlich: Versetzen

Oft braucht man Kurven, die parallel zu vorgegebenen Linien, Bögen oder Kreisen laufen. Mit dem Befehl VERSATZ können Sie für Bögen, Kreise, Freihand-Kurven und Flächen (Rechtecke, Vielecke, beliebige ebene Flächen) die passenden Parallelkurven im wählbaren Abstand konstruieren. Für den Abstand kann ein Wert in der Werteeingabe eingegeben werden oder eine Position angeklickt werden. Den Wert in der Werteeingabe können Sie auch hier immer noch so lange verändern, wie Sie noch keine neue Aktion begonnen haben.

Auf Linien wirkt VERSATZ nicht. Um parallele Linien zu erzeugen, können Sie aber einerseits das MAßBAND-Werkzeug aus dem TOOLS-Menü verwenden und Führungslinien erstellen oder die Funktion VERSCHIEBEN/KOPIEREN im Kopiermodus (siehe unten).

Funktion	Symbol	Menü	Kürzel	Bedeutung
Versatz		TOOLS| VERSATZ	F (engl. oFfset)	Versetzt ebene Kurven wie Bogen und Kreis, sowie Flächenberandungen parallel

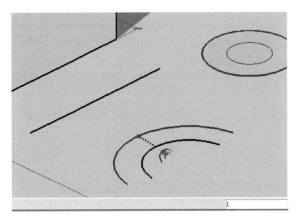

Abb. 5.5: Versetzen einer Kontur um 1 Meter über Werteeingabe

Wenn Sie eine Flächenberandung versetzen, wird durch sie die Fläche unterteilt. Es gibt dann eine Außenfläche und eine Innenfläche. Die können dann beispielsweise unabhängig voneinander mit DRÜCKEN/ZIEHEN bearbeitet werden.

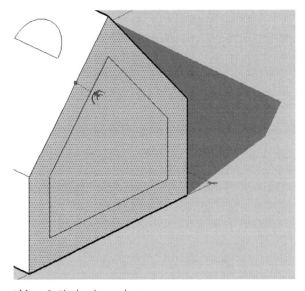

Abb. 5.6: Flächenberandung versetzen

5.5 Hin und her: Schieben

Sie können in SketchUp beliebige Objekte verschieben, nur sollten Sie immer daran denken, dass das Programm beim Verschieben von Einzelobjekten immer den Zusammenhang erhält. Meist werden Sie komplexe Objekte verschieben wie das komplette Haus in Abbildung 5.7. Dazu sollten Sie vorher die Auswahl treffen, wie hier mit dem AUSWÄHLEN-Werkzeug und einem Dreifachklick. Mit *einem* Klick wird ein einzelnes Objekt gewählt, mit *zwei* Klicks die direkt benachbarten Objekte dazu und mit *drei* Klicks schließlich auch noch alle indirekt verbundenen Objekte. Dann geben Sie im Befehl VERSCHIEBEN den Startpunkt an und danach den Zielpunkt.

Funktion	Symbol	Menü	Kürzel	Bedeutung
Verschieben/ Kopieren		TOOLS| VERSCHIEBEN	M (engl. move)	Verschiebt oder kopiert Objekte

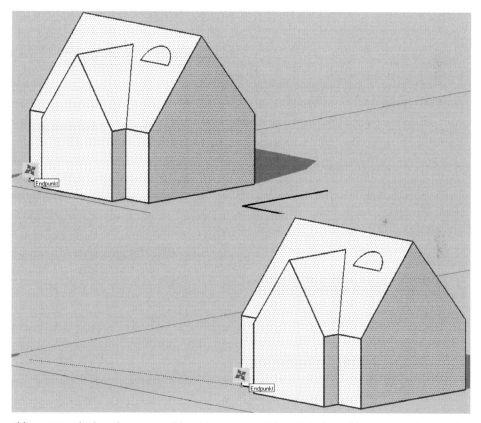

Abb. 5.7: Verschieben des vorgewählten Hauses vom Eckpunkt links auf die vorgezeichnete Ecke rechts

Verschieben Sie aber einen einzelnen Punkt, dann werden die damit verbundenen Kanten verzerrt und infolgedessen auch die mit den Kanten verbundenen Flächen verzerrt. Abbildung 5.8 zeigt das in etwas übertriebener Weise. Solche Verschiebungen sind selten sinnvoll.

Kapitel 5
Funktionen zum Bearbeiten

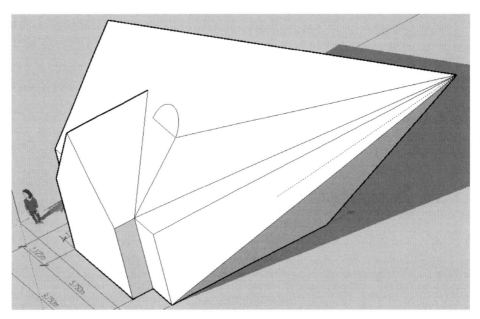

Abb. 5.8: Verschieben eines einzelnen Punkts

Bei dem Beispiel können sehr sinnvoll die Giebelflächen als Einzelobjekte verschoben werden. Verschieben Sie diese achsparallel, wird das Haus in die Länge gezogen. Die Dachflächen und angrenzenden Wände werden dann auch automatisch verzerrt.

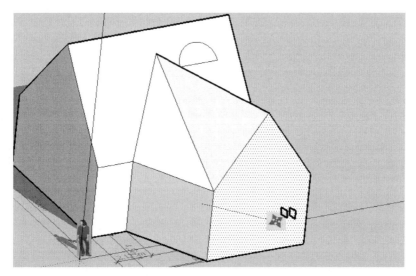

Abb. 5.9: VERSCHIEBEN mit der Option AUFFALTEN

Es gibt beim Verschieben aber noch die Option AUFFALTEN, die über die [Alt]-Taste aktiviert werden kann. Damit wären auch Verschiebungen einer Giebelwand schräg zu den rechtwinkligen Achsen möglich. Bei einer solchen Verschiebung geht allerdings der rechte Winkel zwischen den vorderen Wänden verloren und dadurch wird die vorher ebene viereckige Dachfläche in zwei dreieckige Stücke zerbrechen. Und dieses Zerbrechen der Flächen wird durch die Option AUFFALTEN ermöglicht, das heißt das Entstehen von neuen Kanten und die Unterteilung der Originalflächen. Bei der Option AUFFALTEN erscheinen neben dem VERSCHIEBEN-Logo die beiden kleinen Flächen-Logos (Abbildung 5.9).

5.6 Kopieren

Zum Kopieren gibt es keine Extra-Funktion in SketchUp, sondern Sie können bei VERSCHIEBEN/KOPIEREN mit der [⇧]-Taste in den KOPIEREN-Modus schalten. Der Ablauf ist ansonsten der gleiche wie beim Verschieben oben. So wurde beispielsweise die Doppelhausanordnung (Abbildung 5.10) durch Kopieren vom linken Endpunkt zum rechten Endpunkt erzeugt.

Funktion	Symbol	Menü	Kürzel	Bedeutung
Verschieben/Kopieren		TOOLS|VERSCHIEBEN	M (engl. move)	Verschiebt oder kopiert Objekte

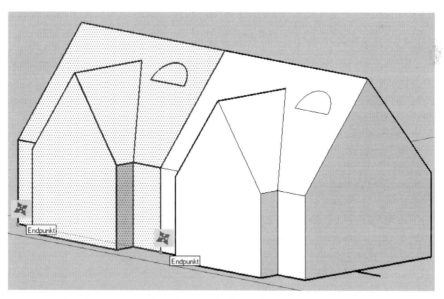

Abb. 5.10: Haus kopieren von Ecke links auf Ecke rechts

5.7 Drehen

Vor dem Aufruf des Befehls DREHEN ist auch eine vorherige Auswahl der zu drehenden Objekte sinnvoll. Beim Aufruf des Befehls erscheint dann zuerst ein Winkelmesser-Symbol. Diesen Winkelmesser müssen Sie nun in diejenige Ebene legen, in der Sie drehen möchten. Die Drehachse wird dann senkrecht zu der Fläche gelegt, die durch den Winkelmesser dargestellt wird. Sie werden feststellen, dass der Winkelmesser bei Drehungen um die rote, grüne oder blaue Achse auch deren Farbe annimmt. Um die Drehebene zu wählen, können Sie auch auf eine der Hausflächen fahren. Er legt sich stets automatisch in die berührte Fläche. Wenn Sie auf eine der Dachflächen gehen, erscheint der Winkelmesser in Schwarz, um anzudeuten, dass nun nicht um eine der Achsen gedreht wird.

Wenn Sie beispielsweise das Haus um die blaue Achse drehen möchten und als Drehpunkt die linke Ecke nehmen wollen, passiert etwas Unerwartetes: Der Winkelmesser, der noch vor dem Haus blau angezeigt wird (für Drehung um blaue Achse), springt an der Hauswand um auf Grün (wie für Drehung um grüne Achse). Um beim Annähern an die Hausecke den blauen Winkelmesser beizubehalten, halten Sie einfach die ⇧-Taste gedrückt, um die Drehrichtung zu fixieren, und klicken dann den Drehpunkt an.

Danach wählen Sie eine Richtung oder einen Punkt für den *Startwinkel* der Drehung und dann einen Punkt oder eine Richtung für den *Endwinkel*.

Funktion	Symbol	Menü	Kürzel	Bedeutung
Drehen		TOOLS|DREHEN	Q	Dreht Objekte

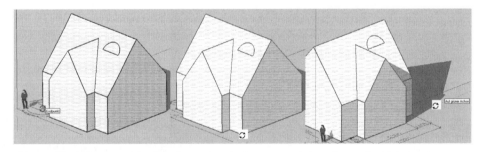

Abb. 5.11: Drehebene und Drehpunkt, Endpunkt für Startwinkel, Richtung für Zielwinkel

In einem Beispiel soll nun die Dachfläche in Abbildung 5.12 gedreht werden. Als Vorbereitung wurde ein RECHTECK gezeichnet und dann die oberste Fläche mit dem Werkzeug DRÜCKEN/ZIEHEN in die Höhe gezogen. Durch eine LINIE von Seitenmittelpunkt zum Mittelpunkt gegenüber wurde die obere Fläche in zwei Teile geteilt. Mit dem Werkzeug AUSWÄHLEN wurde dann die eine Hälfte gewählt. Mit dem Werkzeug DREHEN fahren Sie nun über die rechte Seitenfläche. Der Winkelmesser dieses Werkzeugs klappt damit automatisch in diese Ebene. Dann klicken Sie den Eckpunkt als Drehpunkt an.

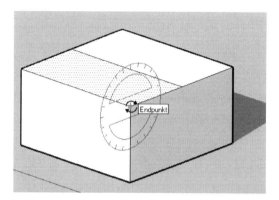

Abb. 5.12: Nach Auswahl Drehebene und Drehpunkt festlegen

Mit einem weiteren Punkt gilt es nun, den Winkelmesser auszurichten, also den Startwinkel für die Drehung festzulegen. Klicken Sie also auf den Eckpunkt rechts (Abbildung 5.13).

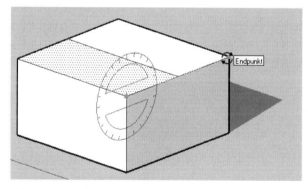

Abb. 5.13: Winkelmesser ausrichten

Der dritte Schritt besteht in der Eingabe des Drehwinkels. Sie können ihn in die Werteeingabe eintippen. Alternativ können Sie auch mit dem Cursor in die Nähe des Winkelmessers fahren und dort bei den angezeigten Skalenmarken einrasten. Diese Einrastskala wird durch die MODELLINFORMATIONEN bestimmt. Unter FENSTER|MODELLINFORMATIONEN wählen Sie die Kategorie EINHEITEN und aktivieren zuerst unter WINKELEINHEITEN das WINKELEINRASTEN mit einem Häkchen und wählen dann daneben die Schrittweite wie z.B. **15°**. So wurde das Dach auf den Neigungswinkel von 30° gedreht.

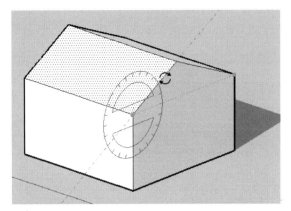

Abb. 5.14: Drehwinkel in der Nähe des Winkelmessers wählen (oder eingeben)

> **Tipp**
>
> **Drehen um x-, y- oder z-Achsen**
>
> Wenn Sie das Werkzeug DREHEN aufrufen, wird normalerweise der Winkelmesser in Blau erscheinen und eine Drehung um die blaue z-Achse anbieten. Natürlich richtet er sich bei Berührung einer Fläche nach dieser Fläche aus. Manchmal brauchen Sie aber eine Drehung um die rote x- oder die grüne y-Achse, ohne dass passende Flächen verfügbar sind. Dann fahren Sie mit dem DREHEN-Werkzeug in die y-z-Ebene weit oberhalb von *Susan*. Plötzlich erscheint das Werkzeug in Rot für Drehungen um die x-Achse. Sie können das Werkzeug nun in dieser Ausrichtung mit der Taste ⇧ festhalten und auf den beabsichtigten Drehpunkt positionieren. Für eine Drehung um die grüne y-Achse beginnen Sie mit dem Werkzeug wieder in der y-z-Ebene, diesmal aber weit rechts hinten und etwas oberhalb von Susan.

5.8 Spiegeln

Die Funktion zum Spiegeln finden Sie weder unter dem Menü TOOLS noch in der Symbolleiste BEARBEITEN bzw. ÄNDERUNG. SPIEGELN ist nur nach der Auswahl von Objekten im Kontextmenü verfügbar, also nach Rechtsklick bei markierten Objekten. Hierbei wird allerdings immer nur an orthogonalen Ebenen gespiegelt. Das sind Spiegelebenen, die lotrecht zu den roten, grünen oder blauen Achsen liegen.

Funktion	Symbol	Kontextmenü	Kürzel	Bedeutung
		SPIEGELN ENTLANG|BLAUE ACHSE ...		Spiegelt die gewählten Objekte an einer Ebene durch den Schwerpunkt senkrecht zur gewählten Achse

Um ein Beispiel an der Haus-Konstruktion zu demonstrieren, wo durch Spiegeln zwei Doppelhäuser entstehen sollen, muss zuerst das einzelne Haus vom linken Eckpunkt zum rechten Eckpunkt mit VERSCHIEBEN/KOPIEREN wie in Abbildung 5.10 kopiert werden. Nach dem Kopieren ist dann das rechte Haus schon ausgewählt, und Sie können im Kontextmenü SPIEGELN ENTLANG wählen. Im Beispiel von Abbildung 5.15 wären mögliche Spiegelebenen die Mittelebenen durch das Haus. Die Mitte der gewählten Objekte rechnet sich SketchUp selbst aus. Um das gewünschte Ergebnis (Abbildung 5.16) zu erhalten, sollte also diejenige Spiegelebene gewählt werden, die senkrecht zur roten Achse mitten durch das Haus geht. Deshalb ist hier die Option SPIEGELN ENTLANG|ROTE ACHSE zu wählen.

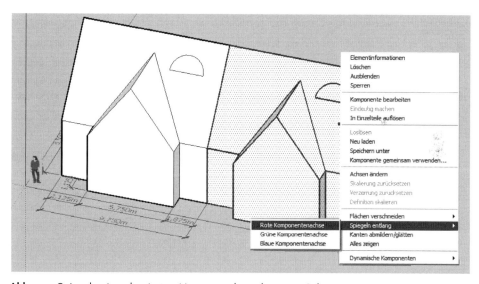

Abb. 5.15: Spiegeln eines kopierten Hauses entlang der roten Achse

Es fällt auf, dass nach dem Spiegeln die rechte Hauswand fehlt. Die ist aber schon beim vorhergehenden VERSCHIEBEN/KOPIEREN verloren gegangen. SketchUp erkennt nämlich, dass die Wandfläche zwischen den Häusern schon einmal vorhanden ist, und wirft sie als unnützen Ballast beim Kopieren weg. Das reparieren Sie schnell, indem Sie die untere Linie der Giebelwand nachzeichnen.

Kapitel 5
Funktionen zum Bearbeiten

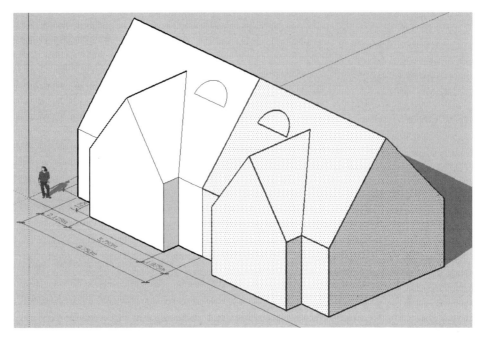

Abb. 5.16: Gespiegeltes Haus

5.9 Skalieren

SketchUp bietet ein sehr intuitiv bedienbares Werkzeug zum Skalieren von Objekten. Von Kurven über Flächen bis hin zu ganzen Volumenkonstruktionen lässt sich alles mit diesem Werkzeug skalieren.

Funktion	Symbol	Menü	Kürzel	Bedeutung
Skalieren		TOOLS|SKALIEREN	S (engl. scale)	Skaliert Objekte, auch unterschiedlich in verschiedene Richtungen, mit [Strg] vom Mittelpunkt aus, mit [⇧] gleichmäßig

Als Demonstrationsbeispiel soll hier eine Badewanne modelliert werden. Zeichnen Sie dazu zunächst ein RECHTECK. Klicken Sie die erste Position beliebig an und geben Sie für die zweite Ecke **0,60;0,90** über die Werteeingabe ein. Dann fügen Sie an beiden Enden einen exakten Halbkreis mit BOGEN an (Abbildung 5.17 links oben). Die überflüssigen Linien vom Rechteck entfernen Sie mit RADIERGUMMI. Die ovale Kontur ziehen Sie mit DRÜCKEN/ZIEHEN um **0,45** in die Höhe. Schließlich markieren Sie mit AUSWÄHLEN die Bodenfläche (Abbildung 5.17 rechts oben). Nun aktivieren Sie SKALIEREN. Es erscheint eine rechteckige Box mit acht Knöpfen, über die Sie die Bodenfläche nun in unterschiedlicher Weise skalieren können.

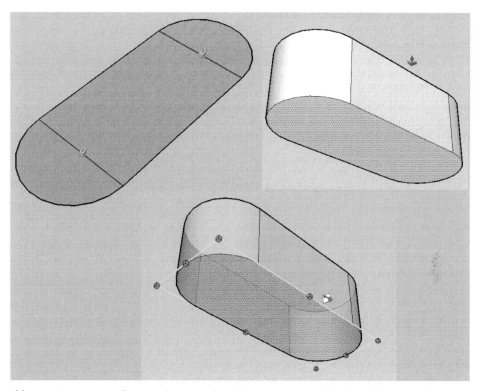

Abb. 5.17: RECHTECK und zweimal BOGEN, dann RADIERGUMMI und DRÜCKEN/ZIEHEN, zuletzt SKALIEREN

Über die mittleren Knöpfe ist eine Skalierung in Achsenrichtung möglich. Zu beachten ist bei der ganzen Aktion wieder, dass zwar nur die Bodenfläche gewählt wurde, dass aber immer zusammenhängende Objekte bei den Bearbeitungen zusammenbleiben. Deshalb reicht es aus, wenn Sie die Bodenfläche über den mittleren Knopf zusammenschieben, um die typische Badewannenform zu bekommen.

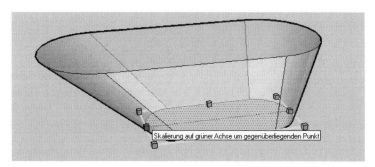

Abb. 5.18: SKALIEREN entlang Längsachse

Kapitel 5
Funktionen zum Bearbeiten

Wenn Sie die Knöpfe an den Ecken bewegen, wird die Badewanne gleich in beiden Richtungen (rot und grün bzw. x und y) konisch verformt.

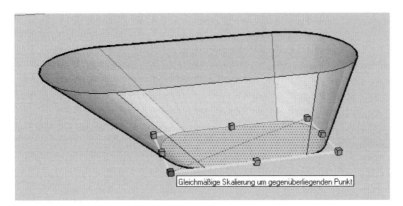

Abb. 5.19: Skalieren in diagonaler Richtung

Andere Verformungen ergeben sich, wenn Sie den gesamten Volumenkörper mit Dreifachklick auswählen und SKALIEREN aufrufen. Es erscheint dann ein Quader, der alles umfasst und über 26 Knöpfe zahlreiche Skalierungen ermöglicht. Wenn Sie einen der Knöpfe zum Skalieren anklicken, wird immer der gegenüberliegende als fester Punkt verwendet. Drücken Sie aber dabei die Taste [Strg], so wird der Mittelpunkt fixiert.

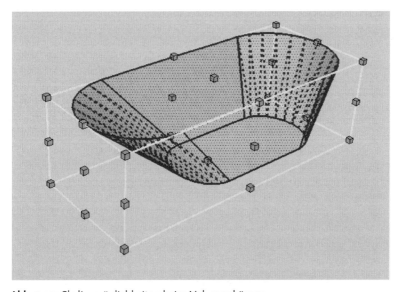

Abb. 5.20: Skaliermöglichkeiten beim Volumenkörper

Bewegter Punkt	Fixpunkt	Fixpunkt mit Strg	Aktion	Aktion mit ⇧
Eckpunkt	Diagonal gegenüberliegender Eckpunkt	Mittelpunkt	gleichmäßige Skalierung	Ungleichmäßige Skalierung in x, y und z
Kantenmitte	Diagonal gegenüberliegende Kantenmitte	Mittelpunkt	ungleichmäßige Skalierung nur in der zugehörigen Ebene	gleichmäßige Skalierung
Flächenmitte	Diagonal gegenüberliegende Flächenmitte	Mittelpunkt	Skalierung nur in axialer Richtung	gleichmäßige Skalierung

Tabelle 5.1: Übersicht der verschiedenen Skaliermöglichkeiten

5.10 Vervielfältigen

Zum mehrfachen Vervielfältigen von Objekten in gleichmäßigen Abständen gibt es keinen eigenen Befehl, weil diese Optionen in die Funktion VERSCHIEBEN/KOPIEREN eingebaut sind.

5.10.1 Beim Kopieren vervielfältigen

Um eine lineare Anordnung mehrerer Objekte zu erhalten, gibt es zwei Möglichkeiten:

- Sie kopieren einerseits ein Objekt um den ersten Abstand und geben dann an, wie oft noch mit demselben Abstand weiterkopiert werden soll. Die Eingabe dazu würde **5x** lauten.
- Andererseits können Sie das Objekt einmal bis zur letzten Position kopieren und dann angeben, wie oft die Strecke dazwischen mit weiteren Kopien unterteilt werden soll. Dazu wäre in der Werteeingabe dann **5/** zu schreiben.

Funktion	Symbol	Menü	Kürzel	Bedeutung
Verschieben/Kopieren		TOOLS|VERSCHIEBEN	M (engl. move)	Verschiebt oder kopiert Objekte, auch mehrfach mit den Eingaben Nx oder N/

Im Beispiel (Abbildung 5.21) wurde ein Kreis mit dem Radius 1 Meter gezeichnet und mit DRÜCKEN/ZIEHEN um 5 Meter in die Höhe gezogen. Nun wählen Sie die ganze Säule mit dem AUSWÄHLEN-Werkzeug und einem Dreifachklick. Dann verwenden Sie VERSCHIEBEN/KOPIEREN mit der Strg-Taste und kopieren die Säule um 5 Meter in der roten Richtung, indem Sie bei der Werteeingabe für LÄNGE die

Zahl **5** eingeben. Wenn Sie nun aus der einen Kopie aber insgesamt fünf machen wollen, geben Sie in der Werteeingabe **5x** ein. Die Eingabe **5x** setzt also das Kopieren fort, damit insgesamt fünf Kopien entstehen.

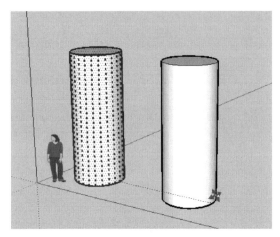

Abb. 5.21: Säule um 5 Meter in roter Richtung kopiert

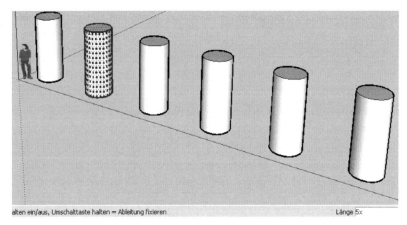

Abb. 5.22: Erste Kopie verfünffacht mit **5x**

Die alternative Vorgehensweise zeigen die nächsten beiden Abbildungen (Abbildung 5.23 und Abbildung 5.24). Zuerst wurde die Säule in die rote x-Richtung mit einer Länge von 25 Metern kopiert. Dann wurde **5/** eingegeben und damit weitere vier Kopien erstellt, so dass eine Unterteilung in fünf Segmente zu je 5 Metern entsteht. Die Eingabe **5/** erzeugt weitere Kopien *dazwischen*, so dass insgesamt 5 Kopien entstehen.

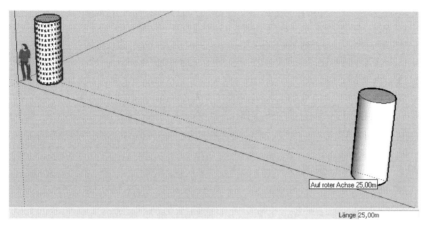

Abb. 5.23: Erste Kopie mit Abstand 25 Meter

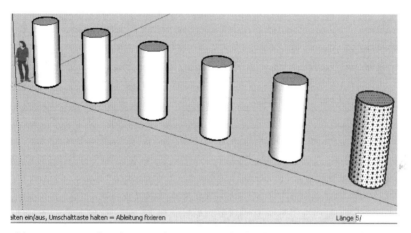

Abb. 5.24: Unterteilen des Zwischenraums in fünf Teile durch vier zusätzliche Kopien

5.10.2 Beim Drehen vervielfältigen

Genauso wie beim VERSCHIEBEN/KOPIEREN können Sie auch beim DREHEN eine Kopie erstellen und diese vervielfachen. Als Beispiel soll ein Halbkreis von Säulen entstehen. Zeichnen Sie dazu einen Halbkreis mit 15 Metern Sehnenlänge und 7,5 Metern Rundung (Abbildung 5.25) in Richtung der grünen y-Achse. Dann konstruieren Sie am Startpunkt eine Säule mit 1 Meter Radius und 5 Metern Höhe.

Funktion	Symbol	Menü	Kürzel	Bedeutung
Drehen		TOOLS|DREHEN	Q	Dreht Objekte auch mehrfach mit der Eingabe **Nx** oder **N/**

Kapitel 5
Funktionen zum Bearbeiten

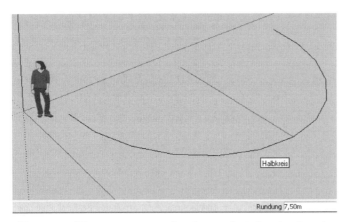

Abb. 5.25: Halbkreis mit 7,5 m Radius für eine kreisförmige Anordnung

Wählen Sie die komplette Säule mit AUSWÄHLEN und einem Dreifachklick aus. Verwenden Sie das Werkzeug DREHEN und legen Sie den Winkelmesser auf den Mittelpunkt des Halbkreises (Abbildung 5.26). Schalten Sie mit [Strg] den Modus KOPIEREN ein und geben Sie die Startrichtung parallel zur grünen Achse mit einem Klick ein. Sie können den Drehwinkel **30** danach eintippen oder nach Anfahren eines Skalenstrichs direkt am Winkelmesser anklicken. Das Einrasten erfolgt bei 1°, 5°, 10°, 15°, 30° oder 45° wie zuvor unter FENSTER|MODELLINFORMATIONEN|EINHEITEN festgelegt. Danach geben Sie mit **6x** über die Werteeingabe an, dass es insgesamt sechs Kopien werden sollen.

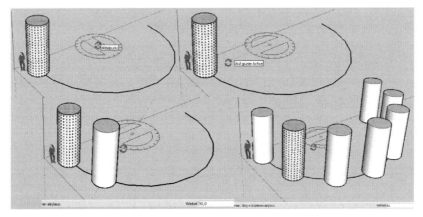

Abb. 5.26: Säule unter 30° kopiert und auf sechs Kopien vervielfacht

Alternativ wurde in Abbildung 5.27 die erste Kopie auf den Endwinkel 180° gesetzt und dann weitere Kopien dazwischen durch die Eingabe **6/** erzeugt, so dass insgesamt ebenfalls sechs Kopien entstanden sind.

5.10
Vervielfältigen

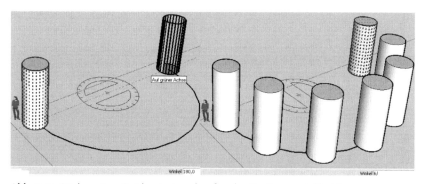

Abb. 5.27: Säule unter 180° kopiert und auf sechs Kopien vervielfacht

Als kleines Anwendungsbeispiel soll nun noch eine schöne Säule mit Kanneluren konstruiert werden. Zeichnen Sie dazu einen Kreis mit Radius 1 Meter. Dann zeichnen Sie einen zweiten Kreis für eine Kannelur, indem Sie vom Mittelpunkt entlang der grünen Achse zur Kreisperipherie ziehen und dort einen Endpunkt anklicken. Geben Sie als Radius 0,1 Meter ein. Beim Erstellen des neuen Kreises wird automatisch eine Fläche erzeugt und der große und der kleine Kreis werden an den Schnittpunkten segmentiert. Löschen Sie die Fläche im kleinen Kreis und das Segment des großen Kreises innerhalb der kleinen. Die beiden Teilbögen des kleinen Kreises werden dann mit DREHEN vervielfacht. Wählen Sie die beiden Bogenstücke des kleinen Kreises mit dem AUSWÄHLEN-Werkzeug und einer Auswahlbox (von links nach rechts aufziehen). Der große Kreis darf nicht mitgewählt werden, sondern nur der kleine Kreis.

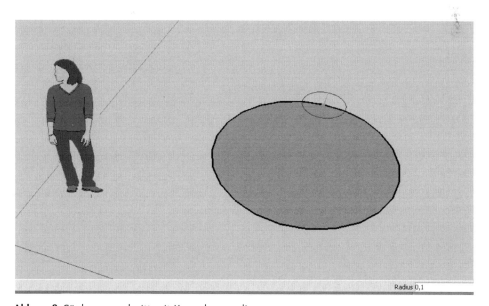

Abb. 5.28: Säulenquerschnitt mit Kannelurenradius von 0,1 m

Aktivieren Sie nun DREHEN, schalten Sie mit ⌈Strg⌉ in den Kopiermodus, klicken Sie den Mittelpunkt des großen Kreises als Drehpunkt an und die Richtung parallel zur grünen Achse als Startwinkel. Dann geben Sie über die Werteeingabe den Drehwinkel mit **360** ein und danach die Zahl der Kopien dazwischen mit **20/**.

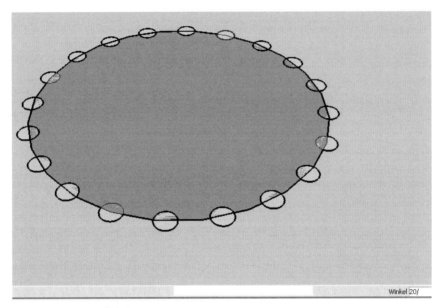

Abb. 5.29: Kreis 20-fach kopiert

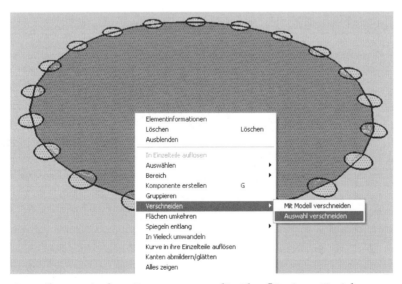

Nun gilt es, mit dem RADIERGUMMI die überflüssigen Kreisbogensegmente herauszulöschen. Fahren Sie mit dem RADIERGUMMI und mit gedrückter Maustaste über alle Kanten, die gelöscht werden sollen (Abbildung 5.30) oder klicken Sie sie an.

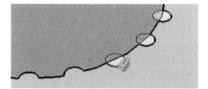

Abb. 5.30: Nicht benötigte Konturen radieren

Schließlich verwenden Sie das Werkzeug DRÜCKEN/ZIEHEN, klicken in die Fläche einmal hinein und ziehen nach oben (Abbildung 5.31). Die exakte gewünschte Höhe können Sie wieder über die Werteeingabe eintippen.

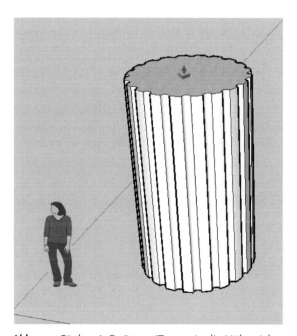

Abb. 5.31: Säule mit DRÜCKEN/ZIEHEN in die Höhe ziehen

5.11 Strecken

Unter Strecken versteht man allgemein eine geometrische Veränderung, bei der Teile einer Figur verschoben werden, angrenzende Objekte noch verzerrt werden, jedoch der Rest bestehen bleibt. Diese Funktionalität wird bei SketchUp auch durch VERSCHIEBEN/KOPIEREN erfüllt, weil dieses Programm grundsätzlich den Zusammenhang der Objekte erhält. Am einfachsten ist diese Funktion anhand

Kapitel 5
Funktionen zum Bearbeiten

eines Rechtecks zu sehen. In Abbildung 5.32 wurden zwei Rechtecke mit den Seitenlängen 2 Meter und 4 Meter gezeichnet. Das rechte soll nun so gestreckt werden, dass alle Seiten 4 Meter betragen. Es reicht, dazu die rechte Kante des Rechtecks auszuwählen und mit dem Befehl SCHIEBEN entlang der Achse um 2 Meter zu verschieben. Die interne Logik von SketchUp sorgt automatisch dafür, dass nicht nur die gewählte Kante verschoben wird, sondern die angrenzenden Kanten auch jeweils um 2 Meter verlängert werden. Dadurch bleibt die Kontur geschlossen und auch die Fläche bleibt erhalten.

Funktion	Symbol	Menü	Kürzel	Bedeutung
Verschieben/ Kopieren		TOOLS|VERSCHIEBEN	M (engl. Move)	Verschiebt oder kopiert Objekte unter Beibehaltung des Zusammenhangs mit angrenzenden Objekten

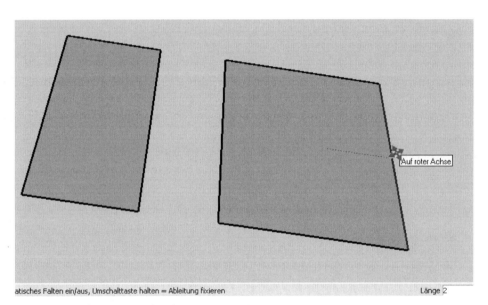

Abb. 5.32: Strecken eines Rechtecks

Eine sehr nützliche Aktion ist mit VERSCHIEBEN/KOPIEREN auch für das Strecken von Wandsegmenten in Architekturzeichnungen möglich. Um in Abbildung 5.33 das mittlere Wandsegment so zu verschieben, dass die linke Wandlänge von 2,25 m auf 3 m geändert wird, brauchen Sie nur die beiden Linien, die das mittlere Wandsegment bilden, auszuwählen und um 0,75 m nach rechts, also hier auf der roten Achse zu verschieben. Die angrenzenden Wandstücke werden wieder aufgrund der Programmlogik entsprechend so verlängert und verkürzt, dass der Zusammenhang der Konstruktion erhalten bleibt.

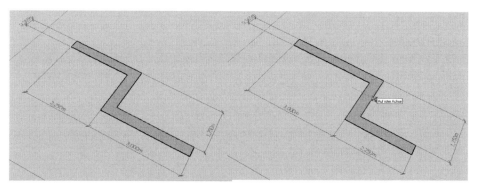

Abb. 5.33: Strecken eines Wandquerschnitts

In gleicher Weise können Sie vorgehen, wenn es sich um einen Volumenkörper handelt. Wählen Sie für die entsprechende Verschiebung nur die beiden in Abbildung 5.34 markierten Wandflächen aus und verschieben Sie sie wie oben. Der Zusammenhang der Geometrie bleibt auch hier in gleicher Weise erhalten.

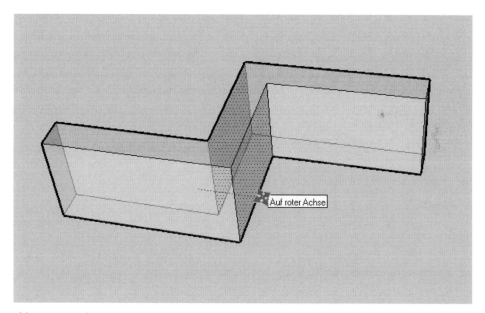

Abb. 5.34: Strecken eines Wandvolumens

Um die Wandstücke mit dem Werkzeug AUSWÄHLEN anzuklicken, müssen Sie natürlich zwischendurch das Werkzeug ROTIEREN zum Drehen der Ansichtsrichtung verwenden. Das Werkzeug wird mit Rechtsklick über die Kontextmenüfunktion BEENDEN wieder geschlossen. Bequem ist aber auch die Kombination [Strg]-Mausrad drücken zum Rotieren der Ansichtsrichtung.

Kapitel 5
Funktionen zum Bearbeiten

5.12 Längenänderung

Funktion	Symbol	Menü	Kürzel	Bedeutung
Verschieben/ Kopieren		TOOLS|VERSCHIEBEN	M (engl. Move)	Verschiebt oder kopiert Objekte

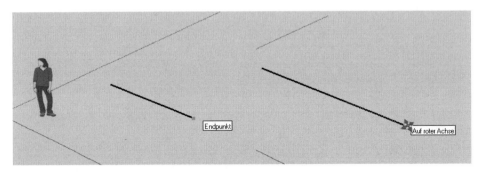

Abb. 5.35: Linie achsparallel mit VERSCHIEBEN/KOPIEREN verlängern

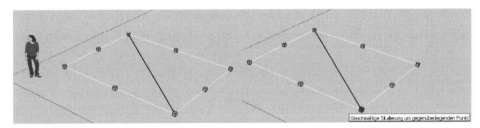

Abb. 5.36: Linie in beliebiger Richtung mit SKALIEREN verlängern

5.13 Extrusion

Eine Funktion zum Erzeugen von Volumenkörpern durch Höhenverschiebung ebener Konturen wird üblicherweise als *Extrusion* bezeichnet. Hier in SketchUp heißt es DRÜCKEN/ZIEHEN. Die Funktion wurde bisher schon mehrfach verwendet, um Volumenkörper zu erstellen. Sie ist sehr intuitiv und einfach zu bedienen.

Funktion	Symbol	Menü	Kürzel	Bedeutung
Drücken/ Ziehen		TOOLS|DRÜCKEN/ZIEHEN	P (engl. Press-pull)	Erstellt ein Volumen durch Hochziehen einer Fläche in Normalenrichtung

Mit dem Werkzeug DRÜCKEN/ZIEHEN wird immer nur eine einzige Fläche gewählt, die dann verschoben wird, um daraus ein Volumen zu erstellen oder um bestehende Volumenkörper zu erweitern. Eine typische Operation wurde in Abbildung 5.31 gezeigt. Mit aktiviertem Werkzeug DRÜCKEN/ZIEHEN wurde in den Grundriss der Säule hineingeklickt und dann die Höhe am Bildschirm bestimmt oder über die Werteeingabe. Die Richtung ist dabei immer durch die Ausgangsfläche festgelegt; DRÜCKEN/ZIEHEN läuft nämlich immer *senkrecht* zur gewählten Fläche, also in Richtung der *Flächennormalen*.

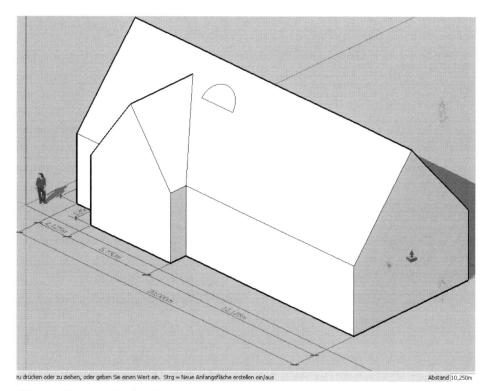

Abb. 5.37: Hauswand auf 20 Meter extrudiert

Sie können mit DRÜCKEN/ZIEHEN nicht nur Volumen erzeugen, sondern auch erweitern, indem Sie bestehende Körperflächen extrudieren (Abbildung 5.37, Abbildung 5.38). In den Beispielen wurde das Haus um 10,25 m auf 20 m verlängert. Im ersten Fall wurde das Haus normal verlängert, die Bemaßungen liefen dann auch automatisch mit. Sie wurden übrigens mit dem Werkzeug TOOLS/ABMESSUNGEN erzeugt.

Kapitel 5
Funktionen zum Bearbeiten

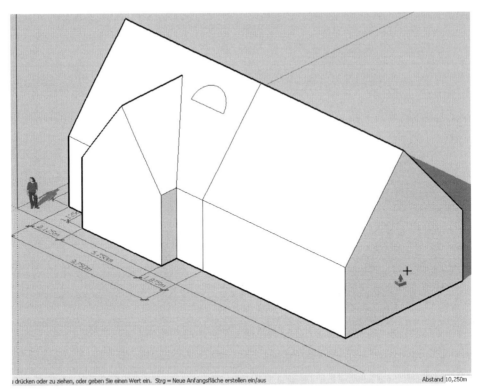

Abb. 5.38: Haus auf gleiche Länge verlängert, aber Originalfläche erhalten

Im zweiten Fall wurde durch Drücken der Taste ⌊Strg⌋ die Giebelwand erhalten. Man erkennt das an dem Plus-Zeichen am Werkzeug. In diesem Fall liefen die Bemaßungen nicht mit, da sie mit der alten Wand verknüpft sind. Ob Sie die Wand behalten wollen oder nicht, hängt immer vom weiteren Fortschritt in Ihrer Konstruktion ab.

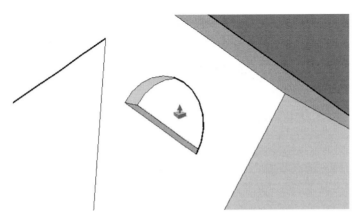

Abb. 5.39: Nach innen verschieben

Sie können mit dem Werkzeug DRÜCKEN/ZIEHEN auch Flächen nach innen drücken wie in Abbildung 5.39 und Abbildung 5.40 gezeigt. Sie können auch solche Flächen bis zur gegenüberliegenden Fläche durchziehen. Dann entsteht ein Durchbruch. Am Beispiel der Abbildung 5.41 soll noch einmal darauf hingewiesen werden, dass die Operation immer senkrecht zur aktuellen Fläche verläuft. Die notwendigen Seitenflächen werden automatisch erzeugt.

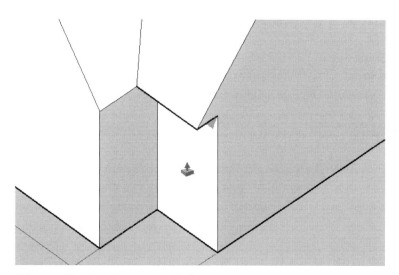

Abb. 5.40: Wand nach innen verschoben

Abb. 5.41: Es wird immer senkrecht zur Fläche verschoben (in Richtung Flächennormale).

Kapitel 5
Funktionen zum Bearbeiten

5.14 Sweeping

Unter Sweeping versteht man das Erstellen von Volumenkörpern durch Entlangziehen eines Profils an einem so genannten Pfad. Eine typische Konstellation zeigt Abbildung 5.42. Es wurde ein kreisförmiges Profil gezeichnet und ein Pfad aus hintereinanderliegenden Linien, die in verschiedenen Richtungen verlaufen. Hier sind sie stets achsparallel. Mit dem Werkzeug FOLGE MIR klicken Sie nun zuerst die Fläche an und fahren danach am Pfad entlang bis zu dem gewünschten Endpunkt.

Funktion	Symbol	Menü	Kürzel	Bedeutung
Folge mir		TOOLS| FOLGE MIR		Erstellt ein Volumen durch Ziehen einer Fläche an einer Kontur entlang

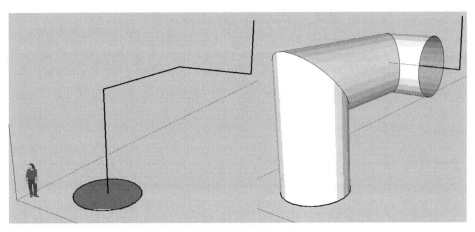

Abb. 5.42: Sweeping-Aktion mit dem Werkzeug FOLGE MIR

Ein weiteres Beispiel zeigt Abbildung 5.43 in der Erzeugung eines Torus, ähnlich einem Schwimmreifen. Als Grundfigur dient wieder ein Kreis. Auf diesen Kreis müssen Sie nun einen kleinen Kreis auf die Peripherie setzen. Dieser kleine Kreis muss senkrecht mit seiner Fläche zum ersten stehen. Damit SketchUp einen solchen Kreis wie hier senkrecht zur roten Achse erstellt, gehen Sie am besten mit dem KREIS-Befehl auf die Position oben links wie in der Abbildung gezeigt. Um die Ausrichtung dieses Kreises beizubehalten, drücken Sie die Taste ⇧, fahren dann mit dem Mittelpunkt zunächst auf den Mittelpunkt des großen Kreises und dann weiter parallel zur grünen Achse auf die Kreisperipherie. Dort positionieren Sie den Kreis. Nun verwenden Sie wieder FOLGE MIR und ziehen die kleine Kreisfläche einmal um den Umfang herum und klicken dann.

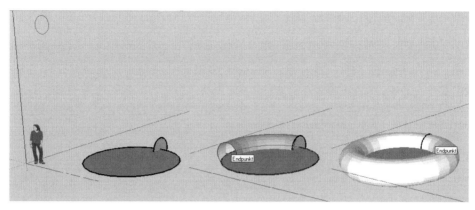

Abb. 5.43: Mit FOLGE MIR erstellter Torus

Ganz ähnlich wie der Torus erzeugt wurde, kann auch eine Kugel konstruiert werden (Abbildung 5.44). Hierbei werden aber zwei gleich große Kreise mit gleichem Mittelpunkt ineinander gezeichnet. Nun brauchen Sie den senkrecht stehenden Kreis nur so weit an der Peripherie des ersten herumzuziehen, bis die Kugel geschlossen aussieht.

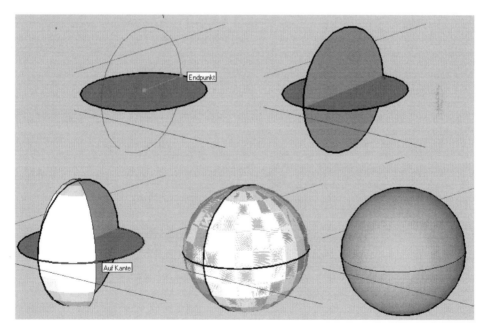

Abb. 5.44: Kugel erstellt mit FOLGE MIR

5.15 Übungsfragen

1. Mit welcher Taste können Sie das Auffalten von Flächen beim VERSCHIEBEN/KOPIEREN aktivieren?
2. Mit welcher Taste wird das Kopieren beim VERSCHIEBEN/KOPIEREN aktiviert?
3. Wie lautet die Eingabe, um eine Kopie durch Anhängen weiterer Kopien zu vervielfachen?
4. Wie lautet die Eingabe, um eine Kopie durch weitere Kopien dazwischen zu vervielfachen?
5. Wie heißt in SketchUp die Funktion zum Extrudieren?
6. In welche Richtung wird extrudiert?
7. Kann auch nach innen extrudiert werden?
8. Wie heißt in SketchUp die Funktion zum Sweepen?
9. Wie erstellen Sie eine Kugel?

Kapitel 6

Gruppen und Komponenten

Wie Sie in den vorangegangenen Kapiteln schon gemerkt haben, kleben in SketchUp die Geometrieelemente praktisch immer zusammen. Verschieben Sie einen gewählten Punkt in der Konstruktion, dann verzerren Sie damit auch angrenzende Kanten. Mit den Kanten werden auch die davon bestimmten Flächen indirekt mitverändert. Diese gegenseitigen Abhängigkeiten muss man kennen, um die beabsichtigten Effekte zu erreichen.

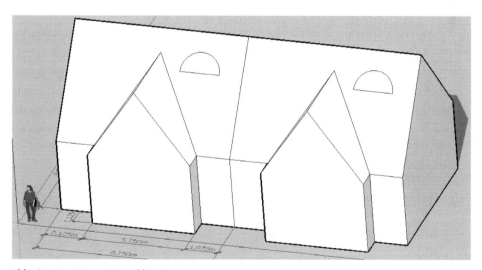

Abb. 6.1: Das Haus einmal kopiert

Nun gibt es aber auch Fälle, wo man diese automatischen Verbindungen des konstruierten Modells gerade nicht brauchen kann. Betrachten wir dazu das kopierte Haus in Abbildung 6.1. Wenn Sie nun die Kopie sofort weiter bearbeiten wollen, dann haben Sie Glück, sie ist automatisch komplett gewählt. Davon haben wir beim Spiegeln im vorangegangenen Kapitel Gebrauch gemacht. Wollen Sie aber später das rechte Haus noch einmal wählen, um es zu verschieben, dann haben Sie Pech. Wenn Sie wie üblich mit AUSWÄHLEN und Dreifachklick das rechte Haus wählen wollen, merken Sie, dass plötzlich einschließlich des linken Hauses alles zusammenhängt.

Kapitel 6
Gruppen und Komponenten

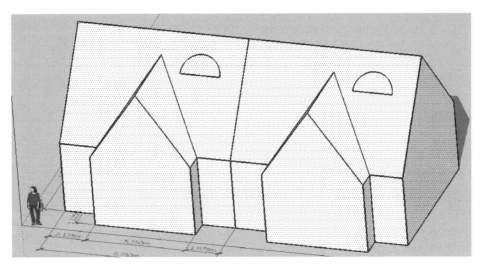

Abb. 6.2: Mit Dreifachklick auf das rechte Haus auch das linke mitgewählt

An dieser Stelle spätestens sehen Sie, dass es nötig ist, die Konstruktion irgendwie zu untergliedern. Mit *Gruppen* und *Komponenten* bekommen Sie eine Möglichkeit, Objekte geeignet zusammenzufassen. Sowie Sie das Haus als Gruppe zusammengefasst haben, können Sie es auch mit einem einfachen Klick auswählen (Abbildung 6.3). Dann lässt es sich als einzelnes Objekt behandeln und auch kopieren oder anderweitig bearbeiten.

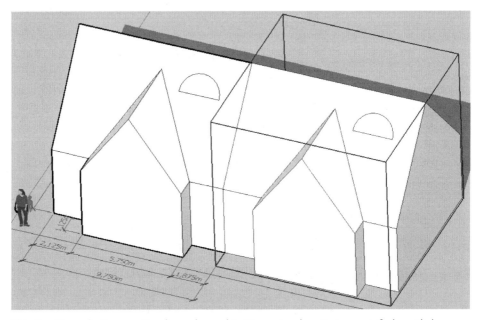

Abb. 6.3: Haus als Gruppe: Nun kann das rechte Haus einzeln mit einem einfachen Klick ausgewählt werden.

Eine Komponente verhält sich ähnlich wie eine Gruppe. Wenn eine Komponente mehrfach in der Konstruktion verwendet wird, dann wirkt sich jede Veränderung an *einer* Komponente auf *alle* Komponenten gleichen Namens in der Konstruktion aus. Das ist der große Vorteil der Komponenten.

6.1 Gruppen

6.1.1 Erzeugen einer Gruppe

Zum Erzeugen einer Gruppe wählen Sie am einfachsten zuerst die Objekte aus und klicken dann nach einem Rechtsklick im Kontextmenü die Funktion GRUPPIE-REN an. Im Beispiel Abbildung 6.4 wurde das Haus mit einem Dreifachklick mit allen zusammenhängenden Objekten gewählt. Das Kontextmenü nach einem Rechtsklick ist zu sehen. Nach dem Gruppieren erscheint das Haus mit einer Umgrenzungsbox, um die Zusammengehörigkeit der Gruppenelemente anzuzeigen. Die Umgrenzungsbox entspricht den minimalen und maximalen Abmessungen in Richtung aller Achsen.

Funktion	Menü	Kontextmenü	Bedeutung
Gruppe erstellen	BEARBEITEN| GRUPPIEREN	GRUPPIEREN	Gruppe aus gewählten Objekten erzeugen

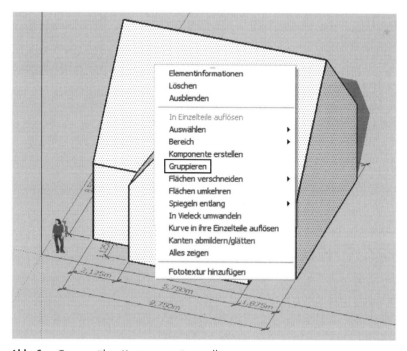

Abb. 6.4: Gruppe über Kontextmenü erstellen

Die so erzeugte Gruppe kann nun kopiert, gedreht oder verschoben werden, und jede Kopie kann wieder einzeln durch einfaches Anklicken gewählt werden, ohne dass benachbarte Objekte mitgewählt werden. Eine gewählte Gruppe wird immer durch die blaue Umgrenzungsbox angezeigt.

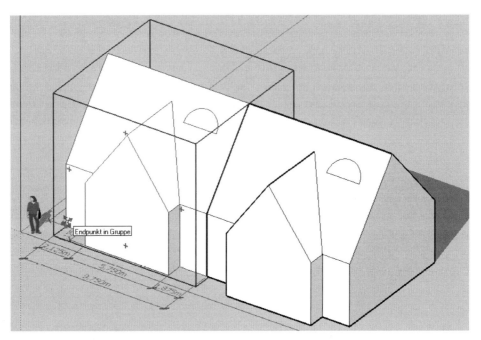

Abb. 6.5: Gruppe wird kopiert

6.1.2 Zerlegen einer Gruppe

Nach Auswahl einer Gruppe können Sie sie auch wieder leicht in Ihre Einzelteile zerlegen, entweder über das Menü BEARBEITEN|GRUPPE|IN EINZELTEILE AUFLÖSEN oder nach Rechtsklick mit der gleichnamigen Funktion.

Funktion	Menü	Kontextmenü	Bedeutung
Gruppe zerlegen	BEARBEITEN|GRUPPE|IN EINZELTEILE AUFLÖSEN	IN EINZELTEILE AUFLÖSEN	Gruppe wieder zerlegen

6.1.3 Bearbeiten einer Gruppe

Wenn Sie innerhalb einer Gruppe noch Bearbeitungen vornehmen wollen, können Sie die Gruppe anklicken oder auswählen und dann entweder im Menü BEARBEITEN oder übers Kontextmenü die Funktion GRUPPE BEARBEITEN wählen. Noch schneller geht's mit einem *Doppelklick* auf die Gruppe. Die Gruppe wird während der Bearbeitung mit einer schwarzen gepunkteten Umgrenzungsbox angezeigt. Diese Box ist etwas größer als die normale blaue Box zur Kennzeichnung der Gruppe. Die übrigen Objekte der aktuellen Konstruktion werden während der Gruppenbearbeitung ausgegraut angezeigt, um anzudeuten, dass sie momentan nicht zur Bearbeitung zur Verfügung stehen. Sie können die Objekte in der Gruppe nun mit allen üblichen Funktionen bearbeiten wie in Abbildung 6.6 am Beispiel gezeigt. Diese Bearbeitung wirkt sich aber nicht auf Kopien der Gruppe aus. Nur die aktuell gewählte Gruppe wird verändert. Die Bearbeitung der Gruppe können Sie über das Kontextmenü GRUPPE SCHLIEßEN wieder beenden. Auch im Menü BEARBEITEN finden Sie GRUPPE/KOMPONENTE SCHLIEßEN.

Funktion	Menü	Kontextmenü	Bedeutung
Gruppe bearbeiten	BEARBEITEN|GRUPPE|GRUPPE BEARBEITEN	GRUPPE BEARBEITEN	Gruppe in ihren Einzelteilen bearbeiten

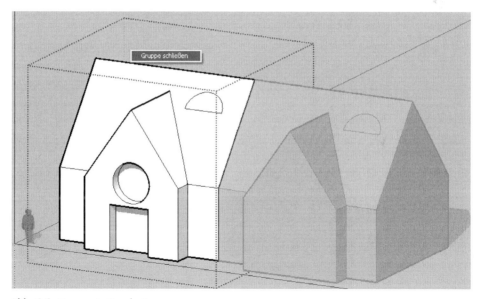

Abb. 6.6: Gruppe in Bearbeitung

6.2 Komponenten

Eine Komponente hat gegenüber einer Gruppe einige Vorteile:

- Die Komponente erhält einen *Namen*.
- Änderungen an einer Komponente wirken sich sofort auf *alle* Kopien davon in der Konstruktion aus.

- Komponenten bleiben auch nach Löschen in der Zeichnung in einer internen Bibliothek *erhalten*.
- Komponenten können über das Menü FENSTER|KOMPONENTEN in die Konstruktion eingefügt werden.

6.2.1 Erzeugen einer Komponente

Nach Auswahl der Elemente kann eine Komponente über das Kontextmenü erstellt werden. Dabei erscheint ein Dialogfenster zur Eingabe einiger Details:

- NAME   Geben Sie der Komponente einen passenden und eindeutigen Namen
- BESCHREIBUNG   Hier können Sie einen längeren Erläuterungstext eingeben
- AUSRICHTUNG   Hier wählen Sie, welcher Punkt und welche Bezugsebene der Komponente später auf welche Einbau-Ebene gelegt werden sollen. Die Dropdown-Liste BINDEN AN legt die Ausrichtung der zukünftigen Einbau-Ebene fest, mit BINDUNGSEBENE FESTLEGEN definieren Sie den Nullpunkt und die Bezugsebene der Komponente.
    - BINDEN AN   Mit dieser Angabe legen Sie fest, in welche Art von Ebenen die Komponente später in Ihre Konstruktion eingebaut werden kann. Dies ist eine sinnvolle Beschränkung der Einbauebenen, die dafür sorgen soll, dass beispielsweise schräge Dachfenster wieder nur in schräge Flächen eingebaut werden können, oder Fenster und Türen nur in senkrecht stehende Wände:
    - KEINE   Die Komponente kann später *nicht mit Bezug auf irgendeine Fläche* eingebaut werden, sondern bleibt so ausgerichtet wie momentan angezeigt. Für diese Option können Sie die Optionen IMMER KAMERA GEGENÜBER und SCHATTEN DER SONNE GEGENÜBER weiter unten aktivieren.
    - BELIEBIGE   Ermöglicht den späteren Einbau der Komponente in beliebig ausgerichteten Bezugsebenen.
    - HORIZONTALE   Legt die horizontale rot-grüne x-y-Ebene und andere horizontale Flächen als mögliche spätere Einbau-Ebene fest.
    - VERTIKALE   Legt fest, dass die Komponente später nur in Flächen eingebaut werden kann, die senkrecht zur rot-grünen x-y-Ebene stehen.
    - SCHRÄGE   Sorgt dafür, dass später nur ein Einbau in schräge Ebenen möglich ist wie beispielsweise die Dachflächen.
    - BINDUNGSEBENE FESTLEGEN   Hiermit legen Sie fest, welche Ebene der zu erstellenden Komponente der oben festgelegten Einbau-Ebene entsprechen soll. Dazu erscheint dann nach Anklicken der Schaltfläche ein Achsendreibein in der Zeichnung, für das Sie den *Nullpunkt* der Bezugsebene, dann die *rote x-Richtung* über einen weiteren Punkt und schließlich die *grüne y-*

Richtung angeben können. Zu beachten ist, dass insbesondere der Nullpunkt der Komponente, mit dem sie später positioniert wird, mit allen *drei* Koordinaten, also auch mit der korrekten blauen z-Koordinate, festgelegt wird.

- DURCH SCHNITT ÖFFNEN   Diese Option gibt der Komponente später die Fähigkeit, ein Loch in die Fläche zu schneiden, in die sie eingefügt wird. Das ist beispielsweise für Fensteröffnungen anzukreuzen.
- IMMER KAMERA GEGENÜBER   ist nur bei der Einstellung BINDEN AN: KEINE möglich. Sie erhalten damit eine Komponente, die mit der Bezugsebene stets zur Kamera, also zu Ihnen schaut. Das bleibt erhalten, auch wenn Sie die Ansicht rotieren.
- SCHATTEN DER SONNE GEGENÜBER   Diese Option fixiert den Schattenwurf eines auf die Kamera ausgerichteten Objekts.

■ AUSWAHL DURCH KOMPONENTE ERSETZEN   Mit dieser Option werden die ausgewählten Objekte gleich nach Beenden der Komponentenerstellung durch die Komponente ersetzt. Das ist eine übliche Einstellung.

Funktion	Menü	Kontextmenü	Kürzel	Bedeutung
Komponente erstellen	BEARBEITEN|KOMPONENTE ERSTELLEN	KOMPONENTE ERSTELLEN	G	Komponente aus gewählten Objekten erzeugen

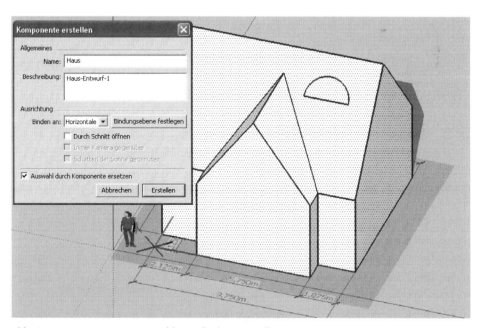

Abb. 6.7: Komponente aus gewählten Objekten erstellen

6.2.2 Beispiele

Ebene Komponente gegen Kamera ausgerichtet

Zeichnen Sie in der normalen x-y-Zeichenebene, der rot-grünen Ebene, einen Baum mit den Werkzeugen LINIE und FREIHAND. Markieren Sie mit einem Dreifachklick sämtliche Objekte und wählen Sie nach Rechtsklick im Kontextmenü KOMPONENTE ERSTELLEN. Geben Sie einen sinnvollen Namen ein, ggf. eine Beschreibung und wählen als AUSRICHTUNG – BINDEN AN: **Keine** und markieren weiter unten die Option IMMER KAMERA GEGENÜBER. Über die Schaltfläche BINDUNGSEBENE FESTLEGEN können Sie zuerst das angezeigte Achsendreibein mit dem Nullpunkt auf den Baumstamm unten links positionieren. Dann klicken Sie für die rote x-Richtung die Ecke am Baumstamm unten rechts an und danach für die grüne x-Richtung eine Position genau senkrecht unter dem Nullpunkt.

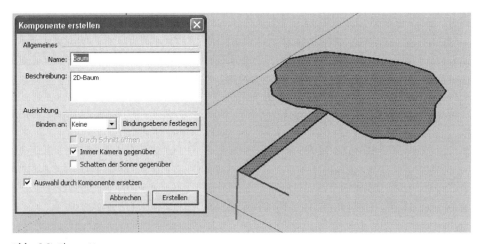

Abb. 6.8: Ebene Komponente erzeugen

Zum Einfügen mehrerer Baum-Komponenten wählen Sie übers Menü die Palette FENSTER|KOMPONENTEN. Unter der Rubrik IM MODELL finden Sie die in der Zeichnung bereits definierten Komponenten (Abbildung 6.9). Dazu gehört übrigens auch SANG, das ist die Figur, die am Nullpunkt steht und Ihnen eine Vorstellung von den aktuellen Größenverhältnissen geben soll. Klicken Sie die Baum-Komponente in dieser IM MODELL-Bibliothek an und klicken Sie danach auf eine Position im Zeichenfenster. Solange Sie die Einfüge-Operation noch nicht mit `Esc` beendet haben, können Sie die Komponente noch verschieben oder auch drehen. Beachten Sie dazu auch den Text in der unteren Statusleiste.

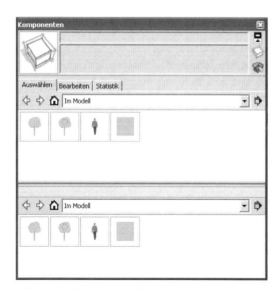

Abb. 6.9: Palette zum Einfügen von Komponenten

Wenn Sie nun Ihre Ansichtsrichtung mit dem Werkzeug ROTIEREN verändern, können Sie beobachten, dass diese Art von Komponenten immer zu Ihnen ausgerichtet bleibt (Abbildung 6.10). Das ist Folge der Einstellung IMMER KAMERA GEGENÜBER.

Abb. 6.10: Ausrichtung auf Kamera unter verschiedenen Blickwinkeln

Komponente für schräge Flächen

Dachfenster oder andere Dachelemente sind typische Beispiele für Komponenten, die sich an schrägen Flächen orientieren und einen Ausschnitt in der Fläche erzeugen. Erstellen Sie zuerst die Dachluke, indem Sie einen Halbkreis auf der Dachfläche zeichnen und mit DRÜCKEN/ZIEHEN in die Tiefe ziehen (Abbildung 6.11).

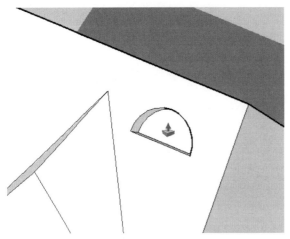

Abb. 6.11: Dachfensterausschnitt mit DRÜCKEN/ZIEHEN erstellt

Markieren Sie mit dem Werkzeug AUSWÄHLEN die drei Flächen des Dachfensters inklusive der Randkurven, indem Sie auf die Flächen doppelklicken bzw. mit Strg doppelklicken. Dann wählen Sie nach Rechtsklick im Kontextmenü KOMPONENTE ERSTELLEN. Die Zuordnung zu schrägen Flächen wählen Sie unter BINDEN AN und aktivieren dann die Option DURCH SCHNITT ÖFFNEN, damit die Komponente immer die Zielfläche öffnet.

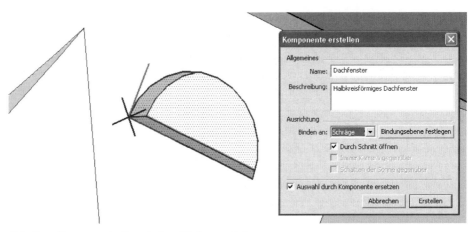

Abb. 6.12: Komponente für schräge Flächen erstellen

In der Komponenten-Palette (Menü FENSTER|KOMPONENTEN) klicken Sie nun die Komponente **Dachfenster** an und klicken dann auf eine Position auf einer schrägen Fläche. Die Komponente fügt sich ein und schneidet eine Öffnung. Versuchen Sie aber, die Komponente in einer senkrechten Wand zu positionieren, dann erhalten Sie eine Fehlermeldung (Abbildung 6.13).

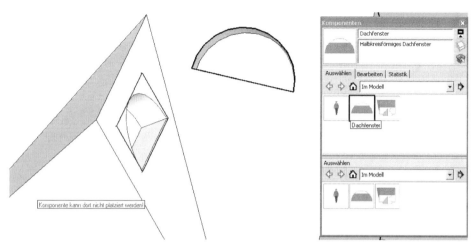

Abb. 6.13: Komponente kann nur in schräge Flächen eingebaut werden

Komponente für Wände mit offenem Ausschnitt

Sie können auch Komponenten definieren, die einfach ein Loch in eine Fläche schneiden. Zeichnen Sie dazu beispielsweise mit dem Werkzeug RECHTECK ein Quadrat auf eine Wandfläche (Abbildung 6.14.). Mit AUSWÄHLEN markieren Sie die Innenfläche des Quadrats und wählen dann nach Rechtsklick die Option LÖSCHEN, um die Innenfläche zu entfernen. So entsteht ein Loch in der Hauswand (Abbildung 6.15).

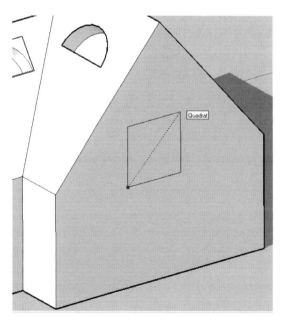

Abb. 6.14: Quadrat in eine Fläche zeichnen

Kapitel 6
Gruppen und Komponenten

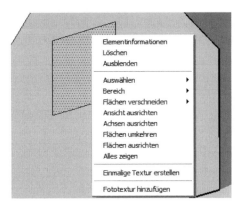

Abb. 6.15: Innenfläche des Quadrats auswählen und löschen

Wählen Sie nun die restlichen vier Randlinien des Quadrats aus und aktivieren Sie übers Kontextmenü KOMPONENTE ERSTELLEN. Markieren Sie die Option DURCH SCHNITT ÖFFNEN.

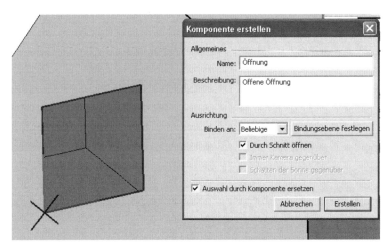

Abb. 6.16: Aus den Randkurven des Quadrats eine Komponente erstellen

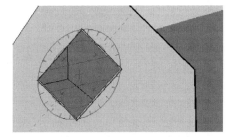

Abb. 6.17: Beim Einfügen kann eine Komponente noch verschoben oder gedreht werden.

Aus der Komponenten-Palette können Sie diese Öffnung in beliebige Flächen einfügen. Achten Sie darauf, dass Sie beim Einfügen die Komponente noch verschieben können und auch an vier durch Kreuzchen markierten Positionen noch drehen können (Abbildung 6.17).

6.2.3 Zerlegen einer Komponente

Eine Komponente ist leicht in ihre Einzelteile aufgelöst: Anklicken, Rechtsklick und IN EINZELTEILE AUFLÖSEN wählen.

Funktion	Menü	Kontextmenü	Bedeutung
Komponente zerlegen	BEARBEITEN|KOMPONENTE| IN EINZELTEILE AUFLÖSEN	IN EINZELTEILE AUFLÖSEN	Komponente wieder zerlegen

6.2.4 Bearbeiten einer Komponente

Um eine Komponente zu bearbeiten, können Sie auf sie einfach doppelklicken. Es erscheint dann eine punktierte Box um die Komponente herum und unter Normaleinstellungen werden gleichzeitig alle anderen Exemplare dieser Komponente ausgeblendet (Abbildung 6.18). Damit ist diese Komponente als Prototyp für alle gleichnamigen zur globalen Bearbeitung geöffnet.

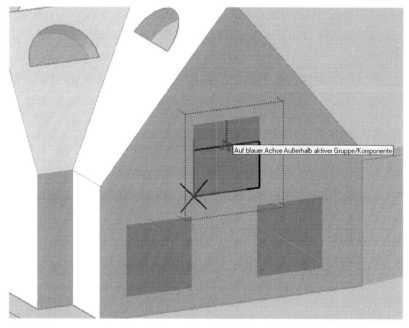

Abb. 6.18: Komponente zur Bearbeitung angeklickt

Kapitel 6
Gruppen und Komponenten

Funktion	Menü	Kontextmenü	Bedeutung
Komponente bearbeiten	BEARBEITEN|KOMPONENTE| KOMPONENTE BEARBEITEN	KOMPONENTE BEARBEITEN	Komponente in ihren Einzelteilen bearbeiten

Die Sichtbarkeit der restlichen Konstruktion oder der Komponenten während der Komponentenbearbeitung können Sie über das Menü ANSICHT|KOMPONENTEN-BEARBEITUNG steuern. Dort gibt es zwei Optionen: REST DES MODELLS AUSBLENDEN und ÄHNLICHE KOMPONENTEN AUSBLENDEN (das bedeutet *Exemplare mit gleichen Namen ausblenden*).

Sobald Sie die Komponente bearbeiten, ändern sich die anderen Exemplare der Komponente in Ihrer Konstruktion mit (Abbildung 6.19). Die Komponentenbearbeitung beenden Sie mit einem Rechtsklick und der Funktion KOMPONENTE SCHLIEßEN im Kontextmenü.

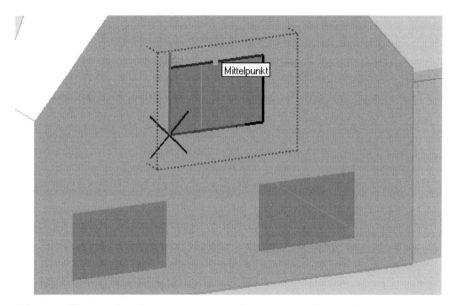

Abb. 6.19: Alle Exemplare der Komponente werden automatisch verändert.

Es kann auch sein, dass es günstiger ist, eine Komponente extra zur Bearbeitung an einem neutralen Ort zusätzlich in die Zeichnung einzufügen. Abbildung 6.20 zeigt das Dachfenster, das extra eingefügt wurde, um es zu skalieren. Würden Sie an der Originalposition versuchen, es zu skalieren, so hätten Sie eine ungünstige Ausrichtung der Skalierbox.

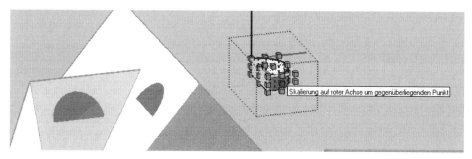

Abb. 6.20: Komponente zur Bearbeitung extra eingefügt

Alternativ zur bisher beschriebenen geometrischen Bearbeitung der Komponente können Sie auch die bei der Erzeugung eingegebenen Grundeinstellungen ändern. Dazu markieren Sie die Komponente in der Komponenten-Palette unter AUSWÄHLEN und wählen dann das Register BEARBEITEN. Dort können Sie beispielsweise die Bindung an bestimmte Flächenausrichtungen ändern oder die Option DURCH SCHNITT ÖFFNEN ein- und ausschalten (Abbildung 6.21).

Abb. 6.21: Einstellungen einer Komponente bearbeiten

Einzelbearbeitung eines Komponentenexemplars

Im Gegensatz zur oben geschilderten globalen Bearbeitung einer Komponente lässt sich eine Komponente auch beispielsweise einzeln skalieren, verschieben oder drehen. Dazu aktivieren Sie die Komponente nicht wie oben mit einem Doppelklick, sondern nur mit einem Einfachklick. Die Komponente wird dann auch nur als gewähltes Objekt blau markiert. Folglich wirkt sich die Bearbeitungsfunktion nur auf das aktuell markierte Exemplar aus (Abbildung 6.22).

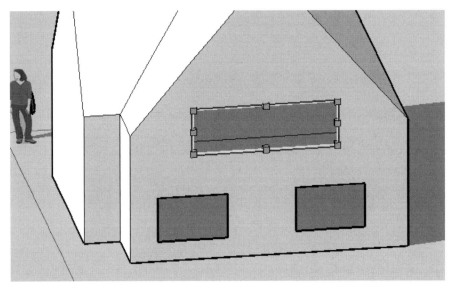

Abb. 6.22: Skalieren eines einzelnen Exemplars einer Komponente

6.2.5 Neue Komponente aus bestehender erzeugen

Es ist relativ einfach möglich, aus einer bestehenden Komponente eine neue zu erzeugen, die dann einen eigenen Namen bekommt und individuell umgebaut werden kann. Dazu markieren Sie die Komponente in der Zeichnung und wählen im Kontextmenü die Funktion EINDEUTIG MACHEN (Abbildung 6.23). Damit bekommt dieses Objekt einen neuen Komponentennamen, der aus dem alten Namen und dem Anhängsel *#1* besteht. Unter diesem Namen ist sie ab sofort dann in der Komponenten-Bibliothek verfügbar (Abbildung 6.24). Sie können dort den Namen auch noch ändern, wenn Sie die Komponente anklicken und oben im Namensfeld einen neuen Namen eintragen.

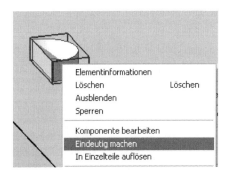

Abb. 6.23: Aus einer Komponente eine neue mit neuem Namen machen

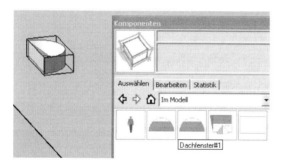

Abb. 6.24: Neue Komponente in der Bibliothek

6.3 Komponente als eigene Datei erzeugen und verwenden

Eine Komponente ist eigentlich eine eigene Zeichnung für sich, die in der aktuellen Zeichnung enthalten ist. Deshalb ist es auch möglich, eine fertige Zeichnung als Komponente zu importieren. Im Folgenden soll eine Zeichnung für eine Treppe erstellt werden und diese dann in die schon öfter benutzte Konstruktion des Hauses eingebaut werden.

6.3.1 Treppe konstruieren

Es soll nun die in Abbildung 6.25 gezeigte Treppe als neue Zeichnung konstruiert werden.

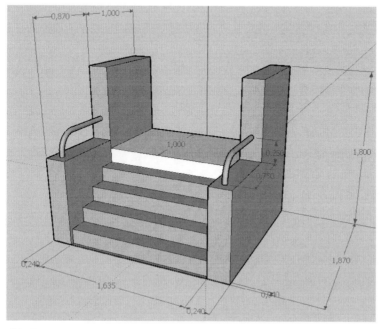

Abb. 6.25: Treppe

Kapitel 6
Gruppen und Komponenten

Zeichnen Sie zuerst den Grundriss mit dem Werkzeug RECHTECK. Den ersten Punkt klicken Sie beliebig an, den gegenüberliegenden Eckpunkt geben Sie in der Werteeingabe mit **2,115;1,87** ein.

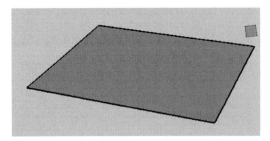

Abb. 6.26: Grundfläche 2,115 m x 1,87 m

Mit dem Werkzeug MASSBAND konstruieren Sie Hilfslinien im seitlichen Abstand von 0,24 m. Klicken Sie mit dem Werkzeug einen Punkt auf der Kante an, ziehen Sie in die Fläche hinein und geben Sie **0,24** in der Werteeingabe ein. Dabei muss das Plus-Zeichen mit dem Werkzeug angezeigt sein, sonst werden keine Führungslinien erstellt. Notfalls aktivieren Sie das Plus-Zeichen mit [Strg].

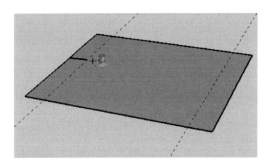

Abb. 6.27: Hilfslinien im Abstand 0,24 m

Erstellen Sie zwei weitere Führungslinien im Abstand 0,04 m vom unteren Rand und 1 m vom oberen Rand.

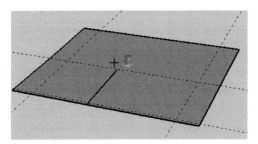

Abb. 6.28: Weitere Hilfslinien im Abstand 0,04 m und 1 m

Nun erstellen Sie mit RECHTECK die Grundrisse für die Seitenmauern und das Podest (Abbildung 6.29).

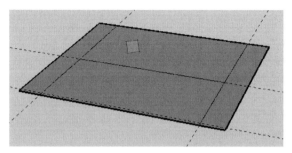

Abb. 6.29: Rechtecke für Wände und Podest

Extrudieren Sie Seitenmauern und Podest mit DRÜCKEN/ZIEHEN auf die Höhen 1,80 m und 0,85 m.

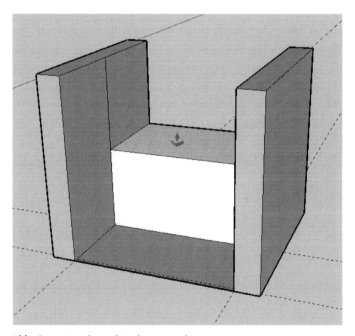

Abb. 6.30: Wände und Podest extrudiert

Zeichnen Sie nun auf der linken Seitenwand die erste Stufe mit dem LINIE-Werkzeug. Die erste Linie geht von der 0,04-m-Führungslinie um 0,17 m nach oben und dann horizontal um 0,21 m nach hinten. Nun erstellen Sie insgesamt vier Stufen mit dem Werkzeug VERSCHIEBEN/KOPIEREN. Benutzen Sie das Werkzeug AUSWÄHLEN, um die beiden Linien zu wählen. Rufen Sie VERSCHIEBEN/KOPIEREN auf

Kapitel 6
Gruppen und Komponenten

und drücken Sie [Strg], um in den Kopiermodus umzuschalten. Wählen Sie als Startpunkt den Anfangspunkt der Stufe unten und als zweiten Punkt den Endpunkt der Stufe oben. Geben Sie dann in der Werteeingabe **3x** ein, um insgesamt drei Kopien der Stufe zu erstellen. Achten Sie darauf, dass die erzeugten Linien in die Fläche der Seitenmauer integriert werden. Wenn sie dick erscheinen wie in Abbildung 6.31, dann sind sie noch nicht in die Fläche übernommen. Zeichnen Sie einzelne der Berandungslinien des Treppenabsatzes nochmals mit dem LINIE-Werkzeug nach, und Sie werden sehen, dass die Stufenlinien plötzlich dünner erscheinen und in die Fläche integriert sind.

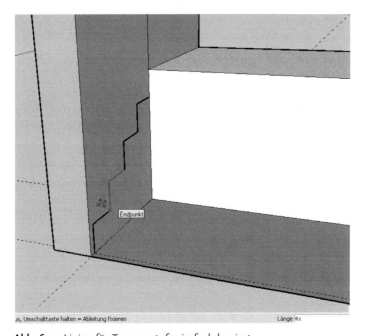

Abb. 6.31: Linien für Treppenstufe vierfach kopiert

Nachdem die Stufen in die Fläche aufgenommen sind, können Sie die Fläche unter der Stufenkontur mit DRÜCKEN/ZIEHEN bis zum Eckpunkt der gegenüberliegenden Mauer extrudieren.

Danach müssen noch die vorderen Teile der seitlichen Stützmauern mit DRÜCKEN/ZIEHEN um 0,85 m nach unten gezogen werden. Gegebenenfalls müssen Sie dazu Linien zum Unterteilen des oberen Wandendes zeichnen.

Dann folgt die Konstruktion der beiden Geländer. Dazu ziehen Sie erst eine Linie von der Eckposition zwischen oberer und unterer Seitenmauer um 0,25 m nach oben. Dann ziehen Sie die Linie um 0,75 m nach vorne und wieder nach unten auf die Fläche (Abbildung 6.33).

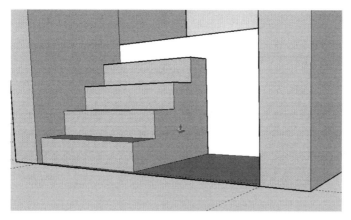

Abb. 6.32: Extrudieren der Treppenkontur

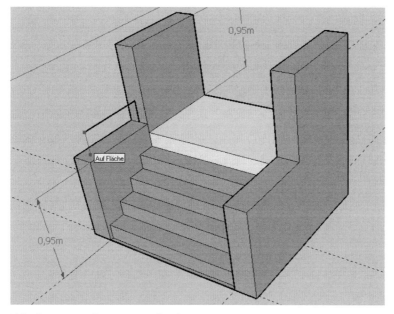

Abb. 6.33: Linien für Treppengeländer

Nun fehlt noch die Abrundung im Geländer. Mit dem Werkzeug BOGEN klicken Sie einen Startpunkt auf der einen Linie an und den Endpunkt auf der zweiten Linie. Wählen Sie den zweiten Punkt so, dass die Sehne des Bogens violett erscheint. Das bedeutet, dass die Punkte symmetrisch zur Ecke liegen. Den dritten Punkt für die Sehnenhöhe des Bogens wählen Sie nun so, dass der Bogen violett erscheint. Dann ist er tangential zu beiden Linien. Nachdem Sie die Position für die Sehnenhöhe angeklickt haben, können Sie aber noch im Nachhinein den Bogenradius über die Werteeingabe ändern. Tragen Sie dort nun **0,20** ein. Der

Bogen erstellt zusammen mit der Ecke sofort eine Fläche. Wenn Sie die überflüssigen Eckstücke mit dem Werkzeug RADIERER löschen, verschwindet aber die Fläche wieder und das gewünschte gebogene Geländer bleibt übrig. Auch die zuerst gezeichnete Linie, die auf der Wand liegt, kann gelöscht werden.

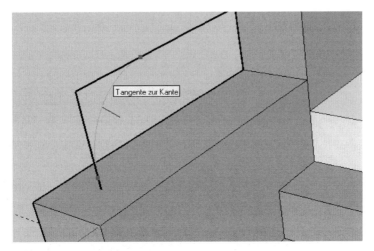

Abb. 6.34: Abrundung im Geländer

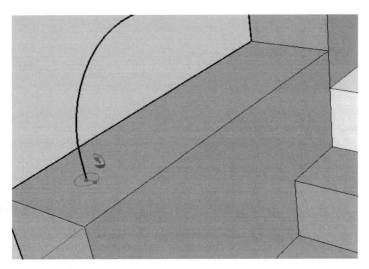

Abb. 6.35: Kreis zum Sweepen

Nun zeichnen Sie einen Kreis am unteren Ende des Geländers und geben als Radius **0,025** in der Werteeingabe ein. Mit dem Werkzeug FOLGE MIR können Sie dieses Profil über das Geländer ziehen. Üblicherweise bezeichnet man diese Operation im CAD-Bereich als Sweeping. Sie wählen dazu erst den Kreis mit FOLGE MIR aus und fahren dann an der Geländerkontur bis zum Endpunkt entlang.

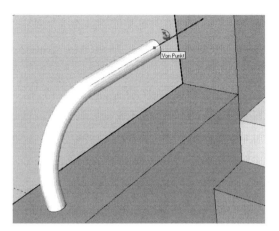

Abb. 6.36: Sweepen mit FOLGE MIR

Nun ist die Treppe fertig. Damit sie in andere Zeichnungen als Komponente sinnvoll eingefügt werden kann, sollten noch die Hilfslinien gelöscht werden, die nun nicht mehr benötigt werden. Außerdem muss auch die Figur am Nullpunkt, *Sang* genannt, verschwinden. Er ist auch eine Komponente, die standardmäßig in jeder Zeichnung enthalten ist.

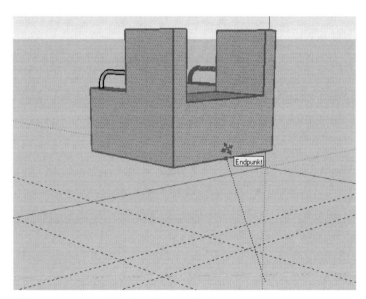

Abb. 6.37: Treppe auf Nullpunkt verschieben

Damit nun die Komponente sinnvoll verwendet werden kann, sollte noch der Nullpunkt bestimmt werden. Das kann dadurch geschehen, dass die gesamte Konstruktion mit einem sinnvollen charakteristischen Punkt auf den Nullpunkt verschoben wird (Abbildung 6.37 und Abbildung 6.38).

Kapitel 6
Gruppen und Komponenten

Eine andere Möglichkeit besteht darin, die Treppe nicht zu verschieben, sondern den Koordinaten-Ursprung mit dem Werkzeug ACHSEN auf den charakteristischen Punkt an der Treppe zu verschieben.

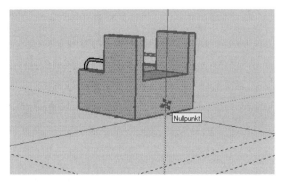

Abb. 6.38: Treppe liegt am Nullpunkt

Funktion	Werkzeug	Menü	Bedeutung
Achsen	✱	TOOLS|ACHSEN	Verschiebung des Nullpunkts auf eine neue Position

6.3.2 Treppe einfügen und positionieren

Zum Einfügen einer anderen Zeichnung als Komponente in die aktuelle Zeichnung gibt es die Funktion DATEI|IMPORTIEREN (Abbildung 6.39). Sie kann nach Dateiwahl mit ihrem Nullpunkt an jede gewünschte Position gesetzt werden. Im Beispiel wurde die Treppe auf die Mitte der Frontseite des Hauses positioniert. Sofort erscheint dann diese Komponente auch in der Komponenten-Palette in der Rubrik IM MODELL.

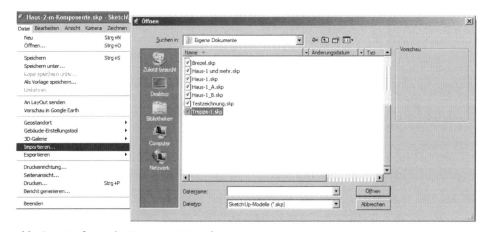

Abb. 6.39: Einfügen der Treppe mit DATEI|IMPORTIEREN

Abb. 6.40: Treppe auf Mitte der Front positioniert, Treppe ist eine Komponente

6.4 Komponenten-Bibliotheken

Sie haben bisher nur Komponenten kennen gelernt, die in der aktuellen Zeichnung erstellt wurden bzw. in die Zeichnung importiert wurden. Sie haben aber mit der Installation von SketchUp auch schon fertige Komponenten-Bibliotheken mitbekommen. In der Komponenten-Palette können Sie die Bibliotheken in der Dropdown-Liste aufblättern (Abbildung 6.41). Für verschiedene Kategorien finden Sie hier fertige Komponenten.

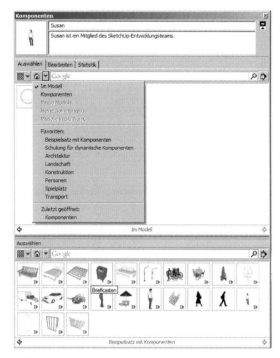

Abb. 6.41: Weitere Bibliotheken

Kapitel 6
Gruppen und Komponenten

Sie können solche Bibliotheken auch selbst erstellen. Dazu wählen Sie über den DETAILS-Button in der Komponenten-Palette die Option LOKALE SAMMLUNG ÖFFNEN ODER ERSTELLEN. Es folgt ein Dialogfenster, mit dem Sie einfach einen neuen Ordner erstellen können (Abbildung 6.43). Der Ordner heißt erst mal NEUER ORDNER, aber nach einem Rechtsklick darauf können Sie ihm mit der Kontextmenü-Funktion UMBENENNEN einen neuen Namen geben.

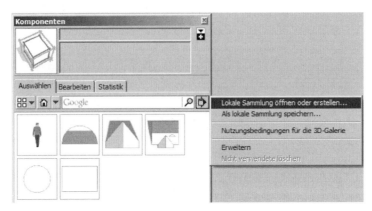

Abb. 6.42: Eine neue Komponenten-Bibliothek erstellen

Abb. 6.43: Neuer Ordner für Bibliothek erzeugt

Die neue Bibliothek wird ab sofort in der Dropdown-Liste der Bibliotheken angezeigt.

Abb. 6.44: Übersicht über vorhandene Bibliotheken

Nun müssen nur noch Komponenten in der neuen Bibliothek abgespeichert werden. Das geschieht mit der Funktion BIBLIOTHEK SPEICHERN UNTER aus dem DETAILS-Menü.

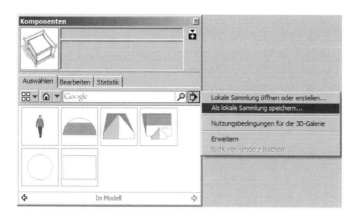

Abb. 6.45: Aktuelle Modell-Bibliothek im wählbaren Ordner speichern

In den mitgelieferten Bibliotheken finden Sie viele Komponenten, mit denen Sie Ihre Modelle schnell ergänzen können. In Abbildung 6.46 und Abbildung 6.47 wurden eine Tür und ein Fenster eingefügt. Zum korrekten Positionieren sollten

Kapitel 6
Gruppen und Komponenten

Sie auch wieder die nützlichen Führungslinien mit dem MAßBAND-Werkzeug anlegen.

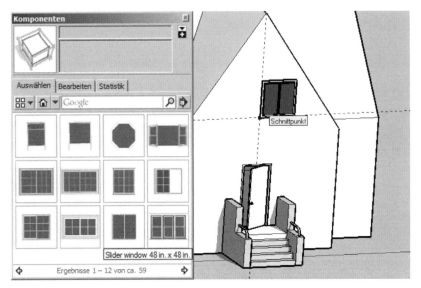

Abb. 6.46: Tür und Fenster aus Bibliothek eingefügt

Abb. 6.47: Fenster mit Hilfslinien positioniert

6.5 Dynamische Komponenten

Seit Version 7 von SketchUp gibt es dynamische Komponenten. Das sind Komponenten, deren Abmessungen über *Parameter* gesteuert werden können. Damit ist nun der Einstieg in die parametrische Konstruktion gelungen.

Ein typisches Beispiel für dynamische Komponenten ist die Frau am Koordinatenursprung. Sie hat ein Hemd mit variabler Farbe. Sie müssen sie nur mit dem Werkzeug TOOLS|INTERAGIEREN anklicken (Abbildung 6.49), und schon ändert sich die Farbe. Die zweite Möglichkeit zur Änderung einer dynamischen Komponente verwendet die Komponentenoptionen (FENSTER|KOMPONENTENOPTIONEN). Dort finden Sie entsprechende Listen von Attributwerten zur Auswahl (Abbildung 6.50).

Die Erstellung dynamischer Komponenten ist nur mit der PRO-Version möglich. In der normalen SketchUp-Version können Sie nur die vorhandenen dynamischen Komponenten benutzen bzw. aus der 3D-Galerie downloaden. Sie sollten auf jeden Fall die vorhandenen Komponenten aus der Bibliothek BEISPIELSATZ MIT KOMPONENTEN ausprobieren. Da gibt es beispielsweise eine Tür, die Sie mit INTERAGIEREN mit einem Klick öffnen können. Mehrere agieren auch ganz speziell mit dem Werkzeug SKALIEREN wie beispielsweise die Treppe. Wenn Sie sie in die Länge ziehen, wird sie auch höher.

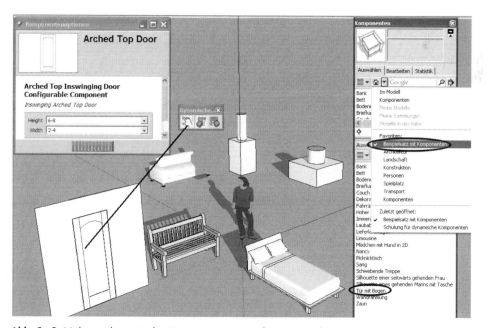

Abb. 6.48: Mehrere dynamische Komponenten aus dem Beispielsatz

Kapitel 6
Gruppen und Komponenten

Um eine dynamische Komponente in der PRO-Version zu erstellen, müssen Sie eine normale Komponente zusätzlich mit der Funktion FENSTER|KOMPONENTENATTRIBUTE mit entsprechenden Attributen versehen.

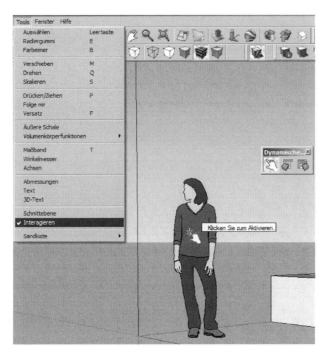

Abb. 6.49: Interagieren mit dynamischen Komponenten

Abb. 6.50: Attribute über Komponentenoptionen ändern

6.5 Dynamische Komponenten

Funktion	Werkzeug	Menü	Bedeutung
Interagieren		TOOLS| INTERAGIEREN	Dynamische Komponenten mit Schaltfunktionen verändern
Komponentenoptionen		FENSTER| KOMPONENTENOPTIONEN	Änderbare Attribute einer Komponente anzeigen und ändern
Komponentenattribute		FENSTER| KOMPONENTENATTRIBUTE	Attribute einer Komponente hinzufügen, um sie zu dynamisieren

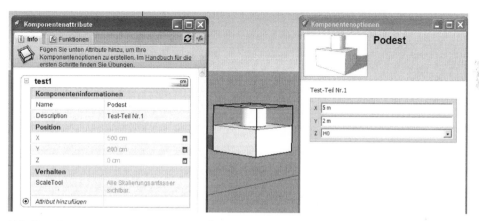

Abb. 6.51: Komponente mit Positions-Attributen

In der Beispiel-Komponente aus Abbildung 6.51 wurden mehrere Attribute hinzugefügt:

- Die Komponente hat einen Namen (abweichend vom Komponentennamen) bekommen: Podest.
- Sie hat eine Beschreibung erhalten (Description): Test-Teil Nr. 1.
- Sie hat drei Positionsattribute für y, x und z bekommen. Dabei können Sie für x und y einfach die gewünschten Koordinaten in den aktuellen Einheiten eingeben. Bei Z wurde eine Werteliste abgelegt, aus der Sie sich Werte auswählen können: H0 steht für 0 m, H1 für 1 m, H2 für 2 m etc.
- Das Verhalten für das SKALIEREN-Werkzeug wurde so gewählt, dass alle Anfasser aktiv sind. Man könnte das hier auch auf nur wenige Anfasser reduzieren.

Solche Attribute können Sie mit dem Button +ATTRIBUTE HINZUFÜGEN hinzufügen und dann mit Werten oder Formeln versehen. Das obige Beispiel wurde nun durch die Attribute zur Längensteuerung in x, y und z ergänzt. Bei LENX wurde ein

Kapitel 6
Gruppen und Komponenten

Vorgabewert von **100** eingestellt, bei LenY die Formel **=LenX** und bei LenZ die Formel **=3*LenZ**.

In jeder Attributzeile findet sich rechts ein DETAILS-Button, mit dem Sie die Werteeingabe oder -auswahl beeinflussen können. Für LenX wurde die Option NUTZER KÖNNEN ES ALS TEXTFELD BEARB. gewählt und für LenZ die Option NUTZER KÖNNEN DAS ATTRIBUT SEHEN. Infolgedessen lässt sich der Wert für LenX bei den Komponentenoptionen überschreiben, der Wert für LenZ ist dann immer gemäß der Formel dreimal so groß, wird aber nur angezeigt und kann nicht bearbeitet werden.

Abb. 6.52: Details für die Werteeingabe

Dynamische Komponenten können ihrerseits wieder aus Unterkomponenten mit weiteren Attributen bestehen. Der Zaun aus dem Beispielsatz ist solch ein Fall. Er besteht aus einzelnen Latten, Pfosten und Querhölzern, deren Abmessungen Sie anpassen können.

6.5.1 Beispiel: Haus mit variabler Länge und automatisch verteilten Fenstern

Es soll noch ein Beispiel mit der PRO-Version für eine selbst erstellte variierbare Komponente mit Unterkomponente gezeigt werden. Die Konstruktion in Abbildung 6.55 kann mit dem Befehl TOOLS|SKALIEREN mit den seitlichen Anfassern skaliert werden, wobei sich die Anzahl der Fenster automatisch erhöht.

Gehen Sie folgendermaßen vor:

- Zeichnen Sie ein Rechteck mit den Abmessungen 5 m x 5 m.
- Ziehen Sie es mit TOOLS|DRÜCKEN/ZIEHEN um 5 m in die Höhe (Abbildung 6.53).
- Zeichnen Sie darauf mit dem MAßBAND-Werkzeug TOOLS|MAßBAND Hilfslinien im Abstand 1 m und 2 m von den Kanten.

6.5 Dynamische Komponenten

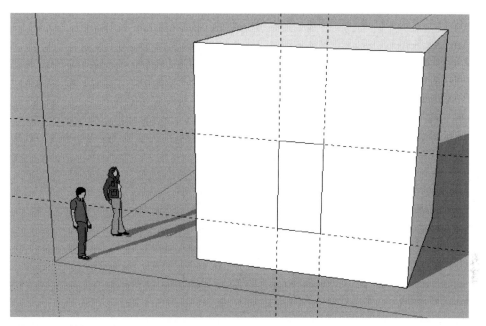

Abb. 6.53: Hilfslinien für Fenster mit Maßband bei 1 m und 2 m

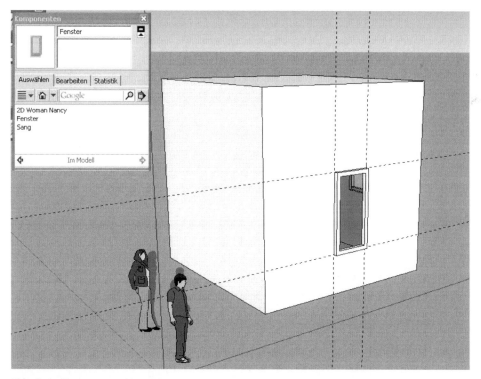

Abb. 6.54: Komponente FENSTER

Kapitel 6
Gruppen und Komponenten

- Zeichnen Sie den Fensterumriss mit dem RECHTECK-Befehl nach.
- Mit TOOLS|VERSATZ versetzen Sie den Umriss um 0,1 m nach innen, um die Andeutung eines Rahmens zu generieren.
- Markieren Sie das komplette Fenster, wählen Sie nach Rechtsklick im Kontextmenü KOMPONENTE GENERIEREN und nennen Sie die Komponente **Fenster**.
- Danach markieren Sie die gesamte Konstruktion und erstellen daraus die Komponente **Haus**.
- Nun können Sie mit FENSTER|KOMPONENTENATTRIBUTE die nötigen Attribute für Fenster und Haus erstellen (Abbildung 6.55).

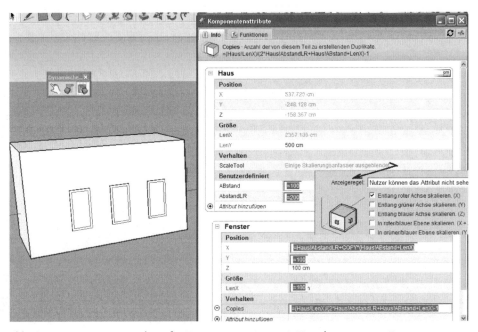

Abb. 6.55: Komponentenattribute für Komponente Haus mit Unterkomponente Fenster

- In der Komponente Haus wählen Sie ATTRIBUTE HINZUFÜGEN und klicken dann in der Liste auf POSITION, um die Koordinaten X, Y und Z hinzuzufügen.
- Wählen Sie wieder ATTRIBUTE HINZUFÜGEN und klicken Sie dann in der Liste auf GRÖSSE, um LENX hinzuzufügen.
- Klicken Sie in das Wertefeld und geben Sie =**100** ein.
- Wählen Sie wieder ATTRIBUTE HINZUFÜGEN und klicken Sie dann in der Liste unter VERHALTEN auf SCALE TOOL, und klicken Sie dann wieder in das Wertefeld, um alle Skalierungsanfasser bis auf die in x-Richtung abzuschalten.
- Klicken Sie wieder auf ATTRIBUTE HINZUFÜGEN und überschreiben Sie den Text mit einem eigenen Attributnamen **Abstand** für den Abstand zwischen den Fenstern und tragen Sie als Wert =**100** ein.

- Klicken Sie erneut auf ATTRIBUTE HINZUFÜGEN und überschreiben Sie den Text mit einem eigenen Attributnamen **AbstandLR** für den Abstand zwischen linkem Rand und Fenster und tragen Sie als Wert **=200** ein.
- Dann gehen Sie in die Unterkomponente FENSTER.
- Wählen Sie dort wieder ATTRIBUTE HINZUFÜGEN und klicken Sie dann in der Liste unter VERHALTEN auf COPIES, und klicken Sie dann wieder in das Wertefeld, um die Formel einzugeben:
    - **=(Haus!LenX)/(2*Haus!AbstandLR+Haus!Abstand+LenX)-1** und schließen Sie mit ⏎ ab.
- Wählen Sie wieder ATTRIBUTE HINZUFÜGEN und klicken Sie dann in der Liste auf POSITION, um die Koordinaten X, Y und Z hinzuzufügen.
- Geben Sie als Wert bei X ein:
    - **=Haus!AbstandLR+COPY*(Haus!Abstand+LenX)** und schließen Sie mit ⏎ ab.
- Geben Sie als Wert bei Y ein: **=0** und schließen Sie mit ⏎ ab.
- Geben Sie als Wert bei Z ein: **=100** und schließen Sie mit ⏎ ab.

Schließen Sie nun das Dialogfenster und testen Sie das Gebäude mit TOOLS|SKALIEREN, indem Sie es mit den Anfassern in x-Richtung in die Länge ziehen.

6.5.2 Attribute der Komponenten als Liste ausgeben

Es gibt das Werkzeug DATEI|BERICHT GENERIEREN, um die Attribute aller oder ausgewählter Komponenten zur Weiterbearbeitung auszugeben. Als Beispiel wurden die Komponenten *Sang* und *Nancy* mehrfach eingefügt (Abbildung 6.56). Ziel soll es sein, eine Liste der Positionen zu erhalten.

Abb. 6.56: Mehrere eingefügte Komponenten

In der Funktion DATEI|BERICHT GENERIEREN können Sie entweder für alle oder für die gerade ausgewählte Komponente die Attribute ausgeben lassen (Abbildung 6.57). Sie haben die Wahl zwischen zwei Formaten:

- HTML ist ein Format, das Sie mit einem Internet-Browser leicht öffnen können. Abbildung 6.58 zeigt die HTML-Datei, geöffnet mit dem T-Online-Brow-

Kapitel 6
Gruppen und Komponenten

ser. Es ist eine riesige Tabelle, die sämtliche Attribute der Komponenten und auch der darin enthaltenen Unterkomponenten auflistet. Diese Darstellung dürfte im Normalfall etwas zu umfangreich sein.

- CSV ist ein neutrales Datenformat für die Übergabe an Tabellenkalkulations- oder Datenbankprogramme. Sie können es beispielsweise mit *Excel* von *Microsoft* oder mit *Calc* aus *OpenOffice* öffnen und dann sinnvoll weiterbearbeiten. Wenn Sie die CSV-Datei mit *Calc* öffnen, erkennt das Programm, dass die Daten nicht im Format von *Calc* vorliegen und erst importiert werden müssen (Abbildung 6.59). Dabei können Sie mit SPALTENTYP **Ausblenden** auch auswählen, welche Spalten nicht übernommen werden sollen. Das reduziert schon mal die Tabelle. Das Einlesen ins Programm *Excel* verläuft ganz ähnlich.

Abb. 6.57: Ausgabedialog für HTML- oder CSV-Format

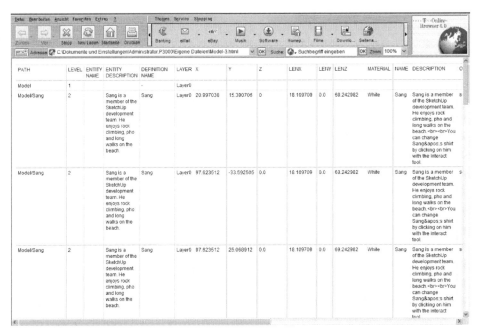

Abb. 6.58: Ausgegebene HTML-Datei im Browser

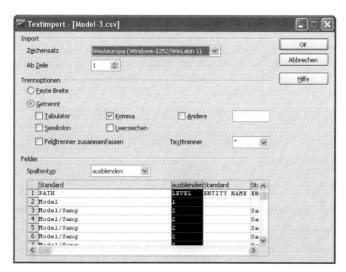

Abb. 6.59: CSV-Datei in das Tabellenkalkulationsprogramm *Calc* von *OpenOffice* einlesen

	A	B	C	D	E	F
1	PATH	DEFINITION NAME	X	Y	Z	
2	Model	-				
3	Model/Sang	Sang	20.997038	15.390706	0	
4	Model/Sang	Sang	97.623512	-33.592505	0.0	
5	Model/Sang	Sang	97.623512	25.068912	0.0	
6	Model/Sang	Sang	126.75737	25.068912	0.0	
7	Model/Sang	Sang	126.75737	110.108282	0.0	
8	Model/Sang	Sang	126.75737	197.116156	0.0	
9	Model/Sang	Sang	160.615638	197.116156	0.0	
10	Model/2D Woman Nancy	2D Woman Nancy	23.433702	-38.961652	0.0	
11	Model/2D Woman Nancy/NancyJacket	NancyJacket	-11.792944	0.0	36.641525	
12	Model/2D Woman Nancy/NancyGlasses	NancyGlasses	-1.792788	0	69.387421	
13	Model/2D Woman Nancy/NancyPants	NancyPants	-7.21377	0.0	1.294041	
14	Model/2D Woman Nancy	2D Woman Nancy	31.153939	-75.447212	0	
15	Model/2D Woman Nancy/NancyJacket	NancyJacket	-11.792944	0.0	36.641525	
16	Model/2D Woman Nancy/NancyGlasses	NancyGlasses	-1.792788	0	69.387421	
17	Model/2D Woman Nancy/NancyPants	NancyPants	-7.21377	0.0	1.294041	
18	Model/2D Woman Nancy	2D Woman Nancy	34.014311	-111.029186	0.0	
19	Model/2D Woman Nancy/NancyJacket	NancyJacket	-11.792944	0.0	36.641525	
20	Model/2D Woman Nancy/NancyGlasses	NancyGlasses	-1.792788	0	69.387421	
21	Model/2D Woman Nancy/NancyPants	NancyPants	-7.21377	0.0	1.294041	
22	Model/2D Woman Nancy	2D Woman Nancy	70.803698	-48225	0	
23	Model/2D Woman Nancy/NancyJacket	NancyJacket	-11.792944	0.0	36.641525	
24	Model/2D Woman Nancy/NancyGlasses	NancyGlasses	-1.792788	0	69.387421	
25	Model/2D Woman Nancy/NancyPants	NancyPants	-7.21377	0.0	1.294041	
26	Model/2D Woman Nancy	2D Woman Nancy	123.953304	-48225	0.0	
27	Model/2D Woman Nancy/NancyJacket	NancyJacket	-11.792944	0.0	36.641525	
28	Model/2D Woman Nancy/NancyGlasses	NancyGlasses	-1.792788	0	69.387421	
29	Model/2D Woman Nancy/NancyPants	NancyPants	-7.21377	0.0	1.294041	
30	Model/2D Woman Nancy	2D Woman Nancy	168.047793	-48225	0	
31	Model/2D Woman Nancy/NancyJacket	NancyJacket	-11.792944	0.0	36.641525	
32	Model/2D Woman Nancy/NancyGlasses	NancyGlasses	-1.792788	0	69.387421	
33	Model/2D Woman Nancy/NancyPants	NancyPants	-7.21377	0.0	1.294041	
34	TOTALS	-	1083.741545	166.163569	643.937922	

Abb. 6.60: Eingelesene und reduzierte Datei in *Calc*

Im Programm *Calc* können Sie nun die Tabelle weiterbearbeiten und beispielsweise Spalten oder Zeilen löschen oder die Reihenfolge neu sortieren. Im Beispiel wurden nur die x-, y- und z-Koordinaten herausgefiltert, um die Standpunkte der Personen zu finden. Es sind auch noch die Zeilen für die Unterkomponenten mit Nancys Brille und Jackett enthalten. Die gehörten dann eventuell raus. Aber die Auswertung wäre dann Ihre Privatsache. Die Maßangaben sind hier übrigens komponentenspezifisch in Zoll zu finden.

6.6 Übungsfragen

1. Was ist der Unterschied zwischen *Gruppe* und *Komponente*?
2. Nennen Sie die typischen Eigenschaften einer *Komponente*.
3. Was bedeutet die Komponenteneinstellung AUSRICHTUNG AUF KAMERA?
4. Was bedeutet bei der Komponentenerstellung die Option BINDEN AN HORIZONTALE?
5. Was müssen Sie bei einer *Komponente* aktivieren, damit sie als Wandöffnung dienen kann?
6. Wie aktivieren Sie eine *Komponente* für Einzelbearbeitung?
7. Wie erzeugen Sie aus einer *Komponente* eine neue mit anderem Namen?
8. Wie fügt man eine Zeichnung als *Komponente* ein?
9. Nennen Sie einige vorhandene *Komponenten*-Bibliotheken.
10. Wo können Sie einstellen, dass bei der Komponentenbearbeitung keine anderen Elemente der Zeichnung mehr sichtbar sind?

Kapitel 7

Layer, Oberflächen, Muster, Stile

Es geht in diesem Kapitel zunächst um die Zeichnungsorganisation in Form von Layern. Damit lässt sich eine Konstruktion in verschiedene Teile einteilen, die über die Layerzugehörigkeit sichtbar oder unsichtbar gemacht werden können. So lassen sich beispielsweise die Außenwände ausschalten, um in das Innere eines Gebäudes zu schauen. Außerdem wird die Darstellung mit verschiedenen realistischen oder mehr künstlerischen Stilen oder auch mit realistischen Materialoberflächen für Präsentationszwecke beschrieben.

7.1 Die Flächenstile

Wenn Sie mit Volumenkörpern arbeiten, sollten Sie die verschiedenen Darstellungsmöglichkeiten der Oberflächen nutzen. Sie können durchsichtig, teildurchsichtig, mit Schattierung oder mit Texturen dargestellt werden. Die Flächenstile finden Sie in der gleichnamigen Symbolleiste oder im Menü ANSICHT|FLÄCHENSTIL. Es gibt insgesamt fünf verschiedene Flächenstile, die undurchsichtig (Abbildung 7.1) oder im Modus RÖNTGEN (Abbildung 7.2), also halbdurchsichtig, angewendet werden können. Zusätzlich können bei den Stilen, LINIENAUSBLENDUNG, SCHATTIERT, SCHATTIERT MIT TEXTUREN und MONOCHROM die verdeckten Kanten mit HINTERKANTEN gestrichelt angezeigt werden. Das Werkzeug HINTERKANTEN finden Sie als zweites im Werkzeugkasten oder im Menü ANSICHT|KANTENSTIL|HINTERKANTEN (K).

Beim Modus DRAHTGITTER ist es unerheblich, ob der Modus RÖNTGEN aktiviert ist. Die Drahtgitterdarstellung ist dann interessant, wenn Sie beim Konstruieren weiter hinten liegende Kanten wählen wollen. Bei aktiviertem Röntgen-Modus können Sie immer auch die hinten liegenden Kanten wählen und erhalten trotzdem noch einen brauchbaren Eindruck von der schattierten Darstellung. Die Darstellung von Texturen, also Oberflächenmustern setzt voraus, dass Sie mit dem Werkzeug FARBEIMER oder dem Menü TOOLS|FARBEIMER die Flächen mit den entsprechenden Mustern versehen haben. Die Bedienung wird weiter unten beschrieben.

Kapitel 7
Layer, Oberflächen, Muster, Stile

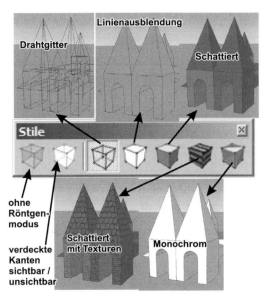

Abb. 7.1: Flächenstile in undurchsichtiger, normaler Darstellung

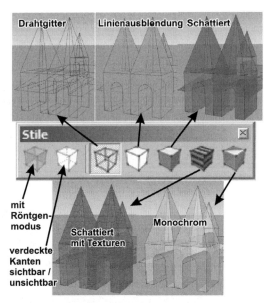

Abb. 7.2: Flächenstile mit Röntgen-Modus, also halbdurchsichtig

Nutzen Sie bei der nachfolgenden Beispielkonstruktion die Möglichkeiten der Flächenstile aus, um Schattierungen zu sehen oder auch im Röntgen-Modus auf hinten liegende Kanten zugreifen zu können.

7.2 Ein Konstruktionsbeispiel mit Layern

Das Wort *Layer* bedeutet eigentlich Schicht. Sie können sich darunter so etwas vorstellen wie die transparenten Folien, die man bei Vorträgen auf einen Overhead-Projektor legt, oder einfach durchsichtige Plastikfolien, die übereinander liegen. Um Ihre Zeichnung nun etwas zu organisieren, können Sie die verschiedenen Objekte auf verschiedene dieser Layer legen. Beispielsweise würde man in Abbildung 7.3 die Wände auf einen Layer und die Bemaßung auf einen anderen Layer legen.

Der Wert dieser Einteilung besteht darin, dass Sie diese Layer einzeln sichtbar und unsichtbar machen können. Wenn Sie also von der Zeichnung nur die Wände sehen wollen, schalten Sie einfach den Layer für die Bemaßung ab. Wenn Sie später diese Hauskonstruktion dreidimensional ergänzt haben, könnten Sie beispielsweise die Außenwände, sofern sie auf einem extra Layer liegen, unsichtbar machen, um ins Innere zu schauen, oder später das Dach auf einem extra Layer erstellen, damit Sie ihn auf Wunsch ausschalten können und mal von oben in das Haus schauen.

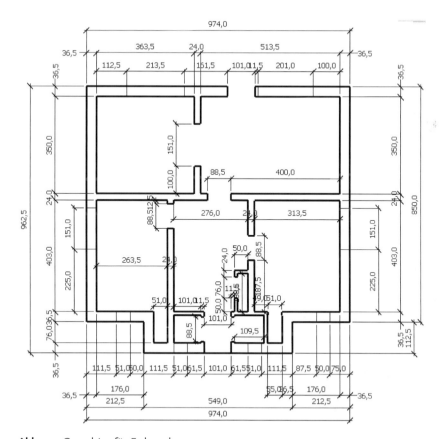

Abb. 7.3: Grundriss für Erdgeschoss

Ein größeres Konstruktionsbeispiel soll nun zeigen, wie Ihre Arbeit mit Layern, Oberflächen, Mustern und Stilen gestaltet werden kann. Hier zunächst in Abbildung 7.3 der Grundriss für das Erdgeschoss eines Hauses. Wenn Sie, wie in Kapitel 3 gezeigt, die Linien gezeichnet haben, entsteht die Wandkontur als eine geschlossene Fläche. Die Positionen der Fenster sind durch zusätzliche Linien gekennzeichnet.

Die Vorgehensweise könnte so aussehen:

- SketchUp starten
- In die Draufsicht wechseln mit KAMERA|STANDARDANSICHTEN|OBEN oder aus der Symbolleiste ANSICHTEN
- Rechteck zeichnen mit ZEICHNEN|RECHTECK oder R ⏎ oder aus dem Werkzeugkasten ERSTE SCHRITTE oder ZEICHNEN, die erste Ecke anklicken und für die gegenüberliegende Ecke in der WERTEEINGABE die Abmessungen eingeben als **974;849** und ⏎.
- Auf die gesamte Konstruktion zoomen mit ANSICHT|ALLES ZEIGEN oder oder Strg+⇧+E
- Die Außenwand generieren:
    - mit dem PFEIL-Werkzeug aus dem Werkzeugkasten ERSTE SCHRITTE zum Markieren in die Rechteckfläche klicken
    - TOOLS|VERSATZ oder aus dem Werkzeugkasten ERSTE SCHRITTE oder KONSTRUKTION aufrufen
    - in der WERTEEINGABE den Abstand für die Wandstärke mit **36,5** eingeben UND ⏎.
- Die Innenfläche können Sie nun löschen, indem Sie diese mit anklicken und die Taste Entf drücken.

Für weitere Wände sollten Sie sich dann Hilfslinien erzeugen, bei SketchUp als Führungslinien bezeichnet. Diese Führungslinien können Sie dann leicht mit dem LINIEN-Werkzeug nachzeichnen.

- Wählen Sie TOOLS|MASSBAND oder T oder und klicken Sie eine Wandlinie an. Dabei muss das Plus-Zeichen am Werkzeug erscheinen. Sollte dies nicht der Fall sein, können Sie es mit der Strg -Taste jederzeit ein- und ausschalten.
- Ziehen Sie mit dem Werkzeug senkrecht von der Wandlinie in der gewünschten Richtung weg.
- Geben Sie in der WERTEEINGABE den gewünschten Abstand ein, z.B. **363,5** und ⏎ (Abbildung 7.4).

Nachdem Sie auf diese Weise viele Hilfslinien erzeugt haben, können Sie mit dem LINIE-Werkzeug leicht alle nötigen Linien nachzeichnen. Die Führungslinien

- können Sie entweder löschen mit BEARBEITEN|FÜHRUNGSLINIEN LÖSCHEN oder
- unsichtbar machen unter ANSICHT|FÜHRUNGEN. Dort einfach das Häkchen wegnehmen.

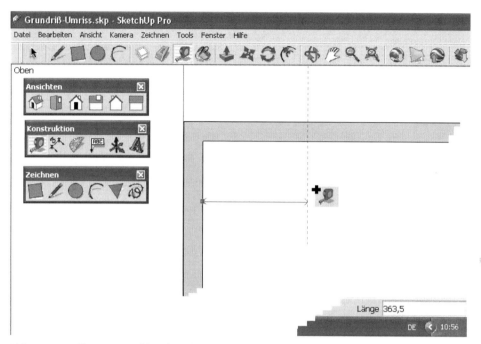

Abb. 7.4: Wandlinie mit Maßband und Werteeingabe erzeugen

Sie sollten die Kontur zur Kontrolle gleich bemaßen. Dazu verwenden Sie die Funktion TOOLS|ABMESSUNGEN oder das Werkzeug ABMESSUNG aus den Symbolleisten KONSTRUKTION oder GROẞER FUNKTIONSSATZ. Sie können einzelne Maße natürlich auch mit dem MAẞBAND-Werkzeug aus derselben Symbolleiste abfragen.

Funktion	Symbol	Menü	Kürzel	Bedeutung
Abmessung		TOOLS|ABMESSUNGEN		Erstellt eine Bemaßung für Linien, Punkte, Bögen oder Kreise
Maßband		TOOLS|MAẞBAND	T	Zeigt Abstand zweier Punktpositionen in der Werteeingabe an

Es wird Ihnen wahrscheinlich genauso gehen wie mir, dass noch die eine oder andere Wand zu verschieben ist, um das korrekte Maß zu erhalten. Um eine Wand im fertigen Gebäude zu verschieben, ziehen Sie mit dem PFEIL-Werkzeug eine Auswahlbox von links nach rechts um die betreffende Wand auf (Abbildung 7.5). Mit dem Werkzeug VERSCHIEBEN-KOPIEREN und Eingabe des Verschiebungs-Abstands in der WERTEEINGABE unten am Bildschirmrand wird die Wand dann verschoben. Achten Sie darauf, dass Sie die Richtung beim Rüberziehen horizontal oder vertikal beibehalten, damit die Wand nicht schief verschoben wird.

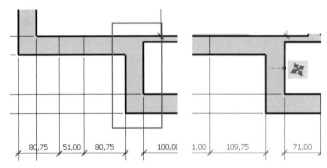

Abb. 7.5: Wand wählen und verschieben

7.3 Layer einrichten

Nachdem die obige Konstruktion der Wände mit Bemaßungen gelungen ist, sollen nun die Bemaßung einerseits und die Wände andererseits auf verschiedene Layer gelegt werden, damit man beispielsweise die Bemaßung einzeln unsichtbar machen kann. Das ist besonders dann nützlich, wenn wir die Wände in die verschiedenen Stockwerkshöhen kopieren wollen.

Die Layerverwaltung ist im Werkzeugkasten LAYER und im Menü FENSTER|LAYER verfügbar (Abbildung 7.6). Mit dem Werkzeug LAYER bzw. dem Layer-Manager können *neue Layer* angelegt werden, ein Layer *aktuell* geschaltet werden und Layer *sichtbar und unsichtbar* geschaltet werden (Abbildung 7.7). Das Aktuellsetzen von Layern wird auch im Werkzeugkasten LAYER links angeboten. Der aktuelle Layer wird dann bei Zeichenoperationen verwendet und nimmt die neuen Zeichnungselemente auf. Standardmäßig ist der LAYER0 aktuell, und er ist auch der einzige Layer bei neuen Zeichnungen.

Funktion	Symbol	Menü	Kürzel	Bedeutung
Layer-Manager		FENSTER|LAYER		Einrichten, Aktivieren und Ein-/Ausschalten von Layern

Abb. 7.6: Werkzeugkasten LAYER: Aktivieren eines Layers (links) und Layer-Manager (rechts)

Zum Erzeugen neuer Layer müssen Sie nur auf das Plus-Symbol klicken. Es wird dann ein Layer mit der Namensvorgabe *Layerx* erzeugt, wobei *x* eine Nummerierung ist. Sie können aber diesen Layernamen sofort oder nachträglich nach Anklicken einfach durch Überschreiben ändern und sinnvolle eigene Namen erfinden. Mit einem Klick in den Spaltenkopf der Namensspalte können die Layer alphabetisch sortiert werden.

Mit dem Minus-Zeichen lassen sich markierte Layer löschen. Wenn sie aber Objekte enthalten, müssen Sie entscheiden, was mit diesen geschehen soll:

- Inhalt in den Standard-Layer verschieben?
- Inhalt in den aktuellen Layer verschieben?
- Inhalt löschen?

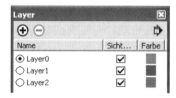 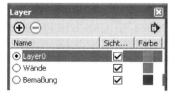

Abb. 7.7: Layer-Manager mit automatisch erzeugten und selbst benannten Layern

Für jeden Layer kann auch eine eigene Farbe vergeben werden, wenn Sie auf das Farbsymbol rechts klicken und den Farb-Manager aktivieren (Abbildung 7.8). Sie können hier drei Eigenschaften für den Layer einstellen:

- FARBE   Sie ist über ein Farbrad oder andere Farbmodelle wie HLS, HSB und RGB wählbar. HLS und HSB sind in Amerika übliche Farbmischverfahren, während bei uns meist das RGB-Verfahren verwendet wird, das einen Farbton aus Rot, Grün und Blau zusammensetzt.
- TEXTUR   Zusätzlich zur Farbe können Sie noch Muster für das Ausfüllen von Oberflächen festlegen. Die Muster können mit einem Malprogramm gezeichnet worden sein oder aus Fotos stammen (Abbildung 7.9). Zusammen mit der Farbwahl können auch Farbverfremdungen erzeugt werden. Mit den beiden Zahlen geben Sie an, auf welche Abstände waagerecht und senkrecht in der Zeichnung das Texturbild skaliert werden soll.
- OPAZITÄT   Damit geben Sie an, wie stark die Fläche *transparent* erscheinen soll.

Die Farben der Layer werden aber nur dann aktiv, wenn Sie im Layer-Manager über den Button oben rechts die Option FARBE NACH LAYER aktivieren (Abbildung 7.10). Wenn diese Option deaktiviert ist, werden die Oberflächenmuster verwendet, die den Flächen mit dem Werkzeug FARBEIMER (Menü TOOLS|FARBEIMER) zugeordnet werden können.

> **Wichtig**
>
> **Layer-Manager und Layer-Werkzeugkasten**
>
> Der LAYER-MANAGER dient zum *Gestalten* der Layer und ihrer Eigenschaften inklusive der Anzeige mit Layerfarben, mit dem Werkzeugkasten LAYER können Sie die Objekte dann den gewünschten *Layern zuordnen*.

Kapitel 7
Layer, Oberflächen, Muster, Stile

Abb. 7.8: Der Farb-Manager

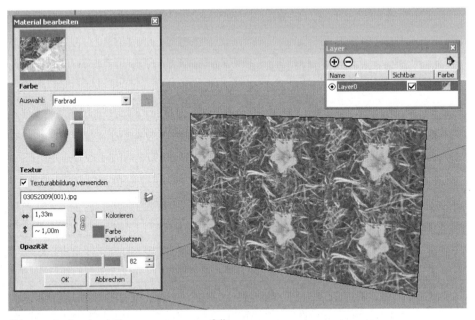

Abb. 7.9: Rechteck mit Texturmuster ausgefüllt

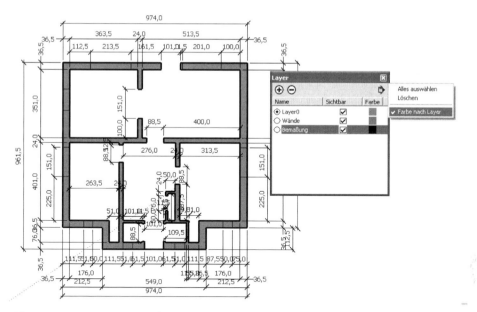

Abb. 7.10: Layer mit eigener Farbe

7.4 Zeichnung in Layer aufteilen

Um nun bestimmte Objekte auf die passenden Layer zu legen, brauchen Sie diese nur mit dem AUSWÄHLEN-Werkzeug zu wählen und dann mit einem Klick auf den gewünschten Layer im LAYER-Werkzeugkasten zuzuordnen. Wählen Sie also beispielsweise mehrere Bemaßungen mit , fügen Sie ggf. weitere mit [Strg] + hinzu und gehen Sie in die Dropdown-Liste des LAYER-Werkzeugkastens und klicken Sie den gewünschten Ziellayer BEMAßUNG an. Zur Auswahl mehrerer Objekte können Sie effektiv auch Boxen aufziehen:

- Von *links nach rechts* aufgezogene Boxen wählen nur diejenigen Objekte, die vollständig in die Box passen. Diese Box erscheint mit durchgezogenem Rahmen.
- Von *rechts nach links* aufgezogene Boxen wählen alles, was vollständig drin liegt, und auch Objekte, die nur teilweise in die Box hineinragen. Diese Box erscheint mit gestricheltem Rahmen.

Ordnen Sie nun alle Bemaßungsobjekte dem Layer BEMAßUNG zu. Danach schalten Sie den Layer BEMAßUNG über den Layer-Manager aus. Jetzt können Sie sämtliche Wände ganz einfach wählen und dem Layer WÄNDE zuordnen.

In Zukunft sollten Sie natürlich immer, wenn Sie einen neuen Layer verwenden wollen, diesen zuerst anlegen, ihn dann in der LAYER-Symbolleiste aktuell schalten und danach erst auf diesem aktuellen Layer zeichnen und Objekte erstellen.

Als Nächstes sollten Sie die komplette Erdgeschoss-Zeichnung auf die korrekte Höhe legen. Dazu wählen Sie die Gesamtkonstruktion und das VERSCHIEBEN-KOPIEREN-Werkzeug, ziehen in Richtung der blauen Achse nach oben und geben in der WERTELEISTE **100** ein und ⏎. Danach schalten Sie den Layer BEMASSUNG aus, um nur noch die Wände in die weiteren Stockwerke zu kopieren.

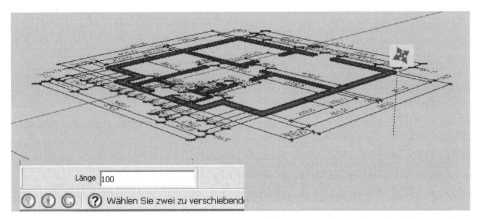

Abb. 7.11: Verschieben des Erdgeschoss-Grundrisses auf 100 cm Höhe (entlang der blauen Achse)

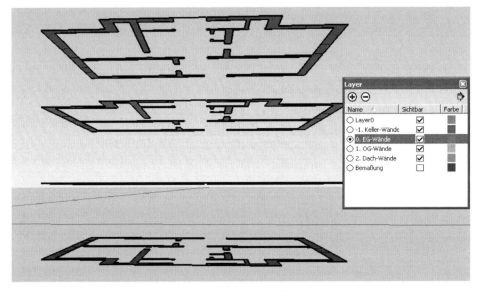

Abb. 7.12: Alle Grundrisse auf verschiedenen Layern mit Farben

Um das Erdgeschoss zweimal nach oben im gleichbleibenden Abstand von 240 cm zu kopieren, gehen Sie folgendermaßen vor:

- Wände des Erdgeschosses mit einer Box-Auswahl wählen
- VERSCHIEBEN-KOPIEREN-Werkzeug wählen
- mit [Strg] in den KOPIEREN-Modus schalten (Plus-Zeichen erscheint am Cursorsymbol)
- einen Eckpunkt der Wände anklicken und nach oben ziehen (parallel zur blauen Achse)
- Abstandwert **240** in der WERTELEISTE eingeben und [↵]
- Faktor **2x** in der WERTELEISTE eingeben und [↵]

Danach sollte das Erdgeschoss noch einmal um 240 cm nach unten kopiert werden, um den Kellergrundriss zu erhalten.

Danach legen Sie neue Layer an, benennen die bisherigen vielleicht noch einmal etwas sinnvoller um und legen die einzelnen Geschosse auf die passenden Layer (Abbildung 7.12).

7.5 Ausbau des Erdgeschosses

Nun sollen die Außen- und Innenwände und die Decke für das Erdgeschoss gezeichnet werden.

7.5.1 Außen- und Innenwände

Schalten Sie zunächst über den Layer-Manager alle Layer bis auf 0. EG-WÄNDE aus. Benutzen Sie die Funktion DRÜCKEN UND ZIEHEN, um die Wände in die Höhe zu ziehen. Bei den normalen Wandteilen geben Sie **220** in der WERTEEINGABE ein, bei den Fenstern **80**. Die so erzeugten Wände liegen aber auf demselben Layer wie die Wände. Das lässt sich bei DRÜCKEN UND ZIEHEN nicht vermeiden. Deshalb legen Sie nun einen neuen Layer mit dem Plus-Zeichen im Layer-Manager an, nennen ihn beispielsweise **0. EG-Außenwände**. Wählen Sie nun in einer seitlichen Ansicht die Wände aus und klicken Sie in der Dropdown-Liste AKTUELLEN LAYER FESTLEGEN den Ziellayer an.

Hier gibt es nun noch einiges zu tun. Da finden sich unnötige Trennlinien. Die können Sie leicht mit dem Radiergummi entfernen. Sie können mit dem Werkzeug auch über mehrere Linien mit gedrückter Maustaste drüberfahren (Abbildung 7.14). Nur echte Körperkanten an den Ecken dürfen Sie nicht erwischen, sonst werden auch die angrenzenden Flächen entfernt. Das kann man schnell mit [Strg]+[Z] rückgängig machen.

Kapitel 7
Layer, Oberflächen, Muster, Stile

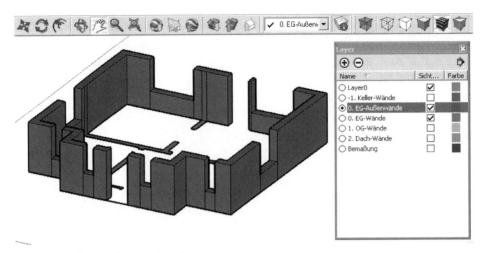

Abb. 7.13: Außenwände im Erdgeschoss

Funktion	Symbol	Menü	Kürzel	Bedeutung
Radier-gummi		TOOLS|RADIERGUMMI	E	Entfernt Linien innerhalb von Flächen

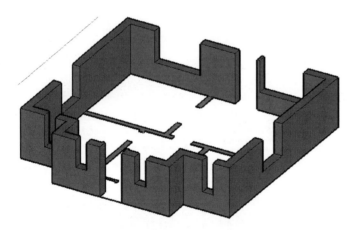

Abb. 7.14: Außenwände, unnötige Kanten entfernt

Nun fehlen noch die Stürze bei den Fenstern und Türen. Sie sollen 10 cm tief gehen. Die Schritte dazu zeigt Abbildung 7.15.

- Zeichnen Sie dazu zunächst Rechtecke ■ über die Fenster und Türöffnungen.
  Dabei zeigt sich, dass SketchUp immer ganze Sachen macht und alle entstehenden geschlossenen Konturen gleich in Flächen umwandelt und damit schließt.

- Die senkrechten Flächen klicken Sie an und danach [Entf].
- Wenn die hintere Fläche entfernt ist, können Sie das Rechteck herunterziehen .
- Damit Sie nicht immer wieder den Abstand in der WERTEEINGABE erneut eintippen müssen, sollten Sie unter FENSTER|MODELLINFORMATIONEN bei EINHEITEN die Option LÄNGENEINRASTEN WÄHLEN aktivieren und den Wert **10** eingeben.
- Abschließend entfernen Sie noch die überflüssigen Linien mit dem RADIERGUMMI .

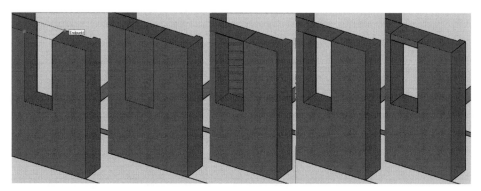

Abb. 7.15: Schritte zum Erstellen des Fenstersturzes

Als Nächstes können Sie den Layer für die Außenwände ausschalten, einen neuen Layer für die Innenwände anlegen und mit der Erzeugung der Innenwände fortfahren.

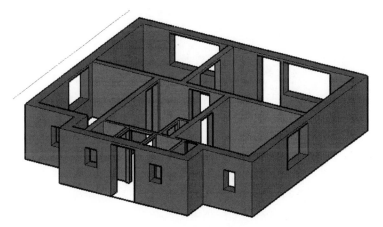

Abb. 7.16: Erdgeschoss mit Innen- und Außenwänden

Kapitel 7
Layer, Oberflächen, Muster, Stile

7.5.2 Die Geschossdecke

Für die Geschossdecke legen Sie am besten erst wieder mit dem Layer-Manager einen neuen Layer **0. EG-Geschossdecke** an und schalten ihn aktuell. Dann konstruieren Sie:

- Mit dem RECHTECK-Werkzeug ziehen Sie ein Rechteck in der senkrechten Richtung auf (Abbildung 7.17). Dazu wählen Sie zuerst mit Einrasten an der Wandecke den linken Eckpunkt (grüne Markierung).
- Ziehen Sie dann von der rechten Wandecke (grüne Markierung) in der Verlängerung der Wandkante nach unten (schwarze Markierung).
- Die WERTEEINGABE zeigt dann die Breite mit 549 an und die Tiefe mit einem ungefähren Wert: 549,0;~134,3.
- Überschreiben Sie die Angaben mit **549;20** und beenden Sie mit ⏎. Achten Sie darauf, dass ein Semikolon (Strichpunkt) zwischen den Zahlen steht. Das Semikolon ist das Trennzeichen zwischen x-Wert (parallel zur Achse) und y-Wert (parallel zur grünen Achse). Ein Komma zwischen den Zahlen würde den Dezimalwert 549,20 bedeuten und der würde dann als w-Wert verwendet werden, was ein völlig falsches Rechteck ergibt.

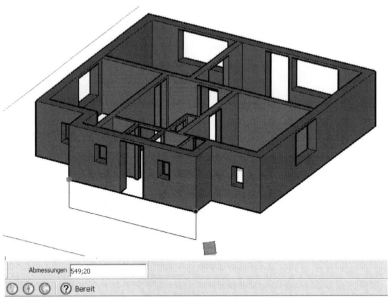

Abb. 7.17: Rechteck für Geschossdecke

- Das entstandene Rechteck ziehen Sie dann mit 🪣 bis zum nächsten Eckpunkt des Vorbaus in die grüne y-Richtung.

- Sollte das nicht klappen, weil SketchUp immer Verbindungen zu bestehenden Kanten sucht und dort einrastet, erhalten Sie evtl. die Meldung VERSATZ BEGRENZT AUF 36,5. Dann müssen Sie die [Strg]-Taste drücken, um weiter ziehen zu können.
- Wenn die Geschossdecke fertig ist, erscheint wahrscheinlich die Tür verschlossen. Diese Fläche löschen Sie einfach mit ▸ und [↵].
- Eventuell erscheint nun die Frontseite der Geschossdecke wieder offen. Dann ziehen Sie noch mal ein Rechteck mit ▪ drüber.

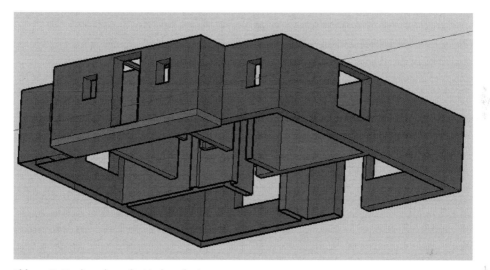

Abb. 7.18: Deckenplatte für Vorbau fertig

Für den zweiten Teil der Geschossdecke können Sie die Deckenstärke abgreifen. Das klappt folgendermaßen:

- Rufen Sie das RECHTECK-Werkzeug ▪ auf.
- Klicken Sie auf die Ecke hinten rechts als Startpunkt (Abbildung 7.19). Das grüne Symbol für Eckpunkt erscheint.
- Fahren Sie auf die vordere Ecke der Wand (grünes Symbol) und ziehen Sie in Richtung der Kante nach unten (schwarzes Symbol).
- Schränken Sie nun die Bewegung auf diese Richtung ein, indem Sie die [⇧]-Taste gedrückt halten. Wenn Sie nun den Cursor bewegen, kommt die Meldung EINGESCHRÄNKT AUF LINIE.
- Als Nächstes fahren Sie bei gedrückter [⇧]-Taste auf den Eckpunkt der ersten Deckenplatte wie in Abbildung 7.19 gezeigt. Die Meldung lautet jetzt: EINGESCHRÄNKT AUF LINIE VON PUNKT.

Kapitel 7
Layer, Oberflächen, Muster, Stile

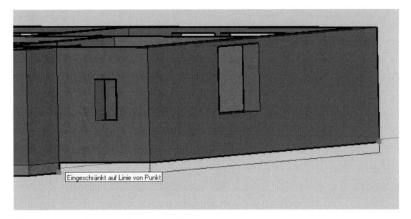

Abb. 7.19: Kantenlänge für Rechteck abgreifen

- Nun dürfen Sie den Eckpunkt anklicken und das Rechteck erscheint.
- Abschließend ziehen Sie mit dem Werkzeug DRÜCKEN/ZIEHEN dieses Rechteck über die gesamte Bodenfläche bis zur gegenüberliegenden Wandecke.

7.6 Verwendung von Komponenten

Das Erdgeschoss ist visuell so weit fertig. Durch Verwendung der Layer können Sie auch bequem mal die Außenwände ausschalten, um hineinzuschauen. Jedoch ist es etwas unbefriedigend, dass sich bei der vorangegangenen Konstruktion etliche Linien aus dem Layer WÄNDE teilweise in andere Layer verabschiedet haben. Man sieht das leicht, wenn man alle Layer bis auf den Layer 0. EG-WÄNDE ausschaltet (Abbildung 7.20).

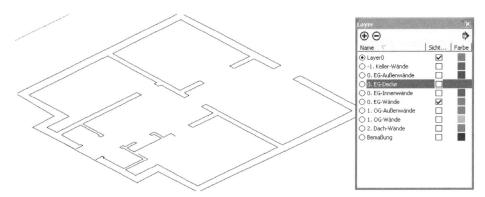

Abb. 7.20: Nur Layer 0. EG-WÄNDE sichtbar

Deshalb soll im nächsten Stockwerk die Konstruktion für den Grundriss, die Außenwände, die Innenwände und die Decke als eigenständige Komponenten durchgeführt werden. Komponenten sind ja eigene Objekte innerhalb der aktuellen Konstruktion. Dadurch werden die einzelnen Teile der Konstruktion sauberer getrennt.

Achten Sie darauf, dass Sie weiterhin für neue Konstruktionen, die Sie später einmal einzeln ein- und ausschalten wollen, immer neue Layer anlegen. Verwenden Sie eindeutige, sinnvolle, selbsterklärende Namen. Sie können diese Namen notfalls auch im Layer-Manager anklicken und nach einem weiteren Klick bearbeiten und umbenennen.

7.6.1 Obergeschoss

Aktivieren Sie nun im Layer-Manager den Layer 1. OG-WÄNDE mit dem Grundriss für den ersten Stock und schalten Sie alle anderen Layer unsichtbar. Dann können Sie bequem alle Elemente dieses Grundrisses mit dem AUSWÄHLEN-Werkzeug wählen, am besten mit einer Auswahlbox umschließen. Dann aktivieren Sie über Rechtsklick auf ein markiertes Objekt das Kontextmenü und wählen dort die Funktion KOMPONENTE ERSTELLEN. Im Dialogfenster geben Sie einen sinnvollen Namen dafür ein (Abbildung 7.21) und unten aktivieren Sie die Funktion AUSWAHL DURCH KOMPONENTE ERSETZEN. Dadurch werden die gewählten Objekte dann durch die zusammengestellte Komponente ersetzt.

Funktion	Symbol	Menü	Kürzel	Bedeutung
Komponente erstellen		BEARBEITEN|KOMPONENTE ERSTELLEN	G	Erstellt aus den markierten Objekten eine Komponente

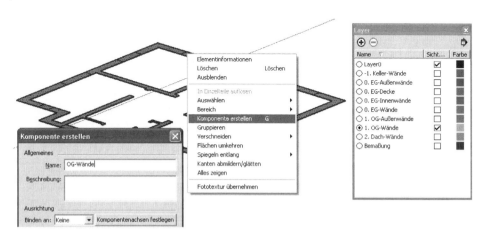

Abb. 7.21: Komponente aus den Obergeschoss-Wänden erstellen

Kapitel 7
Layer, Oberflächen, Muster, Stile

Wenn Sie nun noch Änderungen innerhalb der Komponente vornehmen müssen, dann können Sie sie mit Doppelklick zur Bearbeitung öffnen. Es erscheint dann eine gepunktete Box (Abbildung 7.22) um diese Komponente herum, und Sie können darin Elemente verändern oder neu hinzufügen. Wenn Sie unter ANSICHT|KOMPONENTENBEARBEITUNG die Option REST DES MODELLS AUSBLENDEN gewählt haben, ist während der Bearbeitung nur die Komponente zu sehen, was oft sehr praktisch ist. Falls Sie mehrere Exemplare dieser Komponente in der Konstruktion haben, können Sie auch noch die Option ÄHNLICHE KOMPONENTEN AUSBLENDEN einschalten, damit nur die eine zu bearbeitende Komponente sichtbar bleibt.

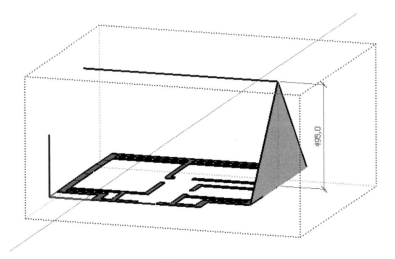

Abb. 7.22: Obergeschoss mit Dachfirst

Für die nachfolgenden Konstruktionen wäre es noch sinnvoll, die Dachfirstlinie zu zeichnen.

- Wählen Sie das LINIE-Werkzeug.
- Beginnen Sie mit einem Klick am Mittelpunkt (hellblau) der Wandlinie (siehe Abbildung 7.22, Abbildung 7.27). Wenn Sie den Mittelpunkt nicht sauber finden, zeichnen Sie die Wandlinie als durchgehende Linie neu.
- Ziehen Sie vom Mittelpunkt parallel zur blauen z-Achse nach oben.
- Geben Sie in der WERTEEINGABE die Höhe **495** ein und ⏎.
- Zeichnen Sie die Dachfirstlinie parallel zur roten x-Achse, bis Sie mit dem Endpunkt über dem Mittelpunkt auf der anderen Seite liegen. Gegebenenfalls müssen Sie den Mittelpunkt drüben kurz mit dem Cursor berühren und dann eine gepunktete Spurlinie nach oben (blau) ziehen.
- Zeichnen Sie die Giebelkanten zur späteren Verwendung.

Die Wände des Obergeschosses sind ja zunächst nur Kopien des Erdgeschosses. Hier wären aber noch einige Änderungen vorzunehmen. Die Dachschrägen werden durch Wände abgetrennt und die Zimmeraufteilung ändert sich wie in Abbildung 7.23 angegeben. Verwenden Sie also die LINIEN-Funktion , das Werkzeug VERSCHIEBEN/KOPIEREN und ggf. auch das MASSBAND (mit #-Zeichen) für notwendige Hilfslinien-Konstruktionen.

Wenn Sie damit fertig sind, können Sie die Komponente schließen. Dazu wählen Sie entweder nach Rechtsklick im Kontextmenü KOMPONENTE SCHLIESSEN oder klicken einmal (normaler Linksklick) außerhalb der Komponentenbox.

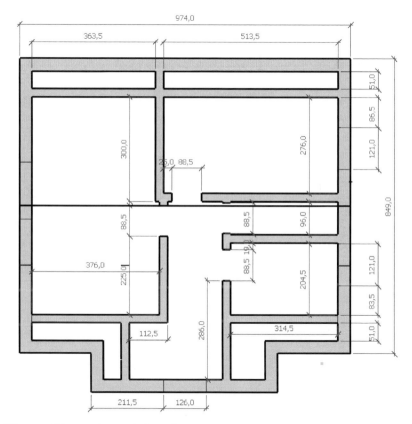

Abb. 7.23: Obergeschoss mit Bemaßung

Zur Konstruktion der Innenwände erstellen Sie einen neuen Layer **1. OG-Innenwände** und schalten ihn aktuell. Der Layer 1. OG WÄNDE ist noch sichtbar. Mit der RECHTECK-Funktion zeichnen Sie nun alle für die Innenwände brauchbaren Konturen nach. Dann löschen Sie alle Kanten, die innerhalb geschlossener Wandbereiche liegen, mit dem RADIERGUMMI aus. Schließlich ziehen Sie die Wandflächen mit DRÜCKEN/ZIEHEN auf 275 cm Höhe (Abbildung 7.24).

Kapitel 7
Layer, Oberflächen, Muster, Stile

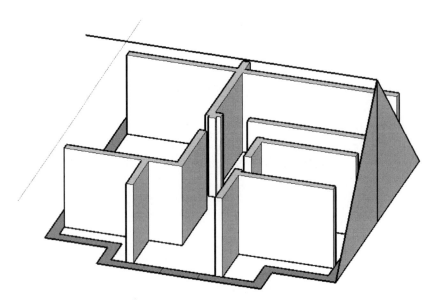

Abb. 7.24: Innenwände im Obergeschoss

Die Innenwände in diesem Geschoss müssen aber noch auf die Dachschrägen angepasst werden. Zeichnen Sie dafür mit der RECHTECK-Funktion ▞ eine Dachschräge. Damit sich das Rechteck an die Dachschräge anschmiegt, beginnen Sie an der hinteren Ecke (1.) und fahren Sie für die vordere Ecke des Rechtecks an der Linie der Giebelkante entlang (2.), aber nicht bis ganz oben (Abbildung 7.25).

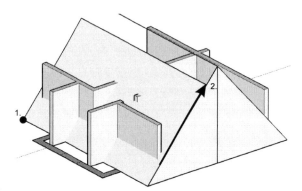

Abb. 7.25: Dachschräge für Obergeschoss

Sie brauchen nun aber die Schnittkanten zwischen der Dachschräge und den Wänden. Dazu wählen Sie zunächst die Dachschräge und die Wände und rufen dann die Funktion BEARBEITEN|VERSCHNEIDEN|MIT AUSWAHL VERSCHNEIDEN auf. Alle Schnittkanten zwischen Wänden und Dachschräge wurden nun erzeugt

(Abbildung 7.26). Nun können Sie alle überstehenden Kanten durch Löschen oder mit dem Radiergummi entfernen und erhalten die auf die Dachschräge zugeschnittenen Innenwände.

Genauso wird bei der zweiten Dachschräge auf der Rückseite verfahren. Schließlich sind noch die Stürze für die Türen zu zeichnen. Das können Sie wie im Erdgeschoss erledigen. Zeichnen Sie also an der Geschoss-Oberkante Rechtecke in die Türöffnungen ein und ziehen Sie diese mit dem Werkzeug DRÜCKEN/ZIEHEN um 75 cm nach unten. Sollte es dabei Probleme geben, können Sie auch Linien zeichnen und diese um 75 cm in Richtung der blauen z-Achse nach unten kopieren (mit `Strg`). Wenn die Innenwände so weit fertig sind, schalten Sie alle anderen Layer aus. Markieren Sie die Innenwände und erstellen Sie daraus eine Komponente.

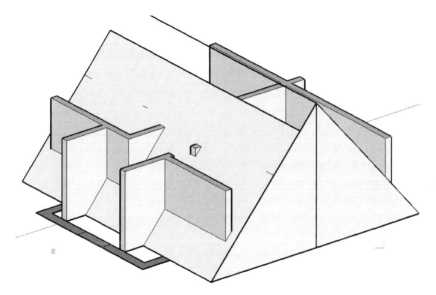

Abb. 7.26: Obergeschoss mit Verschneidungskanten

Bisher wurde der Giebel an der Vorderfront des Hauses noch nicht berücksichtigt. Das geschieht etwas später. Zuvor konstruieren Sie erst noch die Außenwände. Die Vorgehensweise ist analog zu den Innenwänden. Erstellen Sie einen neuen Layer **1. OG-Außenwände** und schalten Sie ihn aktuell. Ansonsten sollte nur der Layer 1. OG-WÄNDE sichtbar sein. Zeichnen Sie wieder Rechtecke gemäß den Wandprofilen der Außenwände, entfernen Sie unnötige Trennlinien und ziehen Sie die Wände auf 275 cm Höhe .

Als Nächstes sollten Sie noch die Giebelkontur für die Vorderfront zeichnen (Abbildung 7.27). Dann können Sie wieder mit DRÜCKEN/ZIEHEN die überstehenden Wandstücke bis zur Rückseite durchziehen und damit entfernen.

Kapitel 7
Layer, Oberflächen, Muster, Stile

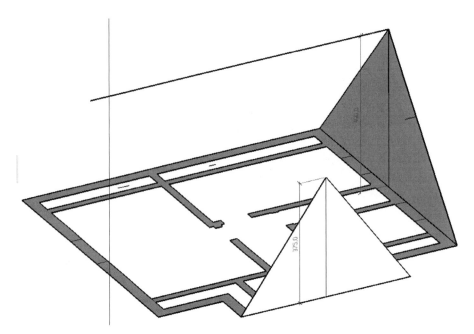

Abb. 7.27: Giebelkonturen

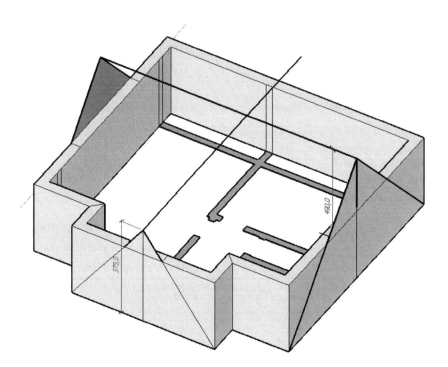

Abb. 7.28: Außenwände im Obergeschoss

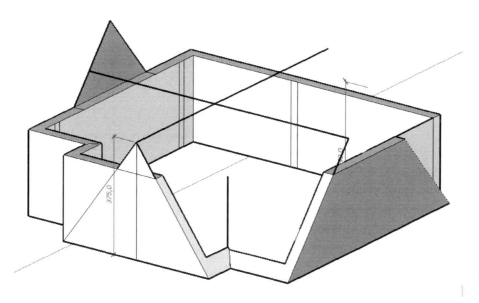

Abb. 7.29: Trimmen der Wände mit den Giebelprofilen

Etwas mehr Mühe macht die Detailarbeit in den Ecken, wo beide Dachschrägen zusammenstoßen. Hier muss mit LINIEN-Konstruktionen nachgearbeitet werden. Trotzdem sollten Sie hier sehr sauber arbeiten, weil die entstehenden Schnittkanten für die Gestaltung des Vorderdachs präzise stimmen müssen. Abbildung 7.30 zeigt, wie Sie zunächst die überstehenden Wandstücke wegschieben können, bis in der Ecke noch eine Restsäule stehen bleibt. Dort löschen Sie zwei Flächen und konstruieren die Ecke mit Linien parallel zu den Koordinatenachsen nach.

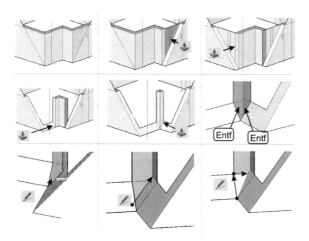

Abb. 7.30: Detailarbeit in den Ecken

Immer wenn dadurch eine ebene geschlossene Fläche entsteht, wird von SketchUp auch automatisch diese Fläche erzeugt. Sie erkennen das an der Schattierung. Sollte die Fläche nicht erzeugt werden, dann ist die Konstruktion evtl. nicht präzise und die Fläche hätte einen Knick. Das macht aber SketchUp nicht mit! Achten Sie also darauf, dass immer ganz präzise ebene Flächen entstehen.

Nutzen Sie auch die Symbolleiste FLÄCHENSTIL (ANSICHT|SYMBOLLEISTEN|FLÄCHENSTIL), um zwischen schattierter Darstellung und durchsichtiger Anzeige hin- und herzuschalten.

Nach Bearbeitung aller Dachschrägen sollten Sie alle anderen Layer wieder abschalten und aus den Außenwänden wieder eine Komponente erstellen.

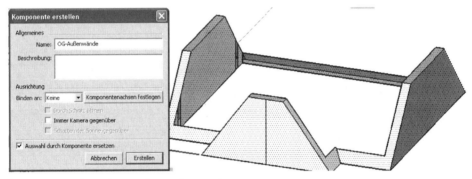

Abb. 7.31: Fertige Außenwände im Obergeschoss

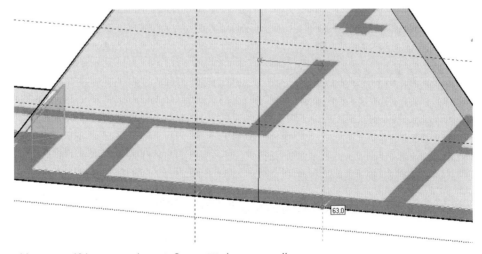

Abb. 7.32: Hilfslinien mit dem MAßBAND-Werkzeug erstellt

Gehen Sie mit einem Doppelklick in die Komponente hinein und erstellen Sie noch Hilfslinien für die Fensteröffnungen. Nutzen Sie dazu das MAßBAND-Werkzeug 🔍 (ggf. das +-Zeichen mit Strg aktivieren). Es erzeugt parallel zu vorhandenen Linien neue Hilfslinien (Bezeichnung FÜHRUNGSLINIEN). Sie müssen erst die Grundlinie anklicken, dann in die gewünschte Richtung wegziehen, in der WERTEEINGABE den Abstand eingeben und ↵ drücken.

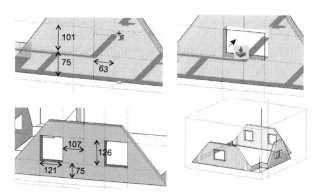

Abb. 7.33: Konstruktion der Giebelfenster

Wenn die Außenwände fertig sind, verlassen Sie die Komponente mit einem Klick daneben oder mit Rechtsklick und KOMPONENTE SCHLIESSEN.

Als Nächstes wäre die Geschossdecke für das Obergeschoss zu zeichnen. Richten Sie wieder einen neuen Layer ein, verwenden Sie den Grundriss auf dem Layer 1. OG-WÄNDE und verfahren Sie im Weiteren wie beim Erdgeschoss. Fügen Sie noch einen rechteckigen Ausschnitt als Treppendurchbruch hinzu und speichern Sie diese Konstruktion wieder als Komponente (Abbildung 7.34).

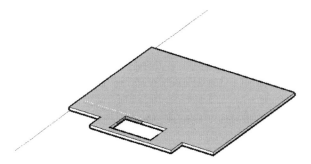

Abb. 7.34: Decke für Obergeschoss mit Treppenausschnitt

Um im Obergeschoss die restlichen Anpassungen der Innenwände an den vorderen Giebel vorzunehmen, erweitern Sie am besten die in Abbildung 7.35 gezeigten

Kapitel 7
Layer, Oberflächen, Muster, Stile

Schnittlinien der Außenwände bis zu ihrem Schnittpunkt oder bis zur Dachfirstlinie. Sie sehen die Linien dann in violetter Farbe, was Verlängerungslinie bedeutet. Dort, wo diese beiden Linien nun die vorhandenen Wandflächen berühren, können Sie neue Linien nach vorne zum vorderen Giebel entlang der grünen y-Achse ziehen. Damit können Sie dann die fehlenden Wandstücke ergänzen. Überflüssige Linien, die innerhalb der ebenen Wandflächen verlaufen, können Sie mit dem RADIERGUMMI entfernen.

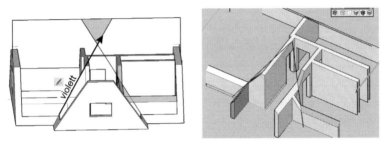

Abb. 7.35: Anpassen der Innenwände an die Giebelform

7.6.2 Dachgeschoss

Für das Dachgeschoss können Sie zunächst eine rechteckige Bodenplatte konstruieren und diese dann um 20 cm mit DRÜCKEN/ZIEHEN extrudieren. Benutzen Sie die Linien der Dachschräge aus dem Layer 1. OG-WÄNDE, um die Kanten abzuschrägen (Abbildung 7.36).

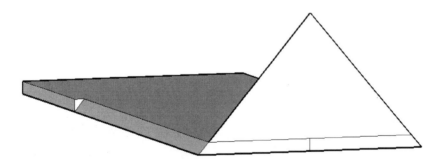

Abb. 7.36: Dachgeschossdecke an Giebelform anpassen

Die Wandstücke für das Dach erzeugen Sie durch DRÜCKEN/ZIEHEN aus den Dreiecksflächen (siehe Abbildung 7.36). Zum Schluss ist noch das Deckenstück zum vorderen Giebel zu zeichnen (Abbildung 7.37). Dazu können Sie Linien vom Dachgiebel herüberziehen.

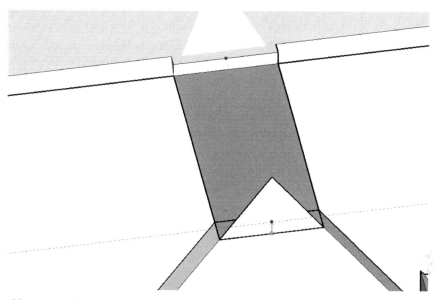

Abb. 7.37: Dachgeschossdecke nach vorn erweitern

Die Öffnungen für die Dachfenster können Sie nach Abbildung 7.38 mit den Hilfslinien des MASSBAND-Werkzeugs vorbereiten. Zeichnen Sie dann wieder Rechtecke , die Sie durch die Wand hindurch mit DRÜCKEN/ZIEHEN extrudieren.

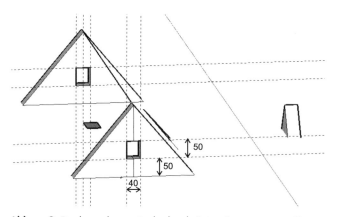

Abb. 7.38: Dachgeschosswände durch Extrusion erzeugen, Fensteröffnungen ausschneiden

7.6.3 Kellergeschoss

Für das Kellergeschoss können Sie analog zu den vorhergehenden Geschossen vorgehen. Im Kellergeschoss können Sie einige Wände übernehmen, einige entfernen und neu hinzufügen. Die Abmessungen zeigt Abbildung 7.39. Die Kellerfenster liegen vom Boden aus gemessen bei 140 cm und haben eine Höhe von 80 cm.

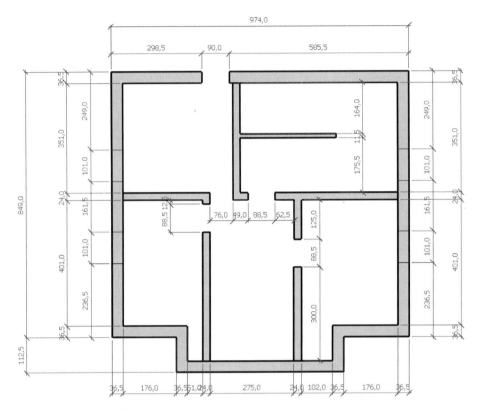

Abb. 7.39: Maße fürs Kellergeschoss

7.7 Darstellung mit verschiedenen Oberflächen und Mustern

Bisher haben Sie im Flächenstil die Flächen Ihrer Konstruktion ohne realistische Farben oder gar Oberflächenmuster gesehen. Sie wurden nur über ihre Kanten sichtbar gemacht. Wenn Sie nun die Flächen mit realistischen Farben und Mustern versehen möchten, werden die Kanten stören. Dazu können Sie unter ANSICHT|KANTENSTIL verschiedene Optionen wählen:

- KANTEN aktiviert die Anzeige von Flächenkanten.
- HINTERKANTEN aktiviert die Anzeige der verdeckten Kanten mit *gestrichelten Linien*. Das ist natürlich nur sinnvoll bei den Stilen LINIENAUSBLENDUNG, SCHATTIERT, SCHATTIERT MIT TEXTUREN und MONOCHROM.
- PROFILE zeigt die Flächenkanten verdickt an.

- Tiefenschärfe zeigt weiter entfernte Kanten verschwommener an.
- Verlängerung verlängert die Kantendarstellung über die Endpunkte hinaus wie in Handskizzen.

Abbildung 7.40 zeigt drei Varianten der Darstellung:

- Kanten anzeigen und Profile aktiviert links
- nur Profile aktiviert in der Mitte
- ohne Kanten und Profile ganz rechts

Für die realistische Darstellung mit Oberflächen wäre die Variante ganz ohne Kanten zu bevorzugen.

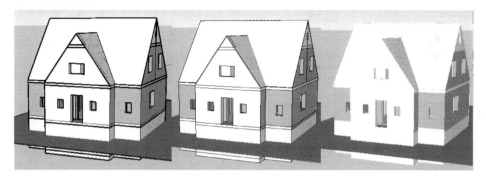

Abb. 7.40: Kantenstile: Profile, Kanten anzeigen und ohne Kanten

Zur fotorealistischen Darstellung können Sie den Oberflächen nun bestimmte Materialien zuordnen. Das Dialogfenster dazu finden Sie unter Fenster|Materialien (Abbildung 7.41). Im Listenfeld in der Mitte können Sie verschiedene Material-Kategorien wählen: Asphalt und Beton, ... Auslegware und Textilien, ... Bedachung, ... Mauerwerk und Fassade, ... Vegetation, ... Das Dialogfeld zeigt sogar zwei Listenfelder an, wenn Sie oben links das +-Zeichen im Erweiterungsbutton anklicken. Um nun eine Fläche mit einem Material zu versehen, klicken Sie das Material in der Auswahl an und danach die gewünschte Fläche.

Um das Material vollständig zu sehen, muss der Flächenstil Schattiert mit Texturen aktiviert sein. Wählen Sie dazu unter Ansicht|Symbolleisten die Leiste Kantenstil und darin das zweite Werkzeug von rechts. Noch etwas realistischer wird die Darstellung durch Schattenwurf. Dazu müssen Sie Ansicht|Schatten aktivieren. Wenn Sie als Kantenstil nur Schattiert wählen, verschwinden die Oberflächenmuster und es bleiben nur die Farben (Abbildung 7.42 rechts).

Kapitel 7
Layer, Oberflächen, Muster, Stile

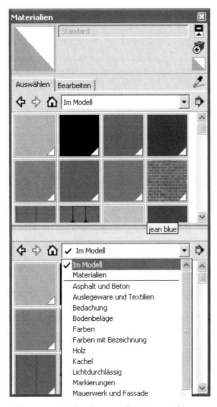

Abb. 7.41: Dialogfenster für Materialien

Abb. 7.42: Flächenstile SCHATTIERT MIT TEXTUREN und SCHATTIERT

Im Normalfall werden die bereitgestellten Materialien für viele Fälle ausreichend sein. Zusätzlich können Sie aber noch Materialien selbst gestalten. Dazu wechseln

Sie mit dem zweiten Button rechts oben ins Dialogfenster MATERIAL ERSTELLEN (ABBILDUNG 7.43). Sie können hier Folgendes eingeben bzw. einstellen:

- Einen Namen für das neue Material im obersten Eingabefeld
- Die Farbe über das Farbrad und die Intensitätsskala daneben oder über andere Farbmodelle wie beispielsweise RGB (Rot-Grün-Blau)
- Die Textur können Sie dazuschalten und auch aus einer eigenen Bilddatei wählen (Abbildung 7.44).
- Darunter geben Sie an, welche horizontalen und vertikalen Abmessungen eine Texturkachel einnehmen soll. Normalerweise sind hier Breite und Höhe gekoppelt, mit einem Klick auf das Kettensymbol lässt sich diese Kopplung aber aufheben.
- Über den Schalter KOLORIEREN ersetzen Sie alle Texturfarben durch die gewählte, ohne KOLORIEREN werden die Texturfarben nur etwas getönt.
- Mit OPAZITÄT wird die Transparenz des Musters eingestellt. Eine kleine Zahl bedeutet, dass das Material sehr durchsichtig ist.

Sie können dieses Dialogfenster natürlich auch verwenden, um ein vorhandenes Material anzupassen. Sie erreichen es dann über das Register BEARBEITEN.

Abb. 7.43: Materialien ändern und erstellen

Abb. 7.44: Oberflächenmuster auf Grundlage eines Fotos

Die Buttons auf der rechten Seite des Dialogfensters MATERIAL ERSTELLEN haben von oben nach unten folgende Bedeutung:

- Zweite Materialliste im Dialogfenster aktivieren
- Dialogfenster MATERIAL ERSTELLEN aktivieren
- Standard-Material aktivieren (Voreinstellung)
- Mit dem Werkzeug MATERIALPROBE (Pipette) greifen Sie ein Material aus der Konstruktion ab, das Sie weiterverwenden möchten, um es anderen Flächen zuzuordnen.
- Das fünfte Werkzeug rechts finden Sie bei aktivem Register AUSWÄHLEN. Darunter finden Sie mehrere Varianten für die Anzeige der Materialien. Außerdem können Sie hier auch Materialbibliotheken speichern. Dazu wählen Sie SAMMLUNG SPEICHERN UNTER, markieren in der Ordnerstruktur den übergeordneten Ordner und erstellen mit NEUEN ORDNER ERSTELLEN einen neuen Ordner, unter dem dann die gerade aktuellen Materialien gespeichert werden. Die Funktion SAMMLUNG SPEICHERN UNTER erscheint nur, wenn Sie eine noch nicht gespeicherte Materialsammlung im Dialogfenster haben.

7.8 Ort und Sonnenstand

7.8.1 Georeferenzierung

Zur weiteren Optimierung der realistischen Darstellung können Sie noch die Schattenanzeige individuell einstellen. Als Erstes sollten Sie dafür Ihre geografische Position festlegen. Unter FENSTER|MODELLINFORMATIONEN|GEOSTANDORT können Sie über ORT HINZUFÜGEN mit Google Earth bei laufender Internetverbindung Ihren Standpunkt ermitteln. Es erscheint dann das *Google-Earth-Plug-in*, in dem Sie die Adresse oder den Ort suchen lassen können (Abbildung 7.46). Mit REGION AUSWÄHLEN und nochmals AUSWÄHLEN wird dann der Ort in SketchUp übernommen. Zusammen mit dem Ort wird aber auch der gewählte Landkartenausschnitt als Untergrund der Konstruktion mitgenommen, was Sie über den Stil SCHATTIERT MIT TEXTUREN sichtbar machen können. Sie können später ggf. noch weitere Geländeausschnitte hinzufügen.

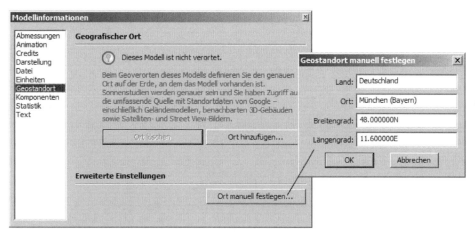

Abb. 7.45: Georeferenzierung FENSTER|MODELLINFORMATIONEN|GEOSTANDORT

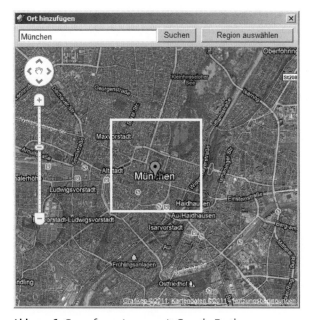

Abb. 7.46: Georeferenzierung mit Google Earth

Kapitel 7
Layer, Oberflächen, Muster, Stile

Alternativ können Sie ohne Internet-Verbindung über ORT MANUELL FESTLEGEN die geografische Position über Längen- und Breitengrad direkt eingeben (Abbildung 7.45).

7.8.2 Sonnenstand

Als Nächstes wäre für eine realistische Darstellung der Sonnenstand vorzubereiten. Mit dem Gelände aus Google Earth wird auch die Nordrichtung für den Sonnenstand mitimportiert. Sie können diese Richtung mit dem Werkzeug NORDPFEIL EIN/AUS aus der Symbolleiste SONNENNORDEN sichtbar machen.

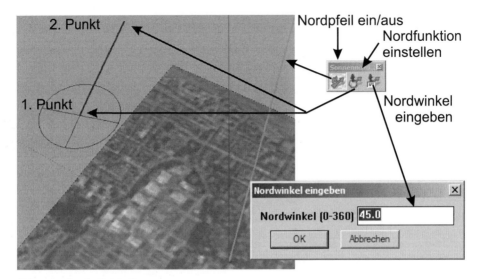

Abb. 7.47: Symbolleiste SONNENNORDEN

Ohne Georeferenzierung wird die grüne y-Richtung als Nordrichtung verwendet. Sie kann aber völlig frei bestimmt werden und lässt sich auf Wunsch als gelbe Linie mit NORDPFEIL EIN im Modell anzeigen. Dazu dienen die Werkzeuge NORDFUNKTION EINSTELLEN und NORDWINKEL EINGEBEN. Abbildung 7.47 zeigt die beiden Eingabemodi.

Der Sonnenstand kann nun benutzt werden, um Schattenwurf zu generieren. Dazu dient das Dialogfenster FENSTER|SCHATTEN. Im Fenster SCHATTENEINSTELLUNGEN (Abbildung 7.48) können Sie den Schatten nach dem Sonnenstand berechnen lassen. Für die schnelle Schatteneinstellung nach Uhrzeit und Datum gibt es auch eine Symbolleiste (ANSICHT|SYMBOLLEISTEN|SCHATTEN (Abbildung 7.49)).

- Dafür wählen Sie oben zuerst Uhrzeit und Datum. UTC ist die Weltzeit, zu der Sie für Angaben in MEZ (Mitteleuropäische Zeit) eine Stunde hinzuzählen müssen.

- Darunter können Sie auswählen, wie hell die beleuchteten Flächen werden sollen und wie dunkel die Schatten erscheinen sollen. Oft ist es sinnvoll, den Schatten etwas mehr aufzuhellen.
- Schließlich können Sie die Art des Schattens noch wählen:
  - AUF FLÄCHEN wirft einen Schatten von Volumenkörpern und Flächen auf andere Flächen, Volumenkörper und auf den Geländeausschnitt.
  - AUF BODEN wirft Schatten von Volumenkörpern und Flächen auf die rot-grüne xy-Ebene, nicht auf andere Flächen.
  - VON KANTEN erzeugt auch Schattenrisse ausgehend von Linien, Bögen etc., die keine Flächenfüllung haben.

Abb. 7.48: Schatteneinstellungen FENSTER|SCHATTEN

Abb. 7.49: Symbolleiste SCHATTEN

7.9 Darstellung mit verschiedenen Stilen

Die Darstellung mit unterschiedlichen Stilen dient mehr der Präsentation. Sie können damit der grafischen Darstellung den Touch einer Handzeichnung geben. Mit FENSTER|STILE aktivieren Sie das Stil-Dialogfenster, das eine große Anzahl verschiedenster künstlerischer Darstellungen bietet (Abbildung 7.50). Besonders interessant ist hier wohl die Auswahl SKIZZENHAFTE KANTEN (Abbildung 7.51).

Kapitel 7
Layer, Oberflächen, Muster, Stile

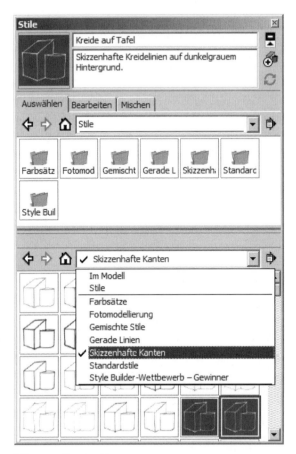

Abb. 7.50: Fenster STILE

Abb. 7.51: Skizzenhafter Kantenstil

Um solche Stile selbst zu erstellen oder weiterzuentwickeln, gibt es hier zwei weitere Register BEARBEITEN und MISCHEN, in denen Sie neue Stile entwickeln können. Bei MISCHEN können Sie die gewählten Eigenschaften wie beispielsweise FLÄCHENEINSTELLUNGEN dann mit einem Cursor in Form einer *Pipette* aus anderen unten angezeigten Stilen wie etwa RÖNTGEN in den aktuellen herübersaugen.

Abb. 7.52: Stile bearbeiten

Ähnlich wie bei den Oberflächenmustern können Sie auch hier Ihre Stile-Sammlung speichern.

Kapitel 7
Layer, Oberflächen, Muster, Stile

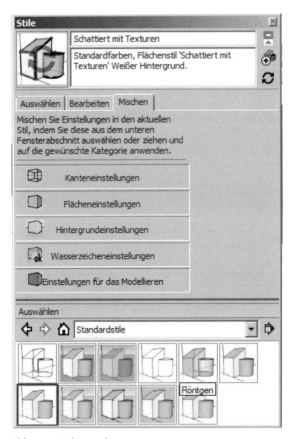

Abb. 7.53: Stile mischen

7.10 Übungsfragen

1. Welches ist der Standard-Layer?
2. Was sind die typischen Einstellungen für Kanten?
3. Wo aktivieren Sie die Materialien für Oberflächen?
4. Woraus setzt sich eine Materialdefinition zusammen?
5. Wozu werden Stile verwendet?
6. Wo lässt sich der Sonnenstand einstellen?
7. Die geografische Position findet man in welchem Dialogfenster?
8. Was ist der Unterschied zwischen Schatten auf Boden und Schatten auf Fläche?
9. Was bedeutet HELL und DUNKEL bei den Schatteneinstellungen?
10. Wie stellen Sie den Nordwinkel in der Konstruktion ein?

Kapitel 8

Mit der Kamera unterwegs

Ein Hauptziel des SketchUp-Programms besteht neben der einfachen und schnellen Konstruktion von Objekten in der effektiven Darstellung und Präsentation. Dazu gibt es die Kamera-Funktionen und die Möglichkeit zur Aufnahme einzelner Szenen, die zu einem Film kombiniert werden können.

8.1 Kamera-Funktionen

Die Kamera-Funktionen finden Sie im Menü KAMERA oder in der Symbolleiste GEHEN.

Funktion	Symbol	Menü	Bedeutung
Kamera		KAMERA|KAMERA POSITIONIEREN	Positioniert eine Kamera
Umschauen		KAMERA|UMSCHAUEN	Schwenkt die Blickrichtung
Gehen		KAMERA|GEHEN	Ermöglicht Gehbewegung

8.1.1 Umschauen

Die einfachste Kamera-Funktion ist KAMERA|UMSCHAUEN. Mit dieser Funktion wandelt sich Ihr Cursor in ein Augenpaar, mit dem Sie einfach mit gedrückter Maustaste in die Zielrichtung deuten (Abbildung 8.1). Die Darstellung ändert sich dann, als ob Sie den Kopf drehen. Diese Funktion steht im Gegensatz zur Orbit-Bewegung bei der die Konstruktion um ihren Schwerpunkt gedreht wird. Der schnellste Aufruf besteht darin, dass Sie das Mausrad drücken und die Maus bewegen.

Kapitel 8
Mit der Kamera unterwegs

Abb. 8.1: Funktion UMSCHAUEN mit Augen-Cursor

8.1.2 Kamera positionieren

Die Funktion KAMERA POSITIONIEREN hat zwei Optionen. Die einfachste besteht darin, dass Sie eine Position für Ihren Kamera-Standpunkt anklicken. Die Höhe der Kamera ist in der WERTEEINGABE mit 168 cm vorgegeben, Sie können dort aber andere Höhen eingeben. Die Höhe bezieht sich immer auf die Höhe der Fläche, auf die Sie geklickt haben. Es ist also keine absolute Höhe, sondern sie zählt immer relativ vom angeklickten Objekt aus. Nach diesem Klick wechselt der Befehl in die UMSCHAUEN-Funktion. Also erscheint der Cursor mit den beiden Augen und Sie können Ihre Blickrichtung schwenken.

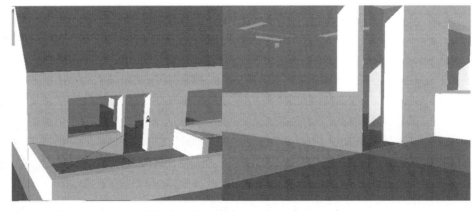

Abb. 8.2: Kameraposition und Zielposition (links) und Ergebnis (rechts)

Die zweite Option besteht darin, dass Sie an der ersten Klickposition nicht loslassen, sondern mit gedrückt gehaltener Maustaste auf eine Zielposition fahren (Abbildung 8.2) und dann erst loslassen. Im Beispiel wurde die Maustaste auf der Ecke der Terrassenbrüstung gedrückt und am Türrahmen erst losgelassen. Die resultierende Ansicht sehen Sie dann rechts in der Abbildung. Danach befinden Sie sich ebenfalls im UMSCHAUEN-Modus.

8.1.3 Gehen

Bei der GEHEN-Funktion können Sie auch wieder eine Augenhöhe in der Werteeingabe eingeben. Bei gedrückter Maustaste erscheinen nun zwei Symbole, ein Kreuz und eine Fußspur. Der Abstand beider Symbole gibt die Gehgeschwindigkeit an und der Winkel die Gehrichtung. Ganz lustig ist es, wenn Sie mal eine Treppe ganz langsam hochgehen. Sie werden die Stufen mit einer ruckartigen Bewegung spüren. Falls Sie ins Innere des Hauses vordringen, gehen Sie nicht zu schnell. Es kann passieren, dass Sie gegen eine Wand rumpeln. Dann wandelt sich die Fußspur in ein stehendes Männeken. Es erfordert etwas Übung, aber ich finde, das ist eine der intuitivsten künstlichen Hausbegehungen, die ich kenne.

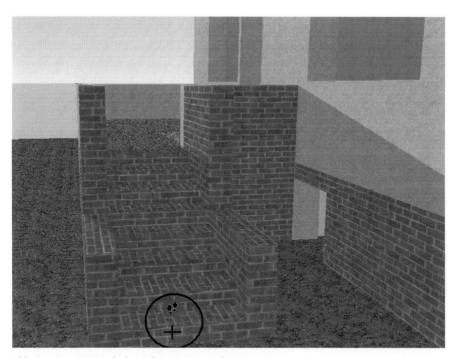

Abb. 8.3: Cursor-Symbole in der GEHEN-Funktion

Über Rechtsklick erreichen Sie in diesen Funktionen immer das Kontextmenü, in dem Sie zwischen den verschiedenen Kamera-Modi auch wechseln können.

Kapitel 8
Mit der Kamera unterwegs

Abb. 8.4: Kontextmenü der Kamera-Funktionen

8.2 Animationen

Das Nonplusultra einer Präsentation ist natürlich immer eine Animation. Wer schaut nicht gerne Kino!

Im Prinzip wird eine Animation aus mehreren Szenen aufgebaut, zwischen denen das Programm dann überblendet. Zur Verwaltung der Szenen wählen Sie den Szenen-Manager über FENSTER|SZENEN. Dann können Sie einzelne Bildschirmschnappschüsse mit dem +-Zeichen als Szene hinzufügen. Mit dem Minus-Zeichen wird eine Szene gelöscht und mit dem Logo ⟳ wird die markierte Szene durch den aktuellen Bildschirmausschnitt ersetzt. Auf der rechten Seite finden Sie noch Werkzeuge, um eine Szene nach oben oder unten zu verschieben. Eine Szene lässt sich auch ausblenden, wenn Sie sie markieren und ZUR ANIMATION deaktivieren. Die Anzeige lässt sich wie üblich als LISTE, DETAILS, KLEINE MINIATURBILDER oder GROSSE MINIATURBILDER gestalten.

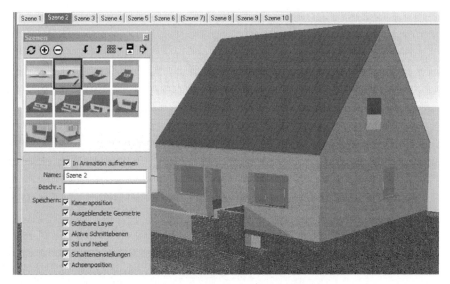

Abb. 8.5: Szenen-Manager und Szenenregister, Szene 7 deaktiviert

Falls ANSICHT|SZENENREGISTER aktiviert ist, werden die Szenen als Reiter oben am Bildschirm angezeigt, was zum Umschalten sehr nützlich ist. Sie starten die Animation mit einem Rechtsklick auf die erste Szene und wählen ANIMATION ABSPIELEN. Einzelne Szenen können auch direkt durch Anklicken aktiviert werden.

8.2.1 Sonnenlauf animiert

Für einen animierten Sonnenlauf brauchen Sie eigentlich nur zwei Szenen, eine für morgens und eine für abends. Die schnellste Animation erhalten Sie, wenn Sie Schattierung ohne Texturen gewählt haben. In der Symbolleiste FLÄCHENSTIL wurde das eingestellt (Abbildung 8.6). In der Symbolleiste SCHATTEN oder im Menü FENSTER|SCHATTEN aktivieren Sie die Schatteneinstellungen, um DATUM und UHRZEIT zu wählen, die Sonne einzuschalten und die Schattenanzeige bei AUF FLÄCHE und AUF BODEN zu aktivieren. Nun machen Sie einen Szene-Schnappschuss mit dem Szenen-Manager. Dann stellen Sie die Uhrzeit auf abends um und erstellen die zweite Szene.

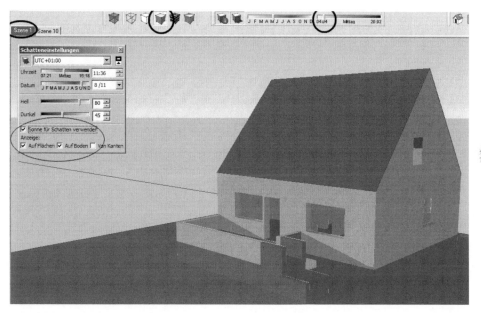

Abb. 8.6: Szenen für Sonnenlauf

Die Feinheiten für den Szenenübergang stellen Sie unter FENSTER|MODELLINFORMATIONEN und ANIMATION ein. Hier gibt es eine Verweilzeit pro Szene (SZENENVERZÖGERUNG) und die Zeit für den Szenenübergang (Abbildung 8.7).

Kapitel 8
Mit der Kamera unterwegs

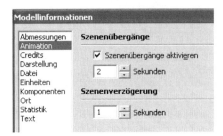

Abb. 8.7: Szeneneinstellungen

8.2.2 Innenansichten

Eine nützliche Animation kann auch darin bestehen, dass das Haus (Abbildung 8.8) über seine einzelnen Aufbaustadien, die hier über die Layer geschaltet werden können, präsentiert wird.

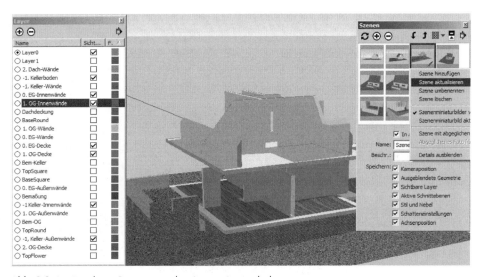

Abb. 8.8: In einzelnen Szenen werden Layer eingeschaltet

Eine weitere interessante Animation kann einen Schnitt durchs Haus legen und bewegen. Gehen Sie dazu folgendermaßen vor:

- Mit TOOLS|SCHNITTEBENE erstellen Sie einen Schnitt durch das Haus.
- Der Schnitt wird immer parallel zu einer Ebene nahe der Cursorposition erzeugt. Klicken Sie also auf die vordere (jetzt weggeschnittene) Giebelwand in Abbildung 8.9.
- Über Rechtsklick gehen Sie ins Kontextmenü und wählen AKTIVER SCHNITT.
- Nun erstellen Sie mit dem Szenen-Manager die erste Szene.

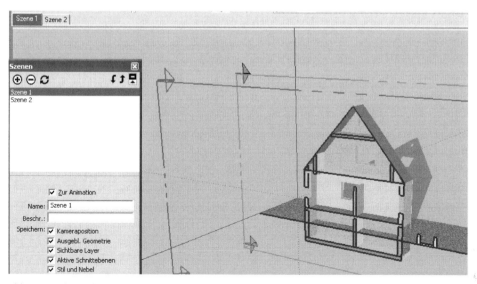

Abb. 8.9: Schnittebene über Szenen bewegen

- Für den hinteren Schnitt wählen Sie wieder das Werkzeug TOOLS|SCHNITT.
- Wählen Sie diesen Schnitt und schieben Sie ihn mit VERSCHIEBEN/KOPIEREN nach hinten.
- Schalten Sie den Schnitt aktuell übers Kontextmenü.
- Erstellen Sie damit die zweite Szene.

Nun können Sie im Szenenregister wieder von einer Szene in die andere klicken und erhalten eine animierte Darstellung mit bewegter Schnittdarstellung.

8.2.3 Exportieren

Eine Animation können Sie natürlich auch als Datei für den Windows-Media-Player exportieren. Dazu verwenden Sie DATEI|EXPORTIEREN|ANIMATION. Sie werden nach einem Dateinamen gefragt. Beachten Sie in diesem Dialogfenster die Schaltfläche OPTIONEN, über die Sie noch die Bildfrequenz und die Pixelauflösung einstellen können. Wählen Sie zu Anfang eine geringe Auflösung, weil die Erstellung der Animationsdatei meist viel Rechenzeit kostet. Machen Sie also erst mal kleine Probeaufnahmen.

Mit dem Menü DATEI|EXPORTIEREN|SCHNITTSCHEIBE können Sie übrigens auch Ihren Schnitt exportieren, beispielsweise für die Weiterverarbeitung als AutoCAD-Datei.

8.3 Beispiel zur Sonnensimulation

Mit einer weiteren Konstruktion soll nun die Sonnenstandsimulation in der Praxis gezeigt werden. Abbildung 8.10 zeigt die Abmessungen des Gebäudes. Sie erstellen die unteren Stockwerke am einfachsten aus den Außenabmessungen von 8,60 m x 11,85 m als Rechteck. Dieses wäre um 45 cm nach innen zu versetzen, um die Wandstärke zu berücksichtigen. Dann löschen Sie die innere Fläche und ziehen die Wände auf die Höhe von 5,54 m. Dort wäre als geschlossene Fläche der Dachboden einzubauen. Von den Seitenmitten rechts und links ziehen Sie Linien zur Firsthöhe mit einer Länge von 4,61 m. 2,25 m über dem Dachboden wäre eine weitere Decke zu konstruieren, die 30 cm stark ist. Das Dach ist auch mit einer Stärke von 25 cm zu versehen. Die Wandstärke im Dachgeschoss beträgt 30 cm. Das wichtigste Element hier ist das Dachfenster. Dafür müssen Sie mit der Maßbandfunktion einige Hilfslinien zeichnen. Der Abstand von der rechten Seite beträgt 3,28 m und das Fenster ist 1,14 m breit. Die Öffnung außen gemessen beträgt 1,40 m.

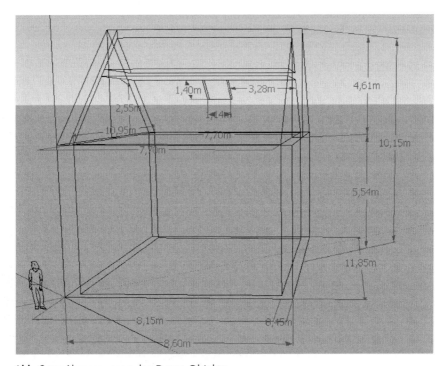

Abb. 8.10: Abmessungen des Demo-Objekts

Das Haus steht unter einem Winkel von 30° zur roten x-Achse mit der Giebelwand (Abbildung 8.11).

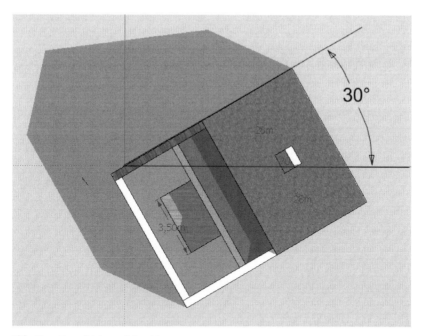

Abb. 8.11: Draufsicht auf das Haus

Die Aufgabe besteht nun darin, die Ausleuchtung des Dachzimmers zu simulieren. Die offene Dachseite wurde für die Animation auch noch mit einem Fenster der Breite 3,50 m und der Höhe 2,50 m versehen. Damit wurde dann eine Simulation mit Georeferenzierung und Sonnenstand durchgeführt. Die einzelnen Szenen lassen den Ablauf erahnen.

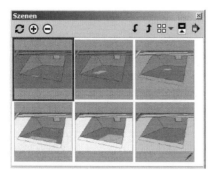

Abb. 8.12: Sechs Szenen der Animation über den Tagesablauf

Bei solchen komplexen Animationen mit kompliziertem Schattenwurf ist vor allem darauf zu achten, dass Sie die Szenen nicht zu schnell abspielen. Deshalb muss unter FENSTER|MODELLINFORMATIONEN bei ANIMATIONEN die Verzögerungszeit zwischen den Szenen groß genug sein, damit während der Anzeige einer Szene auch alle Schattenwurf-Berechnungen fertig sind. Das bedeutet, dass die SZENENVERZÖGERUNG lang genug sein muss. Die Zeit für die SZENENÜBERGÄNGE kann dann eigentlich beliebig kurz sein.

Versuchen Sie, das Haus bei sich im Ort geografisch zu lokalisieren, und probieren Sie verschiedene Jahreszeiten aus oder bauen Sie ins Erdgeschoss noch beliebig Fenster und Türen ein. Testen Sie auch dort den Sonnenlauf.

8.4 Übungsfragen

1. Was ist der Unterschied zwischen den Funktionen UMSCHAUEN und ORBIT?
2. Welche zwei Optionen gibt es bei der Kameraaufstellung?
3. Wie bestimmen Sie die Geschwindigkeit beim GEHEN?
4. Was deutet beim GEHEN das Männeken an?
5. Wie ist die Kamera-Höhe voreingestellt?
6. Was ist die Grundlage einer Animation?
7. Wie viele Szenen brauchen Sie für eine Sonnenlauf-Animation?
8. Was sind die wichtigsten Schattenoptionen?
9. Wo finden Sie die Szeneneinstellungen?
10. Womit wird eine Windows-Media-Player-Datei erzeugt?

Kapitel 9

Modellieren mit Fotos

Eine ganz praktische Funktion ist die Möglichkeit, aus einem Foto heraus dreidimensionale Objekte erstellen und auch mit den passenden Oberflächenmustern versehen zu können. Das Thema gehört zwar nicht in den Bereich der absolut präzisen Konstruktion, aber zur Erzeugung von Modellvorstellungen ist dieses Verfahren ganz nützlich. Ich verwende als Beispiel dafür ein kleines Hausmodell für die Modelleisenbahn, das ich mir in Kindheitstagen einmal von meinem Geburtshaus gebaut hatte. Der Originalbauplan ist nicht mehr verfügbar, aber um ein neues Modell zu erstellen, würde es ausreichen, dieses Haus vom Foto in SketchUp nachzubauen. Dies soll nun geschehen.

9.1 3D-Modell nach einem Foto erstellen

Am Anfang steht das Foto (Abbildung 9.1) mit dem schon etwas zerbrechlichen Hausmodell. Mit der Digitalkamera oder dem Foto-Handy ist es schnell aufgenommen und in den Computer überspielt. Die passende SketchUp-Funktion finden Sie unter FENSTER|MIT FOTO ABGLEICHEN.

Abb. 9.1: Das Foto

Dann erscheint ein Dialogfenster (Abbildung 9.2), über das Sie als Erstes mit dem +-Button das Foto laden. Es wird automatisch mitten auf den Bildschirm gesetzt. Vorher wäre es vielleicht sinnvoll, die Figur *Susan* zu löschen oder unsichtbar zu machen und den Nullpunkt des Achsenkreuzes auf die linke Seite zu schieben, damit Sie möglichst im positiven Bereich der xy-Ebene arbeiten. Dem Bild überlagert sehen Sie dann je zwei Fluchtlinien für die rote x- und die grüne y-Richtung (Abbildung 9.2). Sofern der Bildschirmausschnitt groß genug ist, finden Sie auch die Schnittpunkte dieser beiden Linien, die Fluchtpunkte links und rechts. Das Verfahren setzt auf jeden Fall voraus, dass Sie auf Ihrem Foto dazu passende Kanten mit mindestens zwei Paaren von parallelen Linien haben, die senkrecht zueinander stehen.

Abb. 9.2: Die Fluchtlinien und -punkte, Nullpunkt ganz links

Nach solchen Kanten richten Sie nun die Fluchtlinien aus. Dazu müssen Sie nur die Endpunkte entsprechend mit gedrückter Maustaste verziehen. In Abbildung 9.3 ist dies anhand der Dachkanten und der unteren Begrenzungslinien des Hauses geschehen. In den nachfolgenden Bildern sind bei gleicher Einstellung, aber starker Verkleinerung, die seitlich liegenden Fluchtpunkte (Abbildung 9.5) und die Augenposition (Abbildung 9.6) dargestellt. Als Verbindung der beiden Fluchtpunkte sehen Sie noch eine gelbe Horizontlinie.

Die Fluchtlinien können Sie über die Endpunkte beliebig ausrichten. Sie lassen sich auch als Ganzes verschieben, wenn Sie nicht die Endpunkte wählen, sondern eine Position dazwischen. Auch lässt sich die Horizontlinie und damit die Höhenlage der beiden Schnittpunkte mit der Maus verschieben. Schließlich besteht auch die Möglichkeit, den Koordinatennullpunkt beliebig zu verlegen, beispielsweise auf einen Eckpunkt des Hauses.

Abb. 9.3: Fluchtlinien ausgerichtet

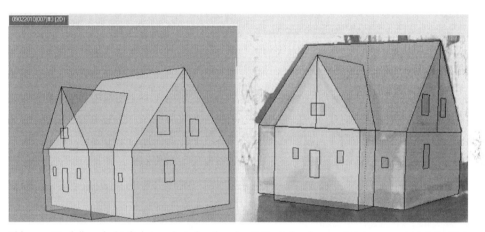

Abb. 9.4: Modell verdreht (links) und wieder über den Reiter links oben nach Foto ausgerichtet (rechts)

Während der Bildanpassung dürfen Sie beliebig mit dem Mausrad zoomen (Mausrad rollen) oder die gesamte Konstruktion auf dem Bildschirm mit gedrücktem Mausrad in alle Richtungen verschieben (Pan-Modus).

Sobald Sie aber im Dialogfenster auf FERTIG klicken und dann mit gedrücktem Mausrad einen ORBIT-Schwenk ausführen, verschwindet das Foto. Um das Foto wiederzubekommen und auch die passende Ausrichtung des Koordinatensystems, brauchen Sie nur links über dem Zeichenfenster auf den Reiter zu klicken, der den Namen des Fotos anzeigt (Abbildung 9.11). Sofort wird das Foto angezeigt und Ihre Konstruktion in die dazugehörige Lage geschwenkt. Sie setzen die Foto-ausrichtung fort über die Kontextmenüfunktion ABGEGLICHENES FOTO BEARBEITEN oder das Logo mit dem Zahnrad oben im Dialogfenster. Die Ausrichtung wird auch beendet, wenn Sie einfach mit dem AUSWÄHLEN-Werkzeug neben das Foto klicken.

Abb. 9.5: Fluchtpunkte beim ausgerichteten Foto

Abb. 9.6: Augenpunkt beim ausgerichteten Foto

Das Foto können Sie mit dem Schieberegler OPAZITÄT auch durchsichtig gestalten. Das wäre sinnvoll, wenn schon Objekte konstruiert sind. Mit dem Schalter MODELL lässt sich dann die Modellgeometrie ein- oder ausschalten. Die Option TEXTUREN VON FOTO PROJIZIEREN brauchen Sie im nächsten Schritt, wenn das Oberflächenmuster vom Foto auf die Geometrie übertragen werden soll. Aber dazu muss die Geometrie erst einmal konstruiert werden. Die Texturprojektion folgt im nächsten Abschnitt.

Hilfreich beim Ausrichten kann auch noch die GITTER-Option sein. Damit kann man die korrekte Ausrichtung noch besser beurteilen. Unter STIL legen Sie fest, ob die Gitterdarstellung einer Innenecke, einer Außenecke von oben oder einer Außenecke auf einer Ebene entsprechen soll. Das Gitter kann für die einzelnen Ebenen xy, yz und/oder xz ein- und ausgeschaltet werden. Unter ABSTAND stellen Sie ein, in welchen Abständen Gitterlinien erscheinen sollen. Für unseren Fall wäre evtl. ein Abstand von 100 cm sinnvoll. Die relative Größe des Fotos zu den Gitterlinien können Sie variieren, wenn Sie mit gedrückter Maustaste an der blauen z-Achse entlangfahren. Damit könnten Sie also das Foto so skalieren, dass der gemauerte Sockel des Hauses genau 100 cm entspricht.

Abb. 9.7: Linien achsparallel einzeichnen

Nach dieser Foto-Ausrichtung ist die Orientierung der Koordinatenachsen nun so eingerichtet, dass Sie ebene rechteckige Flächen mit achsparallelen Linien nachzeichnen können (Abbildung 9.7). Achten Sie ganz genau darauf, ob auch wirklich die richtigen achsparallelen Spurlinien dabei erscheinen. Sonst entsteht eine falsche dreidimensionale Geometrie.

> **Tipp**
>
> Dieses Nachzeichnen ist natürlich immer nur mit *der* Genauigkeit möglich, mit der Sie Positionen im Foto abgreifen können. Ein *exaktes* Fangen von Punktpositionen so wie innerhalb der Kanten eines SketchUp-Modells in Vektordarstellung ist natürlich auf einem Foto, das aus Pixeln – also Bildpunkten – besteht, nicht möglich.

Sobald Sie die Konturen geschlossen haben, entstehen auch wieder automatisch Flächen (Abbildung 9.8). Wenn dies nicht geschieht, dann haben Sie wieder Konturpunkte erwischt, die nicht in einer Ebene liegen. Sie können dies ja durch die ORBIT-Funktion mit gedrücktem Mausrad leicht überprüfen. Gehen Sie mit dem Reiter oben links danach dann wieder in die Foto-Orientierung zurück. Die Dachgiebel beginnen Sie am besten über die Mittellinien, weil diese achsparallel zur blauen z-Achse verlaufen (Abbildung 9.10). Bei der Konstruktion des Frontvorbaus gibt es einige Linien zu zeichnen, die sehr dicht beieinanderliegen. Hier gilt es also besonders, immer die Achs-Ableitungen anhand der Farben zu überwachen.

Abb. 9.8: Zweite Wand wird gezeichnet

Abb. 9.9: Zweite Wand fertig

Abb. 9.10: Vorbau fertig

Sobald die wichtigsten Flächen fertig sind, können Sie mit dem RECHTECK-Befehl
die Ausschnitte in die Außenwände zeichnen, weil sich die Rechtecke automatisch in die Zielfläche legen. Auch Dachfirstkanten können nun gezeichnet werden. Um bei der Konstruktion immer noch das Foto zu sehen, schalten Sie in der

Symbolleiste am besten den RÖNTGEN-Modus ein. Nun können Sie die Konstruktion schwenken und die fehlenden achsparallelen Linien auf der Rückseite hinzufügen (Abbildung 9.12). Auch könnten Sie nun mit DRÜCKEN/ZIEHEN die Fensteröffnungen in das Gebäude hinein extrudieren.

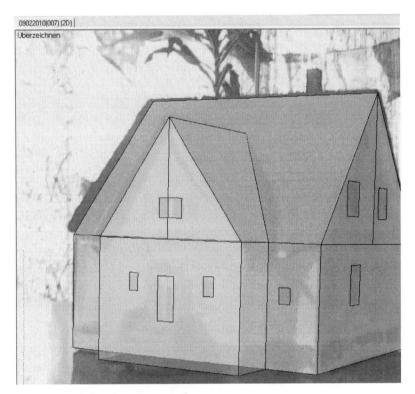

Abb. 9.11: Giebel und Fenster eingefügt

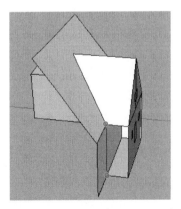

Abb. 9.12: Ergänzende Linien werden nach dem Fotoabgleich konstruiert.

Abb. 9.13: Fertiges Haus mit extrudierten Fensteröffnungen

Um jetzt die Oberflächen aus dem Foto heraus noch mit Textur zu versehen, klicken Sie wieder auf den Reiter oben links über dem Zeichenfenster, womit die Konstruktion mit dem Foto ausgerichtet wird. In diesem Zustand brauchen Sie im Dialogfenster ÜBERZEICHNEN (aktiviert über FENSTER|MIT FOTO ABGLEICHEN) nur noch auf die Schaltfläche TEXTUREN VON FOTO PROJIZIEREN zu klicken. Alle Flächen erhalten dann die Fototextur (Abbildung 9.14). Zu bedenken ist nur, dass alle in dieser Ansicht unsichtbaren Flächenstücke von der Projektion nichts abbekommen. Das zeigt sich leicht nach einer kurzen ORBIT-Drehung (Abbildung 9.15).

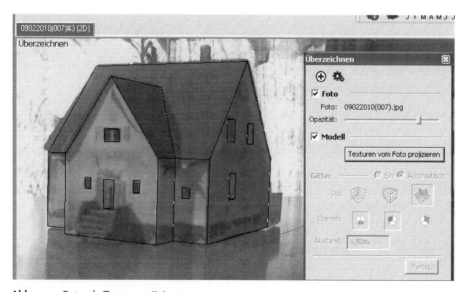

Abb. 9.14: Foto als Textur projiziert ...

Kapitel 9
Modellieren mit Fotos

Abb. 9.15: ... und nach Entfernen des Fotos im gedrehten Zustand

9.2 Fassade aus einem Foto auf 3D-Modell projizieren

Wenn Sie wie oben geschildert die Konstruktion gemäß dem Foto erstellt haben, ist es natürlich ein Leichtes, die Textur auf das Modell zu übertragen. Etwas schwieriger ist es, auf ein bestehendes Modell nachträglich die Foto-Textur aufzubringen. Dann müssen Sie erst mal das Modell nach dem Foto ausrichten. Die Funktion ist natürlich wieder FENSTER|MIT FOTO ABGLEICHEN. Sie haben die gleichen Werkzeuge wie im Abschnitt zuvor zur Verfügung. Nur ist diesmal die Einstellung etwas sensibler. Sie sollten die verschiedenen Hilfsmittel deshalb maßvoll nutzen und sich in kleineren Schritten dem Ziel nähern. Während des Abgleichs mit dem Foto ist es praktisch, das Modell nur in der Kantendarstellung zu verwenden.

Richten Sie zuerst grob die zwei grünen und zwei roten Fluchtlinien an vier Hauskanten aus. Insbesondere ist zu beachten, dass das Schwenken der Fluchtlinien immer auch eine Vergrößerung oder Verkleinerung bewirkt. Die Größe variieren Sie auch effektiv durch Verschieben des Nullpunkts und durch Bewegen des Cursors (bei gedrückter Maustaste) an der blauen z-Achse entlang. Durch Verschieben der gelben Horizontlinie und der Fluchtpunkte können Sie auch ein Feintuning vornehmen.

Wenn die Ausrichtung erst mal geschafft ist, stellt das Projizieren der Texturen vom Foto auf die Modellflächen kein Problem mehr dar wie im Abschnitt oben schon gezeigt.

Abb. 9.16: Foto an 3D-Modell angleichen

Abb. 9.17: Es wird projiziert.

Kapitel 9
Modellieren mit Fotos

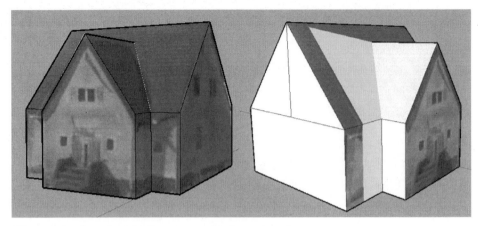

Abb. 9.18: Ergebnis der Projektion in verschiedenen Ansichten

9.3 Übungsfragen

1. Was ist Voraussetzung für die Funktion MIT FOTO ABGLEICHEN?
2. Können gewölbte Kanten dafür auch verwendet werden?
3. Womit können Sie die Größe des 3D-Modells bestimmen?
4. Was wird durch die Horizontlinie verbunden?
5. Welches sind die variierbaren Hilfsmittel in der Funktion MIT FOTO ABGLEICHEN?
6. Welche Gitterstile gibt es?
7. Wodurch wird die Fotodarstellung entfernt?
8. Welcher Schieberegler macht das Foto transparent?
9. Woran erkennen Sie beim Nachzeichnen des Fotos, dass ein geschlossenes Viereck nicht achsparallel verläuft?
10. Wie genau ist das Verfahren MIT FOTO ABGLEICHEN?

Kapitel 10

Zusammenspiel: Google Earth und andere CAD-Systeme

Mögen viele mit SketchUp auch nur Skizzen und Entwürfe erstellen, so ist es doch sehr nützlich, diese Daten in andere Programme oder gar in ausgewachsene CAD-Systeme zu übertragen. Eine schnelle und einfache Möglichkeit existiert zur Übergabe Ihrer Modelle in Google Earth. Wie der Name schon sagt, stammt das Programm ebenfalls von der Firma Google und so darf man einen reibungslosen Verbund erwarten. Die Datenübergabe ist aber auch interessant in Form von Bildern, seien es gut gestaltete Grafiken oder technisch interessante Schnitte durch die Konstruktion. Schließlich kann man ja einen Entwurf vielleicht auch zur Vervollkommnung durch den Profi an ein großes CAD-System wie AutoCAD übergeben. Dazu liefert die nötigen Schnittstellen dann die PRO-Version von SketchUp.

10.1 Funktionsübersicht

Die in diesem Kapitel vorgestellten Themen sind in SketchUp in der GOOGLE-Symbolleiste zusammengefasst. Sie sind fast alle im DATEI-Menü wiederzufinden, eine davon im FENSTER-Menü.

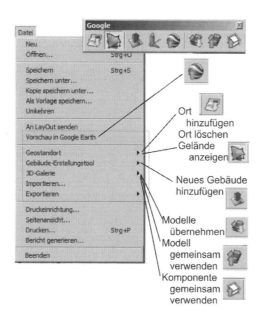
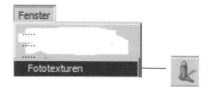

Abb. 10.1: Funktionen der GOOGLE-Symbolleiste

Kapitel 10
Zusammenspiel: Google Earth und andere CAD-Systeme

10.1.1 Geostandort

Wichtigste Voraussetzung für die geografisch korrekte Behandlung eines Gebäudes ist die korrekte Positionierung nach geografischen Koordinaten, auch als *Georeferenzierung* bezeichnet. Sie ist in Zusammenhang mit Datum und Uhrzeit nötig für die Berechnung realistischer Schatten. Das wurde weiter oben schon beschrieben.

Sofern Sie ein Modell an den richtigen Ort in Google Earth platzieren wollen, muss es ebenfalls mit den richtigen Koordinaten versehen werden. Dazu dient dann die Funktion GEOSTANDORT|ORT HINZUFÜGEN. Dabei wird nicht nur der Nullpunkt des Modells auf die gewünschte Koordinate gesetzt, sondern auch aus Google Earth das umliegende Terrain nach SketchUp importiert.

Mit GEOSTANDORT|ORT LÖSCHEN kann eine Georeferenzierung auch wieder aufgehoben werden.

Es können außerdem später weitere Geländebereiche noch in SketchUp mit GEOSTANDORT|ORT HINZUFÜGEN *zusätzlich* hinzugefügt werden.

Das importierte Terrain kann in SketchUp nur als ebenes Bild oder als räumliches realistisch gewölbtes Flächenobjekt dargestellt werden. Letzteres wird mit der Funktion GEOSTANDORT|GELÄNDE ANZEIGEN aktiviert.

10.1.2 Vorschau in Google Earth

Wenn Sie ein Modell georeferenziert haben, können Sie es sofort probeweise mit DATEI|VORSCHAU IN GOOGLE EARTH am gewünschten Ort anzeigen lassen.

10.1.3 Fototexturen

Wenn Sie ein Gebäude in SketchUp erstellt haben und seine Dächer und Wände mit den realen Texturen versehen wollen, dann verwenden Sie FENSTER|FOTOTEXTUREN. Das ist ebenfalls nur sinnvoll für Gebiete, die mit Street View erfasst sind, um Bildmaterial für verschiedene Ansichten zu liefern.

10.1.4 Gebäude-Erstellungstool

Mit diesem Werkzeug wird das Gebäude nicht in SketchUp, sondern in der Google-Earth-Umgebung erstellt. Über GEBÄUDE-ERSTELLUNGSTOOL|NEUES GEBÄUDE HINZUFÜGEN können Sie nämlich in Google Earth Gebäude aus vorgegebenen 3D-Bausteinen gestalten und auch mit dort verfügbaren Fototexturen versehen.

Dieses Verfahren ist nur an bestimmten Orten möglich, wo nicht nur Luftaufnahmen mit Ansichten direkt von oben, sondern auch Aufnahmen der seitlichen Ansichten von Gebäuden vorliegen. Auch Street-View-Aufnahmen können hier Verwendung finden.

10.1.5 3D-Galerie

Unter dem Punkt DATEI|3D-GALERIE sind Funktionen zusammengefasst, über die Sie mit der *3D-Galerie* von Google Modelle und Komponenten austauschen können.

- Mit MODELLE ÜBERNEHMEN können Sie sich Modelle aus der 3D-Galerie holen,
- mit MODELLE GEMEINSAM VERWENDEN können Sie Ihre 3D-Modelle der Galerie zur Verfügung stellen.
- Genauso können Sie mit KOMPONENTE GEMEINSAM VERWENDEN einzelne Komponenten in die Galerie übergeben.

10.2 Ein Modell nach Google Earth übertragen

10.2.1 Koordinaten in Google Earth ermitteln und manuell verwenden

Google Earth ist ein frei verfügbares Programm, das Sie ebenfalls von Googles Internetseite herunterladen können. Das Programm ist zwar frei ohne Bezahlung verwendbar, die darin angezeigten Daten stehen natürlich unter einem Copyright-Vorbehalt. Beachten Sie also immer, dass Sie sich um die Rechte bemühen müssen, bevor Sie solche schönen Daten verbreiten!

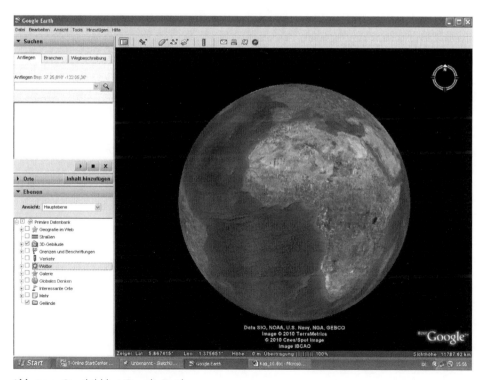

Abb. 10.2: Startbild bei Google Earth

Kapitel 10
Zusammenspiel: Google Earth und andere CAD-Systeme

In Google Earth erhalten Sie zunächst einen Überblick über den gesamten Globus (Abbildung 10.2). Wir sollen nun den Ort finden, an den dieses Haus gehört. Dazu sei nur eines verraten, es steht in Berlin. Tragen Sie dazu unter SUCHEN|ANFLIEGEN einfach BERLIN ein und klicken Sie auf die Such-Lupe rechts daneben. Sanft wird die Globusdarstellung immer mehr vergrößert, bis Sie die Umrisse der Stadt Berlin sehen. Die Karte ist aus mehreren Satellitenaufnahmen und/oder Luftbildern zusammengesetzt. Aus diesem Grunde erscheinen einige Partien heller oder dunkler, jeweils abhängig von der Aufnahmebeleuchtung.

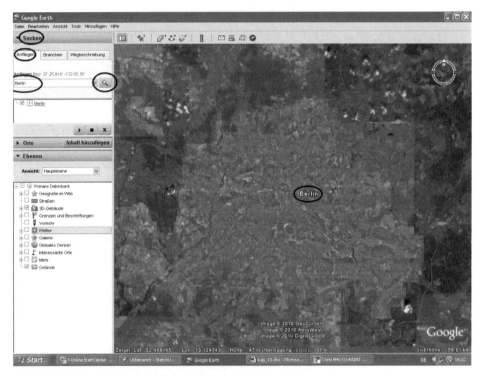

Abb. 10.3: Mit Google Earth in Berlin

Da ich nicht möchte, dass dem jetzigen Eigentümer lauter neugierige Leser ums Haus schleichen, halte ich die genaue Lage geheim. Ich hoffe, Sie verstehen das. Wenn Sie den genauen Standort eines Gebäudes kennen, können Sie die Adresse korrekt mit Straße, Hausnummer, Postleitzahl und Ort eingeben:

- **Übungsstraße 123, 12345 Berlin**

Google Earth führt Sie dann sofort an den exakten Ort.

Ansonsten müsste die Suche nach dem echten Standort nun manuell mit Mauszeiger und Mausrad zum Zoomen erfolgen. Sie brauchen

- die linke Maustaste, um mit gedrückter Taste das Zielgebiet in die Bildschirmmitte zu schieben
- das Zoomrad, um den Ausschnitt zu vergrößern oder zu verkleinern
- das heruntergedrückte Mausrad, um von der senkrechten Draufsicht in eine schräge Ansicht zu schwenken

Abb. 10.4: Geografische Koordinaten des Objekts in Google Earth bestimmen

Die Lage des Hauses bestimme ich nun anhand der Ansicht. In Abbildung 10.4 sehen Sie unten am Rand die geografischen Koordinaten. Die Zeile lautet:

Zeiger Lat 52.4xxxxx° Lon 13.4xxxxx° Höhe 33 m ... Sichthöhe 102 m

Bedeutung:

- Lat (engl. Latitude) steht für den geografischen Breitengrad. Er beträgt hier 52.4xxxxx° nördlicher Breite.
- Lon (engl. Longitude) steht für den geografischen Längengrad. Er beträgt hier 13.4xxxxx° östlicher Länge.

Kapitel 10
Zusammenspiel: Google Earth und andere CAD-Systeme

- Die Höhe am gewählten Ort beträgt 33 m über dem Meeresspiegel.
- Die Sichthöhe, also Ihr momentaner Standpunkt, liegt 102 m über dem Meeresspiegel.

Für die exakte Georeferenzierung der SketchUp-Konstruktion sind nun diese Längen- und Breitengrade wichtig. Sie könnten diese nun abschreiben und manuell unter FENSTER|MODELLINFORMATIONEN|GEOSTANDORT mit ORT MANUELL FESTLEGEN eingeben (Abbildung 10.6).

10.2.2 SketchUp-Modell automatisch georeferenzieren

Eleganter geschieht die Ortsbestimmung allerdings mit dem Werkzeug DATEI|GEOSTANDORT|ORT HINZUFÜGEN oder unter FENSTER|MODELLINFORMATIONEN|GEOSTANDORT|ORT HINZUFÜGEN. Hiermit startet das Internet, wo Sie den Ort als Adresse eingeben und suchen lassen können wie oben beschrieben. Ist der Ort gefunden, können Sie noch auswählen, welchen Landkartenausschnitt um diesen Ort Sie nach *SketchUp* importieren wollen. Danach erscheint dieser Ausschnitt in Ihrer Konstruktion und der Nullpunkt wandert exakt auf die gewählte Position. Auf diesem Geländeausschnitt können Sie nun Ihr Modell ganz exakt verschieben und drehen, bis es kongruent zum Luftbildausschnitt liegt. Mit dieser Präzision wird dann das Modell wahlweise auch nach Google Earth eingefügt. Dort können Sie es dann aber nicht mehr drehen oder verschieben.

Abb. 10.5: Dialogfeld zum Suchen des geografischen Orts

10.2
Ein Modell nach Google Earth übertragen

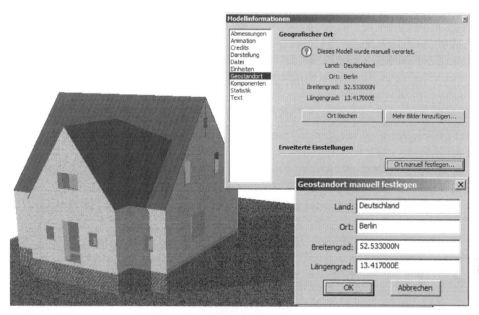

Abb. 10.6: Geografische Koordinaten von SketchUp anpassen

10.2.3 Anzeige des importierten Geländes

Mit dem zweiten Werkzeug in der GOOGLE-Symbolleiste GELÄNDE ANZEIGEN lässt sich die Geländeanzeige auf 3D umschalten. Normal wird es als ebene schattierte Fläche gezeigt. In diesem Zustand sollten Sie Ihr Modell präzise positionieren, also verschieben und drehen, bis es zum Standort passt.

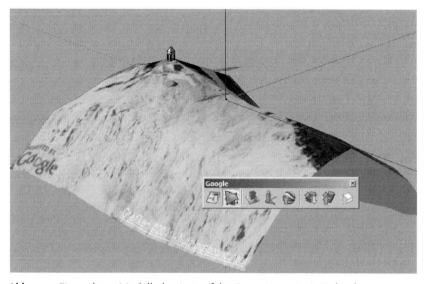

Abb. 10.7: Ein anderes Modell platziert auf der Zugspitze mit 3D-Gelände

251

Kapitel 10
Zusammenspiel: Google Earth und andere CAD-Systeme

10.2.4 Modell nach Google Earth exportieren

Nach der Georeferenzierung reicht ein Mausklick, um das in SketchUp exakt georeferenzierte Modell in Google Earth präzise einzufügen. Wählen Sie DATEI|VORSCHAU IN GOOGLE EARTH und warten Sie ab. Alles läuft nun automatisch. Das Modell wird temporär exportiert und in das Google-Earth-Programm übergeben, wo Sie automatisch in eine Ansicht mit diesem Modell geschwenkt werden (Abbildung 10.8).

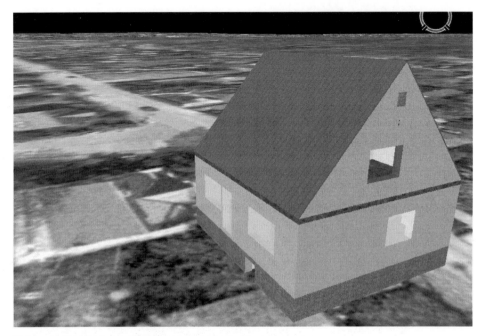

Abb. 10.8: SketchUp-Modell nach Google Earth übertragen

Das Haus ist nun korrekt positioniert. Um das zu überprüfen, können Sie am besten in eine Draufsicht wechseln. Dazu verwenden Sie das Mausrad. Bei gedrücktem Mausrad erscheint eine Art Windrose als Cursor und daneben ein Doppelpfeil (Abbildung 10.9). Den Doppelpfeil bewegen Sie mit gedrücktem Mausrad. Er bestimmt den Neigungswinkel Ihrer Ansicht. Im gezeigten Beispiel wurde die Position in Google Earth nicht ganz präzise bestimmt, damit in den Abbildungen Modell und Luftbild einzeln zu sehen sind. Bei ganz exakter Ortsbestimmung für den Nullpunkt in SketchUp würden Modell und Luftbild auch exakt übereinanderliegen.

Ihr Modell finden Sie auch in der Strukturansicht links (ggf. die Seitenleiste über das Menü ANSICHT|SEITENLEISTE einblenden). Dort finden Sie eine Kategorie TEMPORÄRE ORTE, darunter SUPREVIEW und darunter CREATED WITH GOOGLE SKETCHUP (Abbildung 10.10).

Abb. 10.9: Mit gedrückter Maustaste in Draufsicht wechseln

Abb. 10.10: Ihr Modell in der Kategorie TEMPORÄRE ORTE

10.3 Beispiel: Gelände aus Google Earth in SketchUp übernehmen

Im nächsten Beispiel soll damit begonnen werden, zuerst das Gelände nach SketchUp zu importieren und dann in SketchUp das Gebäude zu erstellen. Das fertige Modell wird dann wieder in Google Earth eingefügt.

Kapitel 10
Zusammenspiel: Google Earth und andere CAD-Systeme

Zuerst soll das Gelände nach SketchUp herübergeholt werden, dann dem Gelände angepasst ein Gebäude nachgezeichnet und ungefähr nachempfunden werden und schließlich dieses Gebäude, das dann schon automatisch georeferenziert ist, einfach in Google Earth korrekt eingebaut werden. Die nötigen Schritte sind:

- Neue Konstruktion beginnen,
- DATEI|GEOSTANDORT|ORT HINZUFÜGEN für die Georeferenzierung,
- Hausmodell konstruieren,
- DATEI|VORSCHAU IN GOOGLE EARTH zum temporären Einfügen in Google Earth.

Damit diesmal das Gelände etwas mehr Pep hat, gehen wir mit Google Earth auf die Zugspitze und suchen von dort aus die Höllentalangerhütte im Tal etwa 3,5 km nordöstlich davon. Das nähere Gelände zeigt Abbildung 10.12. Damit Sie die Hütte finden können, habe ich noch mal die Ortskoordinaten angezeigt.

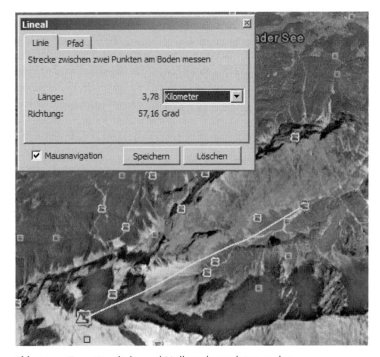

Abb. 10.11: Zugspitze links und Höllentalangerhütte rechts

Um diese Koordinaten nun zu nutzen, könnten Sie in der neuen Konstruktion manuell einen neuen Ort mit FENSTER|MODELLINFORMATIONEN|GEOSTANDORT|ORT MANUELL FESTLEGEN definieren. Dann geben Sie einen Namen dafür ein, z.B. HÖLLENTALANGERHÜTTE, dann die unten angegebenen Koordinaten 47.4379° nördlicher Breite und 11.0252° östlicher Länge und OK. Wenn Sie jetzt eine kleine Konstruktion vornehmen, beispielsweise einen Zylinder, der einige Meter hoch ist, können Sie sich mit DATEI|VORSCHAU IN GOOGLE EARTH sofort mit dem Turm auf diese Position »beamen« lassen.

Abb. 10.12: Ortsmarke mit Koordinaten

Übrigens können Sie die Koordinaten auch in Google Earth direkt ausprobieren, indem Sie oben in der Symbolleiste auf das Werkzeug ORTSMARKIERUNG HINZUFÜGEN klicken. Im Dialogfeld geben Sie einen Namen dafür ein, z.B. HÖLLENTALANGERHÜTTE, dann die unten angegebenen Koordinaten 47.4379° nördlicher Breite und 11.0252° östlicher Länge und OK.

In SketchUp sollten Sie nach der Georeferenzierung nun auch den dreidimensionalen Geländeausschnitt mit dem Werkzeug GELÄNDE ANZEIGEN aktivieren. Diesmal handelt es sich ja sogar um ein Gelände mit Höheninformation (Abbildung 10.13).

Wenn Sie Gebäude in das Gelände einzeichnen wollen, sollten Sie aber wieder in die ebene Darstellung zurückgehen. Wir wollen probeweise die schemenhaft sichtbaren Gebäudeteile nachzeichnen.

Da das am einfachsten mit rechteckigen Grundrissen geschieht, muss aber erst das Koordinatensystem so ausgerichtet werden, dass eine der Achsen parallel zur Gebäudeachse läuft. Verwenden Sie dazu TOOLS|ACHSEN. Als Erstes klicken Sie eine Position für den Nullpunkt an, danach eine zweite Position für die rote x-Achse und danach einen beliebigen weiteren Punkt in der Ebene ungefähr in Richtung der grünen y-Achse.

Kapitel 10
Zusammenspiel: Google Earth und andere CAD-Systeme

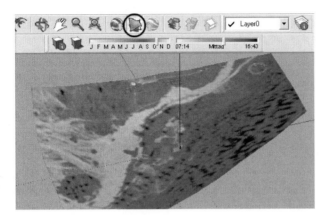

Abb. 10.13: Gelände eingeschaltet

In diesem neuen Koordinatensystem ist es ein Leichtes, die Rechtecke für die Gebäudeumrisse nachzuzeichnen (Abbildung 10.14). Mit DRÜCKEN/ZIEHEN geben Sie den Gebäuden Höhe, zeichnen die Firstlinien über die Mittelpunkte auf den Kanten ein und bewegen sie mit VERSCHIEBEN/KOPIEREN in der blauen z-Richtung nach oben. Dann brauchen Sie nur noch TOOLS|GOOGLE EARTH|MODELL PLATZIEREN anzuklicken und schon sitzt das Modell korrekt in Google Earth.

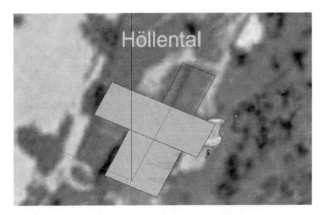

Abb. 10.14: Rechteck im neu angelegten Koordinatensystem erstellen

Abbildung 10.15 zeigt die Hütte im Gelände vor dem Zugspitzmassiv. Wenn Sie ganz genau hinschauen, werden Sie evtl. sehen, dass die Hütte teilweise über dem Boden schwebt. Sie wird nämlich in der Höhe eingefügt, die durch die Ortsmarke bestimmt ist. In meinem Beispiel liegt diese Ortsmarke etwas auf der Talflanke und zieht deshalb die gesamte Hütte auf diese Höhe. Um die Hütte wieder tiefer zu legen, müssten Sie in SketchUp die Höhe korrigieren. In Google Earth können Sie die Hütte zwar höher setzen, aber nicht tiefer.

10.3 Beispiel: Gelände aus Google Earth in SketchUp übernehmen

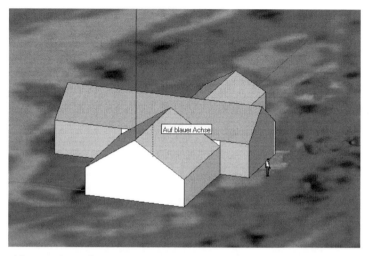

Abb. 10.15: Extrudierte Geometrie

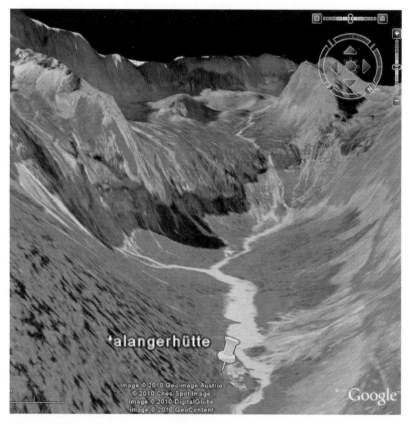

Abb. 10.16: Die Hütte vorm Zugspitzmassiv eingefügt

Kapitel 10
Zusammenspiel: Google Earth und andere CAD-Systeme

10.4 Fototexturen

Wenn Sie ein Gebäude in SketchUp erstellt haben und seine Dächer und Wände mit den realen Texturen versehen wollen, dann verwenden Sie FENSTER|FOTOTEXTUREN. Das ist nur sinnvoll für Gebiete, die mit Street View erfasst sind, um Bildmaterial für verschiedene Ansichten zu liefern.

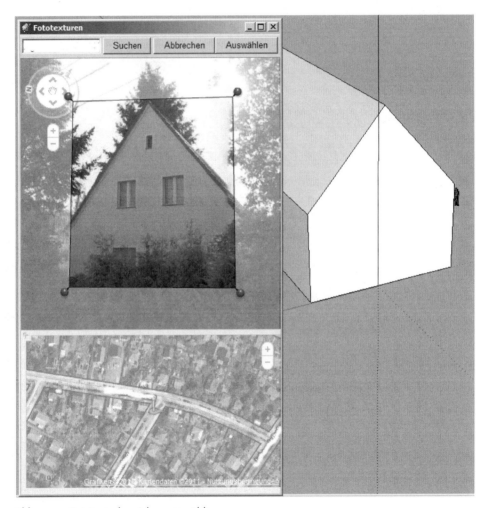

Abb. 10.17: Fototexturbereich ausgewählt

Gehen Sie folgendermaßen vor:

1. Markieren Sie in SketchUp die Fläche, die die Textur erhalten soll,
2. FENSTER|FOTOTEXTUR aufrufen,
3. Adresse eingeben und SUCHEN wählen.

4. In der angebotenen Street-View-Ansicht können Sie mit gedrückter Maustaste Ihre Blickrichtung wählen.
5. Im unteren Straßenbild können Sie das gelbe Street-View-Symbol und damit Ihren Standpunkt variieren.
6. Platzieren Sie im oberen Bild die durchsichtige Fläche zur Grobauswahl, mit + oder – können Sie dann noch zoomen.
7. Klicken Sie auf REGION AUSWÄHLEN, um über ein Rechteck mit Pin-Nadeln den genauen Bereich zu wählen (Abbildung 10.17).
8. Dann klicken Sie auf AUSWÄHLEN, um das Bild auf die Fläche zu übertragen (Abbildung 10.18).

Abb. 10.18: Fototextur auf SketchUp-Modell aufgebracht

10.5 Gebäude-Erstellungstool

Mit diesem Werkzeug wird das Gebäude nicht in SketchUp, sondern in der Google-Earth-Umgebung direkt erstellt. Mit GEBÄUDE-ERSTELLUNGSTOOL|NEUES GEBÄUDE HINZUFÜGEN wird erst einmal ein passendes Plug-in geladen. Dann erscheint ein Dialogfenster zur Auswahl des Ortes.

Hierzu muss man wissen, dass dieses Verfahren nur an bestimmten Orten möglich ist, wo nicht nur Luftaufnahmen mit Ansichten direkt von oben, sondern auch Aufnahmen der seitlichen Ansichten von Gebäuden vorliegen. Solche Orte finden Sie im START-Dialogfeld markiert (Abbildung 10.19). Wenn Sie weiter hineinzoomen, finden Sie bei einzelnen Städten weiß umgrenzte Bereiche (Abbildung 10.20). In diesen Bereichen ist die Gebäude-Erstellung sinnvoll möglich, das heißt, hier finden sich dann auch genügend Bilder für die Hausfassaden. Auch Street-View-Aufnahmen können Verwendung finden.

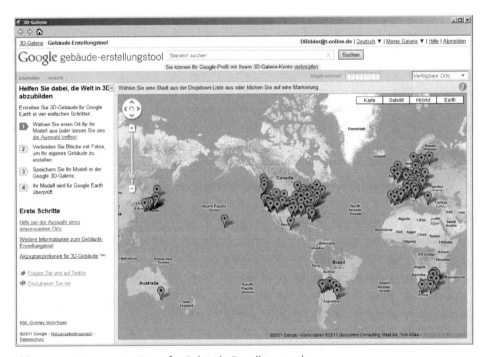

Abb. 10.19: »Interessante Orte« für Gebäude-Erstellungstool

Nun zoomen Sie sich zu dem Gebäude hin, das Sie als 3D-Modell erstellen wollen, und positionieren dort den roten Marker. Daraufhin werden links einige Bilder erscheinen, die Fotos dieses Gebäudes unter verschiedenen Blickwinkeln zeigen.

10.5
Gebäude-Erstellungstool

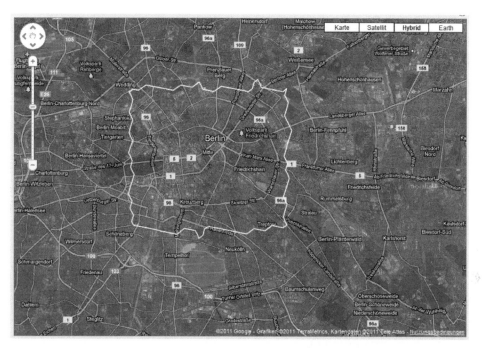

Abb. 10.20: Die Stadt Berlin mit dem weiß markierten Bereich für Gebäude-Erstellung

Abb. 10.21: Wahl des zu erstellenden Gebäudes, Anzeige der Fotos links

Klicken Sie auf ERSTELLUNG BEGINNEN. Damit erscheinen nun links oben die Volumenkörperformen, die Sie zur Erstellung verwenden können.

Kapitel 10
Zusammenspiel: Google Earth und andere CAD-Systeme

Abb. 10.22: Erstellungswerkzeuge und erste Ansicht

Wählen Sie vielleicht als Grundmodell den Quader. Sie müssen sich ein Haus einfach so vorstellen, dass es aus Quadern und den angebotenen Dachformen zusammengesetzt werden soll. Den Quader schieben Sie am besten mit dem ersten Eckpunkt unten auf eine Hausecke. Nicht immer werden Sie diese exakt anklicken können, aber schieben Sie den Quader einfach dahin, wo Sie eine Hausecke vermuten. Wenn Sie eine Ecke des Grundquaders verschieben wollen, müssen Sie nur mit dem Cursor hineinklicken. Er wird dann hervorgehoben und kann mit gedrückter Maustaste neu positioniert werden.

Der erste Eckpunkt positioniert den gesamten Quader. Der nächste Eckpunkt dient der Drehung, und als dritten Eckpunkt sollten Sie einen Punkt oben wählen, um die Höhe zu bestimmen. Verzerren Sie den Quader nicht zu sehr. Nach dem ersten Schieben und Drehen sollten Sie die nachfolgenden Verschiebungen der Eckpunkte möglichst immer entlang der Kanten ausführen.

Danach klicken Sie auf der linken Seite das nächste Bild an und optimieren den Quader danach. Und so gehen Sie alle Bilder durch und optimieren immer wieder den Grundquader, bis Sie mit der Übereinstimmung zufrieden sind.

Dann können Sie das Dach draufsetzen. Dazu aktivieren Sie am besten vorher rechts oben die Option NEUEN BLOCK ÜBER AUSGEWÄHLTEM EINFÜGEN. Dann passt schon mal die Höhe des Dachs. Dann wählen Sie einen geeigneten Baustein für das Dach aus. Sie können rechts oben nun auch eine Option wählen, mit der die Eckpunkte aufeinander einrasten werden. Sie heißt AUTOMATISCHES AUSRICHTEN VON PUNKTEN UND LINIEN.

Abb. 10.23: Erste Anpassung des Quaders (siehe weiße Punkte)

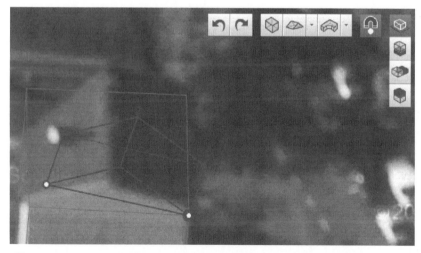

Abb. 10.24: Einsetzen des Dachs und Einrasten der Eckpunkte über dem letzten Block

Wenn Dach und Grundquader dann passen, klicken Sie links zum Speichern und geben weitere Informationen zum Gebäude ein.

Kapitel 10
Zusammenspiel: Google Earth und andere CAD-Systeme

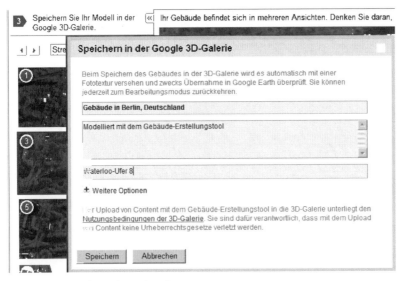

Abb. 10.25: Speichern des Gebäudes

Dann wählen Sie links oben ANSICHT und im Google-Earth-Fenster GEBÄUDE AUSBLENDEN. Damit wird Ihr Gebäude nun angezeigt und zwar ohne benachbarte oder schon vorhandene andere Modelle (Abbildung 10.26).

Abb. 10.26: Neues Gebäude einzeln

Sie können das Gebäude nun nach SketchUp exportieren, also in Ihre aktuelle Konstruktion, wenn Sie links oben wieder BEARBEITEN anklicken und dann rechts oben SKETCHUP-EXPORT. Danach finden Sie das Gebäude in Ihrer aktuellen Konstruktion (Abbildung 10.27).

Abb. 10.27: Gebäude in SketchUp angekommen

10.6 Export von 2D-Grafik

Zur Ausgabe von Rasterbildern dient das Menü DATEI|EXPORT|2D-GRAFIK, das übliche Grafikformate anbietet. Bei diesen Export-Möglichkeiten unterscheidet sich natürlich die Standard-Version von SketchUp von der PRO-Version. Die kostenpflichtige PRO-Version öffnet mit vielen Austausch-Formaten den Weg in die restliche Welt der CAD- und Grafikprogramme.

10.6.1 Pixeldaten exportieren

Mit der normalen Programmversion erhalten Sie vier gängige Austauschformate:

- Windows Bitmap (*.BMP)
- JPEG-Bild (*.JPG)
- Tagged Image File (*.TIF)
- Portable Network Graphics (*.PNG)
- Piranesi Epix (*.EPX)   Ein Format für das Grafikbearbeitungsprogramm Piranesi

Die PRO-Version bietet zusätzlich noch:

- PDF-Datei (*.PDF)   Ein von Adobe entwickeltes weitverbreitetes Format, mit dem Adobe Reader zu öffnen, den fast jeder PC-Besitzer benutzt
- EPS-Datei (*.EPS)   Das erweiterte PostScript-Format, das in der Grafik-Branche weit verbreitet ist
- AutoCAD DWG-Datei (*.DWG)   Das Vektorformat für AutoCAD, eines der meistverbreiteten CAD-Programme
- AutoCAD DXF-Datei (*.DXF)   Das Vektorformat, das von Autodesk als offizielles Austauschformat für CAD-Daten offengelegt wurde

Die obigen Formate erzeugen schlichtweg Bildschirmschnappschüsse im entsprechenden Format (Abbildung 10.28). Sie sind identisch mit dem Bildschirmbild. Auch die AutoCAD-Formate enthalten dann eine Projektion der Kanten des Modells auf die Bildschirmebene.

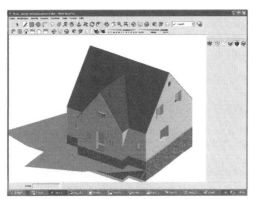 

Abb. 10.28: SketchUp-Bildschirm links und BMP-Datei rechts

10.7 3D-Export

Mit der Funktion DATEI|EXPORT|3D-MODELL können Sie in der Standard-Version nur zwei Formate exportieren:

- Collada-Datei (*.DAE)   Das ist ein offenes Austausch-Format, das auf der Sprache XML basiert. Es überträgt Modelle, Texturen, Einstellungen und Bearbeitungsschritte. Dieses Format können Sie verwenden, um in Google Earth mit HINZUFÜGEN|MODELL Ihre Modelle an eine Position mit beliebigem Längen- und Breitengrad zu setzen. Mit DATEI|ÖFFNEN können Sie ein bereits georeferenziertes Modell schon am richtigen Ort einfügen. Allerdings erscheinen die DAE-Modelle nicht mit Texturen oder Oberflächen.

- Google-Earth-Datei (*.KMZ)   Ein Format zur Übertragung von Geodaten, Vektor- und auch Rasterdaten. Dieses Format können Sie in Google Earth ebenfalls verwenden, um mit HINZUFÜGEN|NETZWERK-LINK Ihre Modelle zu positionieren. Mit DATEI|ÖFFNEN können Sie ein bereits georeferenziertes Modell gleich am richtigen Ort einfügen. Die KMZ-Modelle erscheinen mit Texturen und Oberflächen.

> **Tipp**
>
> Benutzen Sie zum Import nach Google Earth keine Verzeichnisnamen mit dem Nummernzeichen (#).

In der PRO-Version steht noch eine Vielzahl von Formaten zur Verfügung:

- 3DS-Datei (*.3DS)   Format für das Autodesk-Grafik-Gestaltungs-Programm 3D-Studio
- AutoCAD DWG-Datei (*.DWG)   Das Vektorformat für AutoCAD, eines der meistverbreiteten CAD-Programme
- AutoCAD DXF-Datei (*.DXF)   Das Vektorformat, das von Autodesk als offizielles Austauschformat für CAD-Daten offengelegt wurde
- FBX-Datei (*.FBX)   Ein weiteres Autodesk-Austauschformat. Es ist objektbasiert und kann Bewegungsdaten übertragen. Es verarbeitet 2D-, 3D-, Audio- und Video-Daten.
- OBJ-Datei (*.OBJ)   Ein Format der Firma Wavefront für 3D-Objekte und Texturen
- VRML-Datei (*.WRL)   Bedeutet Virtual Reality Modeling Language und eignet sich für 3D-Szenen, 3D-Geometrien, Beleuchtung, Animation und Interaktionsmöglichkeiten
- XSI-Datei (*.XSI)   Ein Format der Firma Softimage für ein 3D-Grafik- und Animationsprogramm. Es ist geeignet für Modelle, Texturen, Animationen, Simulationen und Renderings (fotorealistische Darstellungen).

10.7.1 3D-Export nach AutoCAD

Beim Export zum CAD-Programm AutoCAD werden die SketchUp-Flächen als Vielflächennetze korrekt übertragen. Die DWG- oder DXF-Dateien können Sie direkt mit AutoCAD öffnen, weil es ja die originalen Formate von AutoCAD sind. Auch alle Layer erscheinen wieder in AutoCAD. Die übertragenen Modelle sind zunächst nur als Drahtmodelle sichtbar (Abbildung 10.29).

Kapitel 10
Zusammenspiel: Google Earth und andere CAD-Systeme

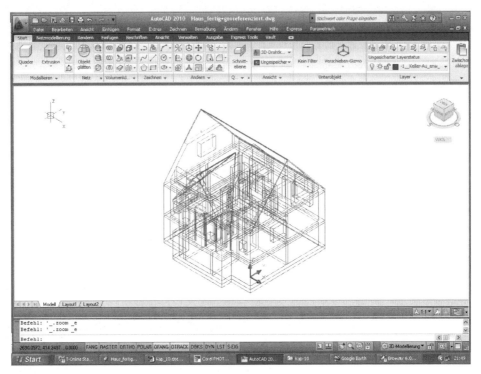

Abb. 10.29: 3D-Modell von SketchUp in AutoCAD

Mit dem Menü ANSICHT|VISUELLE STILE können Sie auf den Stil REALISTISCH oder KONZEPTUELL umschalten, um die schattierte Darstellung zu erhalten (Abbildung 10.30). Es gibt übrigens auch in AutoCAD einen Röntgen-Modus. Mit der Systemvariablen VSFACEOPACITY, die Sie wie einen Befehl eintippen können, machen Sie das Modell durchsichtig, wenn Sie einen Wert zwischen 0 und 100 eingeben. Standardmäßig hat diese Variable den Wert –60 und ist damit undurchsichtig.

Die Layer können Sie über den Layer-Manager im Menü FORMAT|LAYER ein- und ausschalten. Wenn Sie prüfen wollen, was auf welchem Layer liegt, machen Sie mit der Funktion FORMAT|LAYER-WERKZEUGE|LAYERANZEIGE einen Spaziergang durch die Layer. Mit diesem Werkzeug wird immer der Layer, der gerade im Dialogfenster angeklickt wird, allein sichtbar gemacht.

Die Komponenten aus SketchUp sind in AutoCAD Blöcke. Falls Sie jedoch mit diesen Blöcken weiterarbeiten wollen, sollten Sie einige Korrekturen an den Einheiten-Einstellungen vornehmen. Die SketchUp-Datei ist als Zoll-Zeichnung voreingestellt. Deshalb sollten Sie zuerst unter FORMAT|EINHEITEN Meter einstellen. Damit die Blöcke beim Einfügen auch richtig verarbeitet werden, rufen Sie EXTRAS|OPTIONEN auf, gehen in das Register BENUTZEREINSTELLUNGEN und wählen bei EINFÜGUNGSMASSSTAB unter EINHEITEN FÜR QUELLINHALT die Einheit Meter.

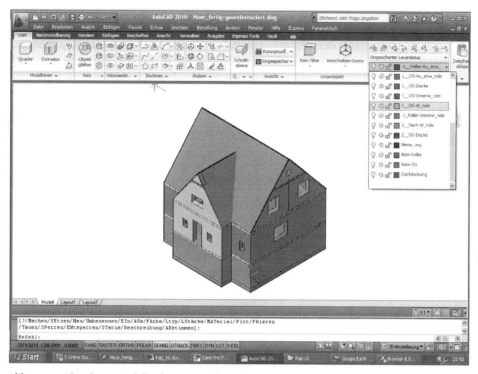

Abb. 10.30: SketchUp-Modell schattiert und mit Layern in AutoCAD

> **Vorsicht**
>
> Achtung: Bei der Ausgabe ins DWG-Format sind Umlaute und ß verschwunden und durch den Unterstrich _ ersetzt worden. Die Layernamen haben sich also demgemäß verändert.

10.8 Die 3D-Galerie

Es gibt bei Google ein großes Vorratslager von fertigen 3D-Modellen, die Sie auch privat nutzen können. Mit der Funktion DATEI|3D-GALERIE|MODELLE ÜBERNEHMEN oder dem entsprechenden Werkzeug aus der GOOGLE-Symbolleiste wechseln Sie bei laufender Internet-Verbindung zu Google und befinden sich dann in der Galerie für 3D-Modelle (Abbildung 10.31). Hier können Sie sich benötigte Teile herunterladen. Beachten Sie aber die Copyrights bei öffentlicher Verwendung.

Im Beispiel in Abbildung 10.33 wurde der Ramses-Tempel allerdings ohne die korrekte Georeferenzierung in unsere Hauskonstruktion gelegt.

Kapitel 10
Zusammenspiel: Google Earth und andere CAD-Systeme

Abb. 10.31: Die Google-3D-Galerie

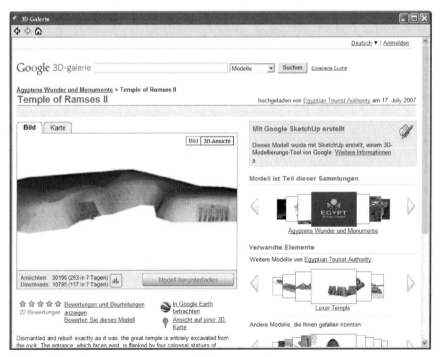

Abb. 10.32: Eine Konstruktion mit 3D-Voransicht ...

10.8
Die 3D-Galerie

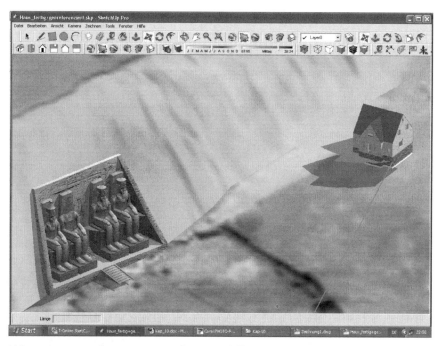

Abb. 10.33: ... eingefügt in unser profanes Modell

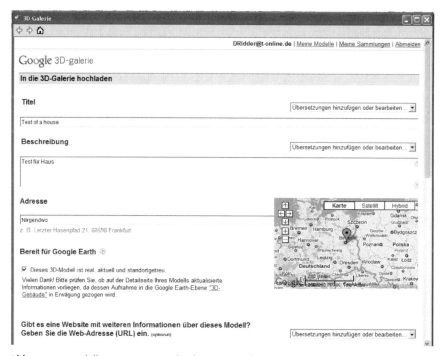

Abb. 10.34: Modell mit Namen und Adresse eingeben

Kapitel 10
Zusammenspiel: Google Earth und andere CAD-Systeme

Umgekehrt können Sie aber auch Ihre Modelle in das Warenhaus einbringen. Dafür müssen Sie sich bei Google anmelden. Dann haben Sie die Möglichkeit, Ihre Modelle dort hochzuladen. Sie müssen Ihr Modell beschreiben, die Adresse und noch eine Beschreibung angeben.

In einem zweiten Dialogfeld können Sie angeben, ob das Modell für die Öffentlichkeit, für bestimmte Mitarbeiter oder nur für Sie selbst nutzbar sein soll.

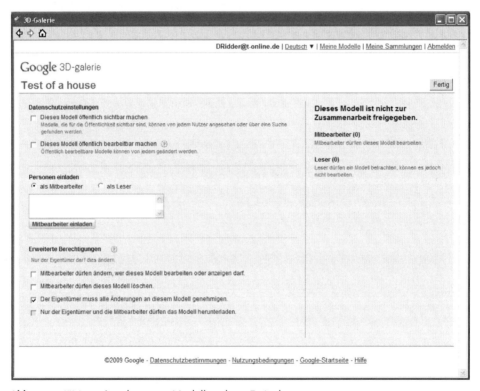

Abb. 10.35: Weitere Angaben zum Modell und zur Freigabe

Abbildung 10.36 zeigt das heraufgeladene Modell, das man zumindest selbst von dort jederzeit wieder herunterladen kann.

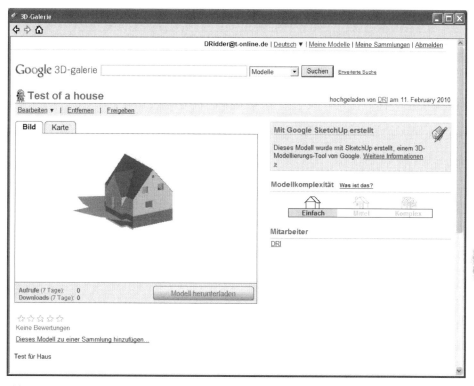

Abb. 10.36: Das Modell ist gespeichert und kann heruntergeladen werden.

10.9 Übungsfragen

1. Mit welcher Mausbedienung können Sie in Google Earth die Ansicht von Draufsicht in seitliche Ansicht schwenken?
2. Was bedeuten am unteren Rand die Angaben Lat und Lon?
3. Wie wird in Google Earth die Sichthöhe gerechnet?
4. Was bedeutet Georeferenzierung?
5. Wo liegt in SketchUp die Funktion zum Exportieren eines Modells für andere Programme?
6. Wie kann man ein in Google Earth importiertes Modell noch genauer positionieren?
7. Wie wird ein Gelände aus Google Earth nach SketchUp übernommen?
8. Womit setzen Sie eine Ortsmarke in Google Earth?
9. Wie sieht eine AutoCAD-Exportdatei aus SketchUp in AutoCAD aus?
10. Was ist umzustellen, um ein SketchUp-Modell in AutoCAD sinnvoll weiterbearbeiten zu können?

Kapitel 11

Plotten und Präsentieren

SketchUp bietet zwei Möglichkeiten zur Plotausgabe: Sie können direkt aus SketchUp plotten, dort auch einen Ausgabemaßstab wählen, oder Sie bereiten einen vornehmeren Plot in der *PRO-Version* mit dem gesonderten Programm *LayOut* vor, den Sie dann mit allen Raffinessen wie Maßstab, Rahmen und verschiedenen Linienstärken gestalten können. Darüber hinaus ist es möglich, mit *LayOut* eine komplette Präsentation mit mehreren Darstellungen zu erstellen.

11.1 Plotausgabe mit SketchUp

Zur Ausgabe eines Plots gibt es die drei DATEI-Befehle DRUCKEINRICHTUNG, SEITENEINRICHTUNG und DRUCKEN:

- DRUCKEINRICHTUNG Hiermit stellen Sie Ihren Standard-Drucker zum Plotten ein. Sie wählen zuerst den Drucker aus, stellen ggf. unter EIGENSCHAFTEN die Druckeroptionen (Ausrichtung, evtl. beidseitig, Ausrichtung hoch/quer) ein, wählen unter PAPIER die GRÖSSE des Druckerpapiers aus und unter ORIENTIERUNG die Ausrichtung. Letztere können Sie auch später unter SEITENEINRICHTUNG über die Druckereigenschaften einstellen oder ändern (Abbildung 11.1).

Abb. 11.1: Einrichten des Druckers

Kapitel 11
Plotten und Präsentieren

- SEITENEINRICHTUNG   Damit wird die Ausgabe gestaltet.
    - Sie wählen zuerst den Drucker aus,
    - ggf. noch mal die EINSTELLUNGEN des Druckers unter EIGENSCHAFTEN.
    - Ein Plot mit exaktem Maßstab ist natürlich nur möglich, wenn keine perspektivische Ansicht vorliegt. Deshalb dafür unter KAMERA die PARALLELE PROJEKTION wählen.
    - Für einen maßstabsgerechten Plot sollten Sie unter SKALIERUNG eingeben, welchen Maßstab Sie brauchen. Deaktivieren Sie zuerst AN SEITE ANPASSEN. Für M = 1:100 wählen Sie IN DER AUSGABE **1 Millimeter** und IN SKETCHUP **100 Millimeter**. Die Einheiten sind eigentlich egal, wichtig ist nur das Verhältnis. So können Sie für diesen Fall auch IN DER AUSGABE **1 Meter** und IN SKETCHUP **100 Meter** eingeben. BREITE und HÖHE berechnen sich dann automatisch (Abbildung 11.2). Sie brauchen hier nichts einzutragen.

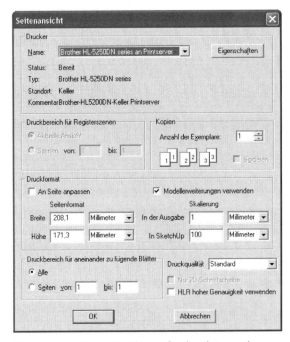

Abb. 11.2: Die Seiteneinrichtung für die Plotausgabe

- Damit das Modell zentriert geplottet wird, aktivieren Sie MODELLERWEITERUNGEN VERWENDEN. Das bedeutet, dass die Modellabmessungen für den Plot verwendet werden.
- Wenn der Maßstab nicht für die Ausgabe auf einem einzigen Blatt geeignet ist, werden automatisch mehrere Seiten erzeugt. Ob dies der Fall ist, können Sie links unten unter DRUCKBEREICH FÜR ANEINANDER ZU FÜGENDE BLÄTTER

sehen. Falls der Druck auf eine einzige Seite passt, steht das dort auch. Sind mehrere Seiten nötig, wird beispielsweise angezeigt VON: **1** BIS: **4**.

- Nach OK erhalten Sie eine *Druckvorschau*. Aus der Vorschau heraus können Sie auch direkt drucken (Schaltfläche DRUCKEN) (Abbildung 11.3) oder abbrechen (Schaltfläche SCHLIEẞEN). Bei mehrseitigen Plots können Sie mit NÄCHSTE bzw. VORHERIGE zwischen den Vorschauseiten wechseln.

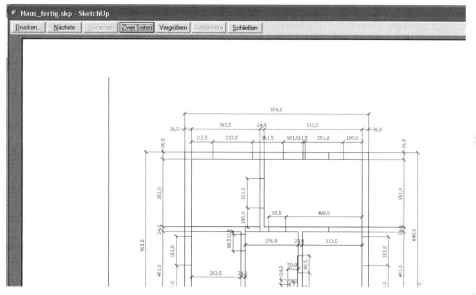

Abb. 11.3: Druckvorschau

- DRUCKEN Wenn Sie die Druckvorschau eingestellt und mit SCHLIEẞEN beendet haben, können Sie den Druck auch später mit der Druckfunktion direkt abschicken.

Funktion	Symbol	Menü	Kürzel	Bedeutung
Druckeinrichtung		DATEI|DRUCKEINRICHTUNG		Voreinstellungen für den Standard-Drucker
Seiteneinrichtung		DATEI|SEITENEINRICHTUNG		Voreinstellungen für den Druckbefehl
Drucken	🖨	DATEI|DRUCKEN	Strg + P	Druckt mit den aktuellen Voreinstellungen

Der oben gezeigte Druck ist natürlich nur möglich unter dem Flächenstil DRAHTGITTER. Bei anderen Schattierungs-Stilen wären die Innenmaße unter dem Kellerboden verdeckt.

11.2 Plotausgabe mit LayOut

Wenn Sie die PRO-Version von SKETCHUP besitzen, dann steht Ihnen das Extra-Programm LAYOUT zur Gestaltung eines Plots zur Verfügung. Mit LAYOUT können Sie

- einzelne einfache Konstruktionszeichnungen erstellen,
- mehrseitige Designdokumente ausarbeiten oder
- Präsentationen ähnlich *Microsoft PowerPoint* generieren.

Die aktuelle Version nennt sich *LayOut 3*. Beim Start wird Ihnen zuerst ein Einführungs- und Hilfedialog angeboten, dann werden Sie aufgefordert, eine Vorlage auszuwählen. Anfangs gibt es mehrere Vorlagen für die gängigen Formate, teils mit Rechenkaros gestaltet (Diagrammpapier), teils ohne. Für spätere Aktionen sollten Sie sich eine eigene Vorlage gestalten. Sie könnte beispielsweise einen Zeichnungsrahmen enthalten. Hier aber starten wir mit A4 Querformat und Diagrammpapier.

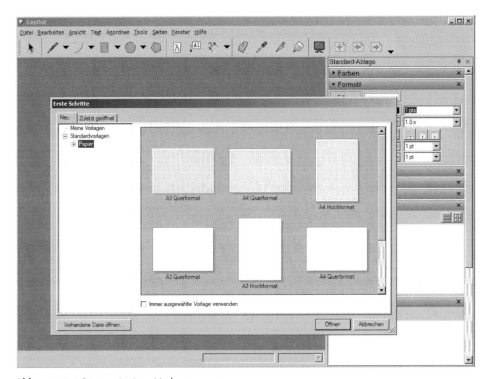

Abb. 11.4: LayOut 3 mit einer Vorlage starten

LayOut bietet oben eine Menüleiste mit den üblichen Funktionen grafischer Programme. Darunter finden Sie eine Symbolleiste mit typischen Grafikfunktionen. Nach dem Start ist ein Dokument mit *einer* Seite entstanden. Weitere Seiten können mit der Funktion HINZUFÜGEN erstellt werden.

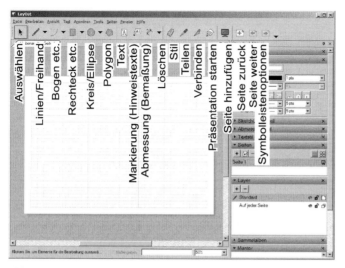

Abb. 11.5: LayOut-Funktionsleiste

Unter BEARBEITEN|VOREINSTELLUNGEN können Sie wichtige Einstellungen vornehmen. Insbesondere können Sie hier die Maßstabsliste bearbeiten. Für eine Bauzeichnung werden Sie **M = 1:100** brauchen (Abbildung 11.6). Die vorhandenen englischen Zoll-Maßstäbe können Sie an dieser Stelle löschen. Achten Sie darauf, bei PAPIER und MODELL immer die gleichen Einheiten zu wählen. Aktivieren Sie auch die Option STANDARDMÄßIG ALLE MAßSTÄBE ANZEIGEN, damit Sie diese Maßstäbe bei der Gestaltung einer Layout-Ansicht auswählen können.

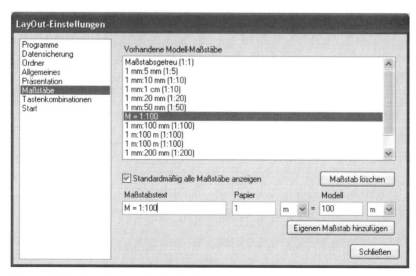

Abb. 11.6: Voreinstellungen für Maßstäbe

Kapitel 11
Plotten und Präsentieren

Unter DATEI|DOKUMENT EINRICHTEN sind noch einige interessante Einstellungen vorzunehmen:

- EINHEITEN   Wählen Sie hier als FORMAT die Option DEZIMAL und dann MM.
- PAPIER   Stellen Sie das Papierformat als A4 mit QUERFORMAT ein.
- RASTER   Legen Sie hier auf Wunsch ein Raster für die Positionierung Ihrer Layout-Elemente wie Zeichnungsrahmen etc. an.

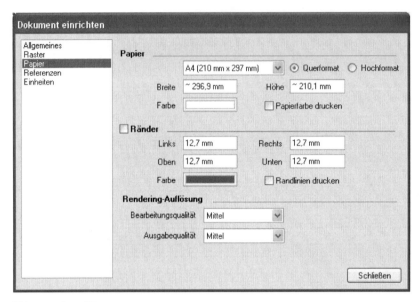

Abb. 11.7: DATEI|DOKUMENT EINRICHTEN

Nun soll ein SketchUp-Modell eingefügt werden. Verwenden Sie dazu DATEI|EINFÜGEN und wählen Sie das gewünschte Modell. Wenn Sie beispielsweise den Erdgeschoss-Grundriss darstellen wollen, müssen Sie schon in SketchUp alle anderen Layer deaktivieren. Im LayOut haben Sie dafür keine Funktion (Abbildung 11.8). Die Ansichtsrichtung können Sie übers Kontextmenü nach einem Rechtsklick auf das Modell aufrufen, z.B. OBEN.

Nun können Sie auf der rechten Seite die detaillierten Einstellungen für das SketchUp-Modell vornehmen (Abbildung 11.9). Gehen Sie vorher mit Doppelklick in das Modell hinein. Dann wählen Sie im Register ANSICHT die STANDARDANSICHT **Oben** und den Maßstab `M = 1:100`. Unter dem Register STILE wählen Sie bei der Schaltfläche mit dem Häuschen die Option STILE, darunter dann STANDARDSTILE und darunter schließlich DRAHTGITTER. Nun haben Sie eine geeignete Darstellung erreicht, die Sie auch bemaßen können (Abbildung 11.10).

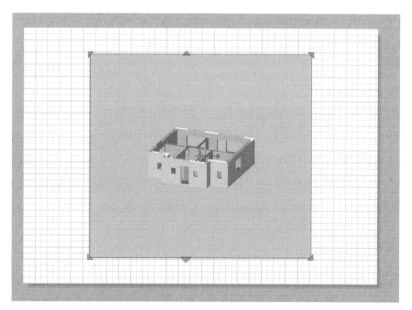

Abb. 11.8: SketchUp-Modell eingefügt (nur EG-Layer)

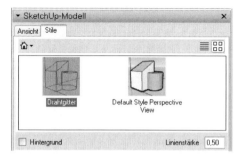

Abb. 11.9: Einstellungen für das SketchUp-Modell

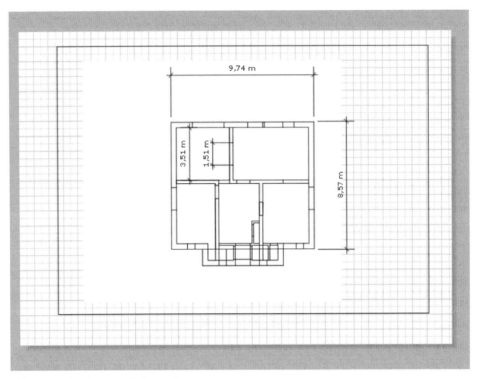

Abb. 11.10: SketchUp-Modell eingefügt

Wenn Sie einen Rahmen darum ziehen möchten, wählen Sie die Rechteck-Funktion aus der Funktionsleiste. Dieses Rechteck ist aber zunächst undurchsichtig. Sie müssen es markieren und rechts unter FORMSTIL die Option FÜLLUNG wegschalten.

Unter ABMESSUNGSSTIL rechts können Sie in der obersten Zeile die Ausrichtung der Maßzahl einstellen. Wählen Sie hier die Optionen ÜBER und AUSGERICHTET. Mit einem Klick auf die Schaltfläche 3M lässt sich auch die Einheitenanzeige abschalten. Darunter können Sie auch die Einheiten und die Nachkommastellen passend einrichten.

Die Form der Maßpfeilsymbole stellen Sie unter FORMSTIL bei STARTPFEIL und ENDPFEIL ein.

Jetzt können Sie mit dem Zeichenwerkzeug ABMESSUNG beispielsweise die Bemaßung erstellen. Neben der Linearbemaßung ist auch eine Winkelbemaßung möglich. Dabei geben Sie für jeden Schenkel des Winkels zwei Punkte an, einen inneren und einen äußeren.

Unter DATEI|SEITE EINRICHTEN können Sie für den zukünftigen Plot das Format (z.B. A4) wählen und unter DRUCKER den Drucker vorgeben. Mit DATEI|SEITENANSICHT erhalten Sie eine Plot-Vorschau. Mit DATEI|DRUCKEN wird schließlich der Plot abgeschickt.

11.3 Übungsfragen

1. Mit welcher Funktion wird in SketchUp die Plotausgabe vorbereitet?
2. Wie erreichen Sie die Zentrierung des Plots?
3. Wozu brauchen Sie das Programm LayOut?
4. Wozu verwenden Sie Vorlagen in LayOut?
5. Welche Einstellungen sind wichtig bei BEARBEITEN|VOREINSTELLUNGEN in LayOut?
6. Was sind die wichtigsten Einstellungen unter DATEI|DOKUMENT EINRICHTEN?
7. Wo können Sie Modell-Layer aus-/einblenden, in SketchUp oder LayOut?
8. Was sind in LayOut die wichtigsten SketchUp-Modell-Einstellungen?
9. Wie können Sie die ungefüllte Darstellung eines rechteckigen Rahmens erreichen?
10. Wo finden Sie in LayOut die Plot-Vorschau?

Kapitel 12

3D-Volumen und Flächen

Im Bereich 3D-Objekte gibt es zwei neuere Entwicklungen: Es gibt einerseits Funktionen für die Kombination von Volumenkörpern und andererseits Funktionen für die Gestaltung beliebig geformter Oberflächen. Die meisten Volumenkörper-Funktionen sind nur in der PRO-Version verfügbar. Lediglich die Kombination von Volumenkörpern mit TOOLS|ÄUßERE SCHALE finden Sie in der kostenlosen Version. Darunter versteht man die Vereinigung von Volumenkörpern. Die Funktionen zur Gestaltung beliebiger Flächen müssen Sie in der normalen Version extra über die VOREINSTELLUNGEN aktivieren.

Deshalb gliedert sich auch dieses Kapitel in die beiden Teile *3D-Volumenkörper* und *Freiformflächen oder Sandkiste = Buddelkasten*. Die Funktionen zur Bearbeitung von Volumenkörpern sind neu in *SketchUp 8*.

12.1 3D-Volumenkörper

12.1.1 Volumenkörper erstellen

Es gibt keine spezielle Funktion für die Erstellung eines Volumenkörpers. Jede 3D-Konstruktion, die aus sauber geschlossenen Flächen besteht, kann durch Zusammenfassung als *Gruppe* oder als *Komponente* zum Volumenkörper werden. Es dürfen nur keine überflüssigen Kurven enthalten sein, auch keine Flächen, die kein Volumen umschließen.

Eine Gruppe oder Komponente ist schnell erzeugt, wenn Sie ein Einzelelement davon mit Dreifachklick wählen. Dann werden ja alle direkt und indirekt verbundenen Objekte mitgewählt. Nach Rechtsklick können Sie daraufhin im Kontextmenü GRUPPIEREN oder KOMPONENTE ERSTELLEN wählen.

Ob nun ein Volumenkörper entstanden ist oder nicht, finden Sie über die ELEMENTEIGENSCHAFTEN heraus. Rufen Sie dazu entweder im Menü FENSTER|ELEMENTEIGENSCHAFTEN oder im Kontextmenü nach Rechtsklick ELEMENTEIGENSCHAFTEN auf. Es erscheint entweder die normale Anzeige **Gruppe** bzw. **Komponente** oder **Vol.-Körpergruppe** bzw. **Vol.-Körperkomp.**. Außerdem erhalten Sie bei Volumenkörperobjekten die Anzeige des *Volumeninhalts*.

Kapitel 12
3D-Volumen und Flächen

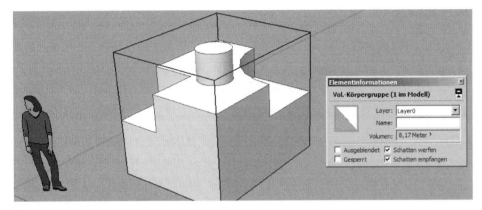

Abb. 12.1: Gruppe als Volumenkörper

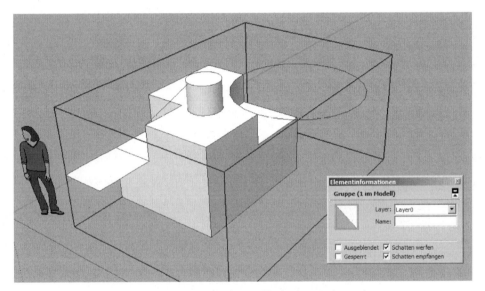

Abb. 12.2: Gruppe wird wegen Linie, Kreis und Einzelfläche kein Volumenkörper

12.1.2 Boolesche Operationen

Die Operationen zur Kombination von Volumenkörpern werden üblicherweise als *boolesche Operationen* nach einem der Protagonisten der Mengenlehre benannt, weil sie sich sehr ähnlich zu den Operationen der Mengenlehre verhalten.

In *SketchUp* findet man den Begriff nicht, aber die Operationen tragen die teils üblichen Bezeichnungen VEREINIGEN, ÄUSSERE HÜLLE, SUBTRAHIEREN, STUTZEN, VERSCHNEIDEN und TEILEN. Es macht Sinn, sie in Pärchen mit ähnlicher Funktion einzuteilen.

Vereinigen und Äußere Hülle

Mit VEREINIGEN werden zwei Volumenkörper zu einem einzigen Gesamtkörper vereinigt. Wenn Volumenbereiche überlappen, dann stört das nicht, das Überlappungsvolumen zählt nur einmal. Beispielsweise können Sie damit mehrere einzelne Wände zu einem Wandverbund zusammenfügen.

Die Funktion ÄUßERE HÜLLE unterscheidet sich etwas von VEREINIGEN dadurch, dass innere Hohlräume verloren gehen. Als Beispiel zeigt Abbildung 12.3 einen Holzylinder (unten) und einen Deckel (rechts unten) dazu. Der Deckel wurde über dem Hohlzylinder positioniert (rechts oben). Wenn beide mit VEREINIGEN kombiniert werden, entsteht ein geschlossenes Volumen mit einem Hohlraum innen (Darstellung ganz oben). Bei ÄUßERE HÜLLE wird der Hohlraum aufgefüllt (Darstellung links außen).

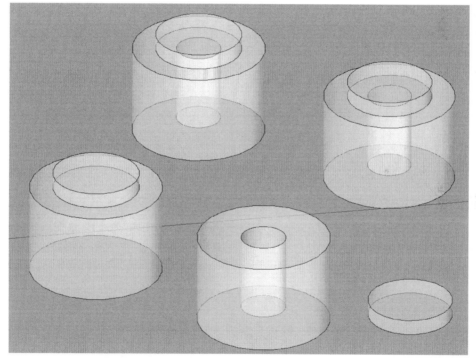

Abb. 12.3: Links die äußere Hülle und darüber die Vereinigung

Subtrahieren und Stutzen

Die Operation SUBTRAHIEREN zieht den zuerst gewählten Volumenkörper vom zweiten ab. Der erste wird dabei auch komplett gelöscht. Man bezeichnet diese Operation üblicherweise auch als *Differenz*.

Bei STUTZEN wird ebenfalls der zweite Volumenkörper um den Überlappungsbereich reduziert, aber der erste bleibt komplett erhalten.

Als Beispiel für STUTZEN sei hier eine Volumenermittlung aufgezeigt:

- Erstellen Sie ein Volumen für den Kellerinnenraum, indem Sie alle Keller-Innenwände zu einem einzigen Volumenkörper zusammenführen (z.B. mit ÄUSSERE HÜLLE).
- Machen Sie die Kelleraußenwände mit BEARBEITEN|AUSBLENDEN momentan unsichtbar. Alternativ können Sie auch mit transparenter Darstellung arbeiten.
- Verschieben Sie die Außenkanten des Kellerbodens mit VERSATZ um 40 cm nach innen.
- Erzeugen Sie daraus einen Volumenkörper mit DRÜCKEN/ZIEHEN und Höhe 2,20 m und durch Erstellen einer Gruppe (Abbildung 12.4).
- Stutzen Sie das Kellervolumen an den Keller-Innenwänden.
- Schalten Sie die übrigen Elemente über Layer aus und bestimmen Sie das Kellervolumen aus den ELEMENTEIGENSCHAFTEN (Abbildung 12.6).

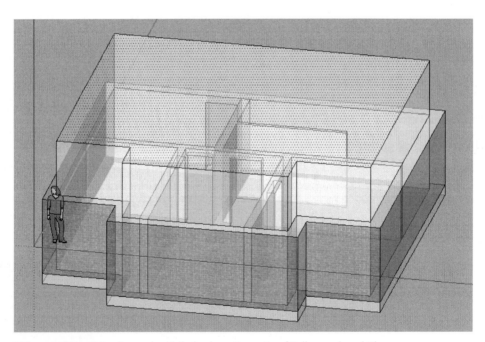

Abb. 12.4: Beim Extrudieren des Kellerbodens (innen) auf Kellergeschosshöhe

12.1
3D-Volumenkörper

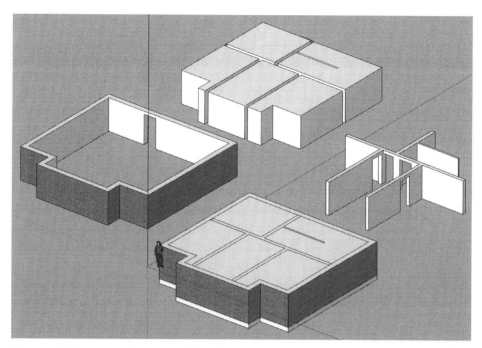

Abb. 12.5: Kellergesamtvolumen an den Kellerwänden gestutzt

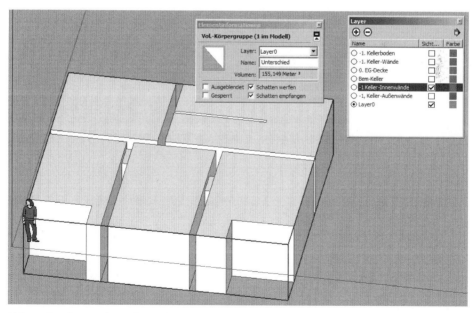

Abb. 12.6: Volumen des Kellers abzüglich der Innenwände

289

Verschneiden und Teilen

VERSCHNEIDEN dient dazu, den Überlappungsbereich zwischen zwei Volumenkörpern zu ermitteln. Man spricht auch von der *Schnittmenge*. Die Funktion wird auch gern zur Kollisionsprüfung zwischen zwei Körpern benutzt.

Bei TEILEN wird wieder die *Schnittmenge* bestimmt, also das Überlappungsvolumen, es bleiben aber die Restkörper, die nicht dazugehören, alle als Einzelkörper erhalten.

Ein schönes Beispiel zur Anwendung von VERSCHNEIDEN zeigen Abbildung 12.7 und Abbildung 12.8. Ausgehend von den normgemäßen Ansichten eines Gestells werden zunächst über DRÜCKEN/ZIEHEN die Extrusionen (Austragungen) davon erstellt. Die Volumenkörper werden als Gruppen erzeugt. Die Volumenkörper von den Ansichten *Vorne* und *Links* werden mit dem Werkzeug DREHEN in die richtige Position gebracht (Abbildung 12.7). Dann werden die Volumenkörper mit VERSCHNEIDEN kombiniert. Das Gestell erscheint als Überlappung aller drei Volumenkörper.

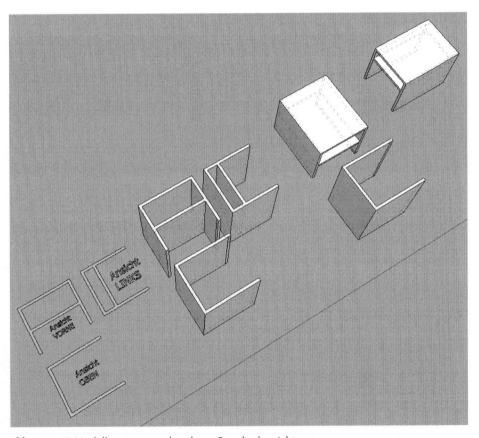

Abb. 12.7: 3D-Modellierung ausgehend von Standardansichten

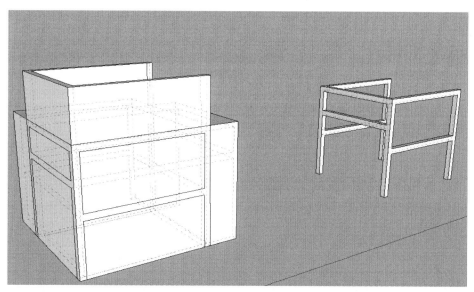

Abb. 12.8: Objekterstellung durch VERSCHNEIDEN

Funktion	Aktion	1. Körper	2. Körper
VEREINIGEN	Körper 1 und 2 zusammengefasst	Geht in Gesamtvolumen auf	Geht in Gesamtvolumen auf
ÄUSSERE HÜLLE	Körper 1 und 2 zusammengefasst, Hohlräume entfernt	Geht in Gesamtvolumen auf	Geht in Gesamtvolumen auf
SUBTRAHIEREN	Körper 1 von 2 abgezogen	verschwindet	Um Überlappung mit 1 reduziert
STUTZEN	Körper 1 von 2 abgezogen	erhalten	Um Überlappung mit 1 reduziert
VERSCHNEIDEN	Überlappung zwischen 1 und 2 als neues Volumen	Nur Überlappungsbereich im neuen Volumen	Nur Überlappungsbereich im neuen Volumen
TEILEN	Überlappung zwischen 1 und 2 als neues Volumen plus Restvolumen	Überlappung als neues Volumen und einzelne Restvolumen	Überlappung als neues Volumen und einzelne Restvolumen

12.2 Freiformflächen oder Sandkiste = Buddelkasten

Bei dem Begriff SANDKISTE fällt mir eigentlich unmittelbar der Begriff *Buddelkasten* ein, aber das ist gar nicht so falsch. Mit der Sandkistenfunktion können Sie nämlich wie im Buddelkasten Gelände modellieren, beispielsweise Berge über Höhenlinien gestalten. Man nennt diese formbaren Flächen auch *Freiformflächen*. Dabei ist immer zu berücksichtigen, dass wie bei Kreisen und Zylindern auch diese Flächen nicht total glatt verlaufen, sondern aus Facetten bestehen. Also, immer einen etwas eckigen Verlauf haben werden.

Bevor Sie mit dem »Buddeln« anfangen, müssen Sie aber dieses Werkzeug erst noch aktivieren. Nur in der PRO-Version ist es gleich aktiviert. Zum Aktivieren wählen Sie das Menü FENSTER|VOREINSTELLUNGEN (bei Mac SKETCHUP|VOREINSTELLUNGEN). Im Dialogfeld wählen Sie ERWEITERUNGEN und aktivieren das Kästchen bei SANDKISTENFUNKTIONEN. Die Sandkistenfunktionen werden dann in den Menüs ZEICHNEN und TOOLS installiert.

12.2.1 Freiformflächen erzeugen

Zum Erstellen dieser freien Flächen gibt es zwei Verfahren. Sie können einerseits aus *Querschnitten* erzeugt werden, andererseits aus einer ebenen facettierten und modellierbaren Fläche. Diese Flächen bestehen intern aus Dreiecksteilflächen und sind *Gruppen*. Sie können zum Bearbeiten diese Gruppen auch auflösen und später zur Zusammenfassung wieder neu erstellen.

Wenn Sie Freiformflächen aus Querschnitten oder auch waagerechten Schnitten erzeugen wollen wie bei den Höhenlinien einer Landkarte, dann verwenden Sie die Funktion ZEICHNEN|SANDKISTE|AUS KONTUREN. Das können offene oder geschlossene Konturen sein. Wählen Sie zuerst die Konturen und rufen Sie dann erst die Funktion ZEICHNEN|SANDKISTE|AUS KONTUREN auf. Es entsteht die Fläche als *Gruppenobjekt*.

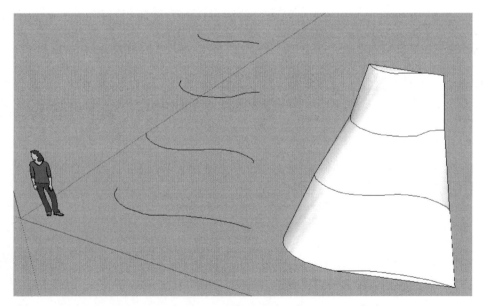

Abb. 12.9: Links Konturen in verschiedenen Höhen, rechts die erzeugte Fläche

Die Funktion ZEICHNEN|SANDKISTE|NEUE WEICHE FLÄCHE erzeugt eine rechteckige formbare Fläche. Sie können zu Beginn des Befehls eine Rasterweite eingeben, der Vorgabewert beträgt 3 m. Dann klicken Sie zwei Positionen für die erste Seite des Rechtecks an. Der zweite Punkt definiert die Ausrichtung und Länge des Rechtecks. Über den dritten Punkt definieren Sie die Rechteckbreite. Die Seitenlängen des Rechtecks müssen sinnvollerweise größer gleich einer Rasterweite sein. Sonst entsteht keine weiche Fläche.

Der Begriff »weiche Fläche« besagt, dass die Fläche später formbar ist. Sie ist insbesondere eine *Gruppe*. Zum Verformen müssen Sie dann mit einem Doppelklick in die Gruppe hineingehen und dann die Funktion TOOLS|SANDKISTE|FORMEN wählen.

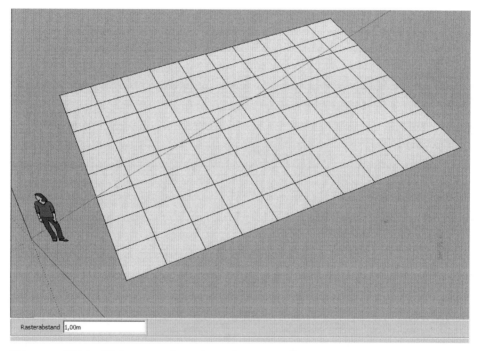

Abb. 12.10: Weiche Fläche 10 m x 8 m mit 1-m-Raster erstellt

12.2.2 Flächen umformen

Bei den verschiedenen Verfahren zur Flächenumformung handelt es sich einmal um eine direkte Verformungsaktion, nämlich FLÄCHE FORMEN, und einige weitere spezialisierte und ins Detail gehende Funktionen, die gerade für Architekturanwendungen nützlich sein können.

Wie oben schon erwähnt, werden die Freiformflächen in SketchUp immer facettiert, also eckig sein. Trotzdem ist es aber möglich, in der Darstellung die Kanten verschwinden zu lassen. Dazu können Sie das Werkzeug RADIERGUMMI benutzen. Das Werkzeug hat mit den Tasten ⇧ und Strg zusammen eigentlich vier Funktionen:

Kapitel 12
3D-Volumen und Flächen

- Mit RADIERGUMMI anklicken bedeutet *Löschen* einer Kante,
- mit ⇧ und RADIERGUMMI anklicken bedeutet Kante *unsichtbar* machen,
- mit Strg und RADIERGUMMI anklicken bedeutet *glätTen* einer Kante,
- mit ⇧ und Strg und RADIERGUMMI anklicken bedeutet *Glätten* einer Kante wieder *entfernen*.

Beim Glätten von Kanten wird die Liniendarstellung der Kante entfernt und die schattierte grafische Darstellung der Fläche an dieser Stelle so variiert, dass sie glatt erscheint. Intern bleibt es aber nach wie vor eine Facettengeometrie, weshalb die Facettierung eben auch wieder sichtbar gemacht werden kann.

Formen – geglättete Verformung

Die Funktion TOOLS|SANDKISTE|FORMEN wirkt nicht nur auf Vermaschungen, sondern auch auf andere Konstruktionen mit Linien und Kurven. Bei Anwendung auf Sandkisten-Objekte müssten Sie entweder die Gruppierung eines solchen Objekts aufheben oder die Funktion in der geöffneten Gruppe ausführen. Die Gruppe öffnen Sie ggf. vorher mit Doppelklick.

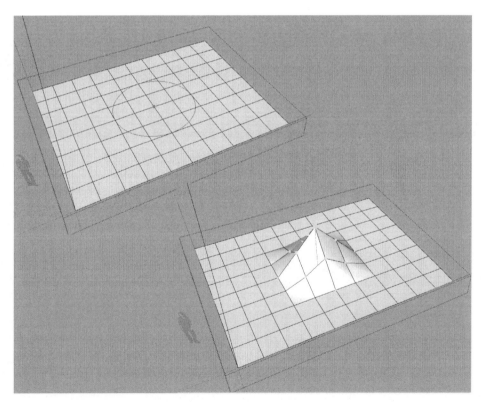

Abb. 12.11: Formen einer weichen Fläche

Nach dem Befehlsaufruf können Sie zuerst einen *Radius* eingeben, der die *Reichweite* der Operation festlegt. Dann werden ein Ausgangspunkt und eine Verschiebung verlangt. SketchUp wird vom Ausgangspunkt aus alle Maschenpunkte in Richtung Ziel entlang der blauen z-Richtung verschieben, also in der Höhe. Dabei wird die Höhenverschiebung umso kleiner sein, je weiter der jeweilige Maschenpunkt vom Ausgangspunkt entfernt ist. Wie weit sich die Höhenverschiebung nach außen hin auswirkt, wird außerdem durch den Radius bestimmt, der zuerst in Rot angezeigt wurde und den Sie zu Beginn der Aktion auch neu eingeben konnten.

Abbildung 12.11 zeigt die Auswirkung auf eine weiche Fläche mit 1-m-Raster und Radius 2 m.

Detail hinzufügen – Vermaschung verfeinern

Wenn Sie in die bestehende weiche Fläche kleinere Veränderungen mit FORMEN einbringen wollen, dann ist die Facettierung evtl. zu grob. Es würden dann bei FORMEN mit sehr kleinem Radius keine Buckel entstehen, sondern nur Spitzen. Deshalb können Sie mit der Funktion DETAIL HINZUFÜGEN vorher die Vermaschung verfeinern. Dazu wählen Sie erst die Maschen in dem Bereich, der verfeinert werden soll, mit dem AUSWÄHLEN-Werkzeug und klicken dann auf TOOLS|SANDKISTE|DETAIL HINZUFÜGEN. Sie werden sehen, dass sich nun die Maschenweiten halbiert haben.

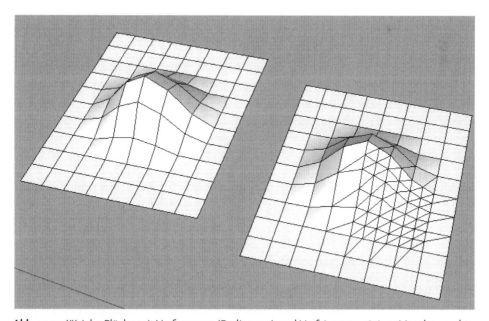

Abb. 12.12: Weiche Fläche mit Verformung (Radius 3m) und Verfeinerung einiger Maschen rechts

Sie können das Werkzeug auch in anderer Weise benutzen. Wenn Sie vorher nichts wählen, dann TOOLS|SANDKISTE|DETAIL HINZUFÜGEN aufrufen und einen Punkt auf der Vermaschung anklicken, dann können Sie diese einzelne Position auf eine neue Position in blauer z-Richtung ziehen.

Kante spiegeln – Dreieckmaschen umkehren

Beim Deformieren solcher weichen Flächen entstehen manchmal viereckige Segmente, bei denen man gern die Unterteilung in Dreiecke anders herum bräuchte, weil es zur Landschaft dann besser passt. Deshalb können Sie mit KANTE SPIEGELN die Unterteilung einer Rechteckmasche umkehren. Abbildung 12.13 zeigt einen solchen Fall. Im Bereich der Spitze wurde links die Dreieckvermaschung geändert. Es wird hierbei also nichts im eigentlichen Sinn gespiegelt, sondern nur die Laufrichtung der Dreieckfacetten umgekehrt.

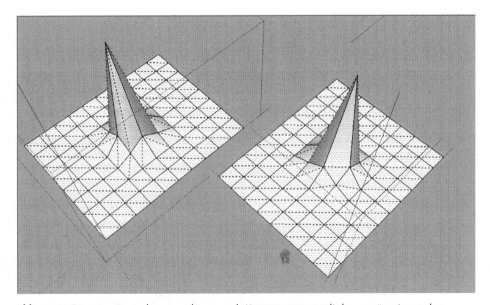

Abb. 12.13: Günstige Dreieckvermaschung nach KANTEN SPIEGELN links, ungünstige rechts

Fläche abbilden – Grundfläche in Vermaschung einbauen

Um ein Gelände an einen Gebäudegrundriss anzupassen, verwenden Sie FLÄCHE ABBILDEN. Mit dieser Funktion wird die gewählte Grundfläche in die Vermaschung als ebene Teilfläche eingebaut und kann in der Höhe dann beliebig verschoben werden. Ob Sie die Baugrube für ein Haus oder einen Unterbau unter der Bodenplatte brauchen, beides können Sie mit dieser Funktion erreichen (Abbildung 12.14).

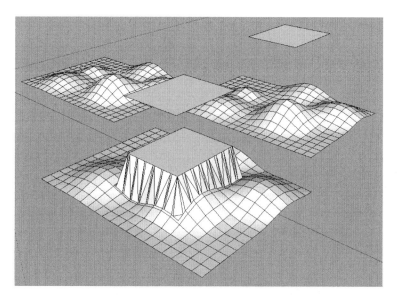

Abb. 12.14: Ebene Fläche auf eine weiche Fläche projiziert

Fläche verbinden – Kurven auf eine Fläche projizieren

Schließlich gibt es noch die Funktion FLÄCHE VERBINDEN, mit der Sie Kanten auf eine weiche Fläche projizieren können. Dies führt dann dazu, dass in der Fläche neue Kanten entstehen, nämlich aus den Projektionen der gewählten Kanten. Das können Sie beispielsweise dazu benutzen, um die Facetten der Fläche an diesen projizierten Kanten zu brechen bzw. zu löschen (Abbildung 12.15).

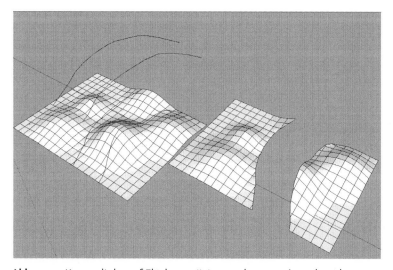

Abb. 12.15: Kanten links auf Fläche projiziert, rechts zum Ausschneiden verwendet

12.3 Übungsfragen

1. Wie heißt die boolesche Operation für Volumenkörper, die in der normalen Version von SketchUp enthalten ist?
2. Mit welcher Funktion können Sie eine Überlappung zweier Volumenkörper ermitteln?
3. Wie werden Volumenkörper erzeugt?
4. Was darf in einem Volumenkörper nicht enthalten sein?
5. Wie stellen Sie den Volumeninhalt eines Volumenkörpers fest?
6. Wie werden die Sandkistenfunktionen in der normalen SketchUp-Version aktiviert?
7. Welche Form hat eine »weiche Fläche« nach der Erzeugung?
8. Mit welcher Funktion können Sie die Bodenfläche eines Gebäudes auf eine »weiche Fläche« projizieren?
9. Womit verfeinern Sie eine »weiche Fläche«?
10. Können Sie ein Gelände auch aus mehreren geschlossenen Kurven erzeugen oder nur aus offenen?

Anhang A

Fragen und Antworten

A.1 Kapitel 1

A.1.1 Übungsfragen Kapitel 1
1. Über welchen Menüpunkt können Sie die Standardeinstellungen ändern?
2. In welche Richtung werden bei der Funktion DRÜCKEN/ZIEHEN die Flächen gezogen?
3. Was entsteht, wenn Sie eine geschlossene Kontur zeichnen?
4. Was immer Sie zeichnen, Linien, Kreise oder Freihandlinien, SketchUp speichert die Geometrie immer als was?
5. Wie können Sie weitere Symbolleisten aktivieren?
6. Was ist der MENTOR und wie kann er aktiviert werden?
7. Welche weiteren Lernhilfen gibt es bei Google?

A.1.2 Antworten Kapitel 1
1. FENSTER|MODELLINFORMATIONEN.
2. Immer senkrecht von der Fläche weg.
3. Eine geschlossene Kontur wird sofort in eine Fläche verwandelt, wenn sie in einer Ebene liegt.
4. Immer als Polygonzüge bestehend aus einzelnen Liniensegmenten.
5. Mit dem Menü ANSICHT|SYMBOLLEISTEN.
6. Der MENTOR ist ein Hilfefenster, das zu den meisten aktiven Befehlen Hilfsinformationen anzeigt. Er wird über FENSTER|MENTOR aktiviert.
7. Unter HILFE|WILLKOMMEN BEI SKETCHUP können Sie sich SCHULUNGSVIDEOS zeigen lassen oder den SKETCHUP-HILFEAUFRUF wählen. Darüber kommen Sie dann u.a. zum SKETCHUP-REFERENZHANDBUCH und zum SKETCHUP-NUTZERHANDBUCH.

Anhang A
Fragen und Antworten

A.2 Kapitel 2

A.2.1 Übungsfragen Kapitel 2

1. Welche Farben werden für Achsrichtungen x, y und z verwendet?
2. In welchem Menü können Sie zwischen Parallelprojektion und perspektivischer Projektion wechseln?
3. Mit welcher Farbe wird ein Mittelpunkt markiert?
4. Was bedeutet es, wenn ein Bogen violett markiert wird?
5. Was bedeutet die schwarze Farbe bei einem Punkt?
6. Wie wird ein Punkt markiert, der exakt auf einer Fläche liegt?
7. Mit welcher Pfeiltaste können Sie eine Ableitung in x-Richtung fixieren?
8. Mit welchem Werkzeug konstruieren Sie Hilfslinien?
9. Welche Zeichenfunktionen wurden bisher verwendet?
10. Wie entstehen Flächen?

A.2.2 Antworten Kapitel 2

1. x: Rot, y: Grün und z: Blau.
2. KAMERA.
3. Mittelpunkt auf einer Linie: Hellblau (Cyan), Mittelpunkt eines Kreises: Dunkelblau.
4. Der Bogen verläuft dann tangential zu beiden Kanten, die er berührt.
5. Ein schwarzer Punkt dient als Referenzpunkt für eine Ableitung (achsparallele Referenz).
6. Blau.
7. [→].
8. Mit dem MAßBAND-Werkzeug (TOOLS|MAßBAND oder T) .
9. LINIE , BOGEN , RECHTECK , KREIS .
10. Automatisch aus ebenen geschlossenen Konturen.

A.3 Kapitel 3

A.3.1 Übungsfragen Kapitel 3

1. Wo stellen Sie die Vorlage für den nächsten Start ein?
2. Wo stellen Sie die Einheiten und Nachkommastellen für die Bemaßung ein?
3. Wie oft wird standardmäßig automatisch gesichert?

4. Wo finden Sie den MENTOR, die automatische Hilfe zum aktuellen Befehl?
5. Über welches Menü schalten Sie Symbolleisten ein?
6. In welchem Menü finden Sie die Standard-Ansichten?
7. Welche Funktionen liegen im TOOLS-Menü?
8. Worauf wirkt das Längeneinrasten und worauf das Winkeleinrasten?
9. Wo wählen Sie die Darstellung der Maßpfeile?

A.3.2 Antworten Kapitel 3

1. FENSTER|VOREINSTELLUNGEN|VORLAGE.
2. FENSTER|MODELLINFORMATIONEN|EINHEITEN.
3. Alle 5 Minuten (FENSTER|VOREINSTELLUNGEN|ALLGEMEINES).
4. Im Menü FENSTER.
5. Über ANSICHT.
6. Im Menü KAMERA.
7. Die Funktionen zur Bearbeitung vorhandener Objekte.
8. Längeneinrasten wirkt bei den Befehlen LINIE , RECHTECK , KREIS , BOGEN , VIELECK , DRÜCKEN/ZIEHEN und VERSCHIEBEN/KOPIEREN . Das Winkeleinrasten wirkt beim Befehl DREHEN .
9. Unter FENSTER|MODELLINFORMATIONEN|ABMESSUNGEN.

A.4 Kapitel 4

A.4.1 Übungsfragen Kapitel 4

1. Welche Zeichenbefehle erzeugen sofort eine Fläche?
2. Welche Farbe hat ein tangential an eine Linie oder einen anderen Bogen anschließender Bogen?
3. Wie wird ein Bogen farbig markiert, der ein Vieleck abrundet?
4. Wird ein Vieleck durch den Inkreis oder Umkreis definiert?
5. Wie erhalten Sie eine Ellipse?
6. Woran erkennen Sie, dass beim Befehl RECHTECK ein Quadrat gezeichnet wird?
7. Mit welcher Taste fixieren Sie eine Bewegung auf die blaue z-Achse?
8. Wie finden Sie den Mittelpunkt eines Rechtecks?
9. Mit welchem Werkzeug können Sie Hilfslinien parallel zu Kanten oder Achsen erstellen?
10. Welches Werkzeug wird zum Bemaßen verwendet?

Anhang A
Fragen und Antworten

A.4.2 Antworten Kapitel 4

1. KREIS , RECHTECK und VIELECK .
2. Hellblau (Cyan).
3. Violett.
4. Durch den Umkreis.
5. Aus einem Kreis mit dem Werkzeug SKALIEREN .
6. Es wird eine gepunktete Diagonale angezeigt und der Text QUADRAT.
7. Mit ⟨↑⟩ oder ⟨↓⟩.
8. Über die x- und y-Ableitungen der Seitenmitten.
9. Mit dem MASSBAND-Werkzeug .
10. Das Werkzeug TOOLS|ABMESSUNGEN .

A.5 Kapitel 5

A.5.1 Übungsfragen Kapitel 5

1. Mit welcher Taste können Sie das Auffalten von Flächen beim VERSCHIEBEN/KOPIEREN aktivieren?
2. Mit welcher Taste wird das Kopieren beim VERSCHIEBEN/KOPIEREN aktiviert?
3. Wie lautet die Eingabe, um eine Kopie durch Anhängen weiterer Kopien zu vervielfachen?
4. Wie lautet die Eingabe, um eine Kopie durch weitere Kopien dazwischen zu vervielfachen?
5. Wie heißt in SketchUp die Funktion zum Extrudieren?
6. In welche Richtung wird extrudiert?
7. Kann auch nach innen extrudiert werden?
8. Wie heißt in SketchUp die Funktion zum Sweepen?
9. Wie erstellen Sie eine Kugel?

A.5.2 Antworten Kapitel 5

1. Mit ⟨Alt⟩.
2. Mit ⟨Strg⟩.
3. Mit **nx** (n = 2, 3, ...) in der WERTEEINGABE kann aus *einer* Kopie eine *n-fache* Kopie gemacht werden. Die zusätzlichen Kopien werden im aktuellen Abstand hinter die aktuelle Kopie gesetzt.
4. Mit **n/** (n = 2, 3, ...) in der WERTEEINGABE können zwischen Original und *aktueller* Kopie noch *n-1* weitere Kopien gesetzt werden.

5. DRÜCKEN/ZIEHEN 🝔.
6. Senkrecht zur aktuellen Fläche.
7. Ja.
8. FOLGE MIR 🝔.
9. Mit FOLGE MIR 🝔 einen Kreis an einem senkrecht dazu stehenden Kreis entlangsweepen.

A.6 Kapitel 6

A.6.1 Übungsfragen Kapitel 6

1. Was ist der Unterschied zwischen *Gruppe* und *Komponente*?
2. Nennen Sie die typischen Eigenschaften einer *Komponente*.
3. Was bedeutet die Komponenteneinstellung AUSRICHTUNG AUF KAMERA?
4. Was bedeutet bei der Komponentenerstellung die Option BINDEN AN HORIZONTALE?
5. Was müssen Sie bei einer *Komponente* aktivieren, damit sie als Wandöffnung dienen kann?
6. Wie aktivieren Sie eine *Komponente* für Einzelbearbeitung?
7. Wie erzeugen Sie aus einer *Komponente* eine neue mit anderem Namen?
8. Wie fügt man eine Zeichnung als *Komponente* ein?
9. Nennen Sie einige vorhandene *Komponenten*-Bibliotheken.
10. Wo können Sie einstellen, dass bei der Komponentenbearbeitung keine anderen Elemente der Zeichnung mehr sichtbar sind?

A.6.2 Antworten Kapitel 6

1. Eine Komponente kann mehrfach verwendet werden, aber jedes Exemplar wird automatisch verändert, wenn ein einzelnes Exemplar verändert wird. Eine Gruppe kann zwar kopiert werden, aber bei Änderung einer Kopie werden die anderen nicht verändert.
2. Eine Komponente hat einen Namen, eine Beschreibung und eine Ausrichtung. Sie wird in der internen Komponenten-Bibliothek geführt und kann aus dieser mehrfach in ein Modell eingefügt werden. Alle Exemplare einer Komponente ändern sich bei Änderung eines Exemplars. Eine Komponente kann aus der Bibliothek als eigenes Modell exportiert und in andere Modelle importiert werden.
3. Die Komponente wird immer senkrecht zur Blickrichtung angezeigt.
4. Bindung an die xy-Ebene.

Anhang A
Fragen und Antworten

5. DURCH SCHNITT ÖFFNEN.
6. Mit einem *einfachen Klick* können Sie eine einzelne Komponente für die Funktionen DREHEN , VERSCHIEBEN/KOPIEREN und SKALIEREN aktivieren.
7. EINDEUTIG MACHEN im Kontextmenü.
8. Mit DATEI|IMPORTIEREN.
9. Architektur, Landschaft, Konstruktion, Personen, Spielplatz, Transport.
10. ANSICHT|KOMPONENTENBEARBEITUNG|REST DES MODELLS AUSBLENDEN.

A.7 Kapitel 7

A.7.1 Übungsfragen Kapitel 7

1. Welches ist der Standard-Layer?
2. Was sind die typischen Einstellungen für Kanten?
3. Wo aktivieren Sie die Materialien für Oberflächen?
4. Woraus setzt sich eine Materialdefinition zusammen?
5. Wozu werden Stile verwendet?
6. Wo lässt sich der Sonnenstand einstellen?
7. Die geografische Position findet man in welchem Dialogfenster?
8. Was ist der Unterschied zwischen Schatten auf Boden und Schatten auf Fläche?
9. Was bedeutet HELL und DUNKEL bei den Schatteneinstellungen?
10. Wie stellen Sie den Nordwinkel in der Konstruktion ein?

A.7.2 Antworten Kapitel 7

1. Der Layer mit dem Namen **Layer 0**.
2. Unter ANSICHT|KANTENSTIL gibt es KANTEN ANZEIGEN, PROFILE (Außenkanten stärker), TIEFENSCHÄRFE (Kanten werden mit Entfernung dünner) und VERLÄNGERUNG (Kanten gehen über Endpunkte hinaus).
3. FENSTER|MATERIALIEN.
4. Name, Farbe, Textur, Skalierfaktoren für x und y, Opazität.
5. Für unterschiedliche künstlerische Darstellung zu Präsentationszwecken.
6. FENSTER|SCHATTEN.
7. FENSTER|MODELLINFORMATIONEN|GEOSTANDORT.
8. Schatten auf Boden wird auf die xy-Ebene geworfen und ist unabhängig vom Vorhandensein einer Fläche dort. Schatten auf Fläche ist nur sichtbar, wenn eine konstruierte Fläche vorhanden ist.

9. HELL steuert die Helligkeit der beleuchteten Partien, DUNKEL steuert die Helligkeit im Schattenbereich.
10. Mit der Symbolleiste SONNENNORDEN.

A.8 Kapitel 8

A.8.1 Übungsfragen Kapitel 8

1. Was ist der Unterschied zwischen den Funktionen UMSCHAUEN und ORBIT?
2. Welche zwei Optionen gibt es bei der Kameraaufstellung?
3. Wie bestimmen Sie die Geschwindigkeit beim GEHEN?
4. Was deutet beim GEHEN das Männekin an?
5. Wie ist die Kamera-Höhe voreingestellt?
6. Was ist die Grundlage einer Animation?
7. Wie viele Szenen brauchen Sie für eine Sonnenlauf-Animation?
8. Was sind die wichtigsten Schattenoptionen?
9. Wo finden Sie die Szeneneinstellungen?
10. Womit wird eine Windows-Media-Player-Datei erzeugt?

A.8.2 Antworten Kapitel 8

1. Bei UMSCHAUEN dreht der Betrachter seinen Kopf, bei ORBIT wird das Modell um seinen Schwerpunkt gedreht.
2. Methode 1 besteht darin, mit Klick den *Standpunkt* (Höhe über WERTEEINGABE) festzulegen und dann im Modus UMSCHAUEN die Kamera zu *schwenken* (Augencursor und Maustaste dazu drücken). Bei Methode 2 klicken Sie die *Kameraposition* direkt an, lassen die Maustaste gedrückt und ziehen auf die *Zielposition*. Danach befinden Sie sich ebenfalls im Modus UMSCHAUEN.
3. Die Entfernung zwischen dem *Kreuzsymbol* und dem *Schritte-Cursor* bestimmt die Geschwindigkeit (und Richtung).
4. Sie sind beim Vorwärtsgehen gegen eine Fläche gerumpelt. Sie stehen jetzt und können nicht in dieser Richtung nicht weiter gehen.
5. Auf 1,68 m.
6. Mindestens zwei Szenen, zwischen denen zur Erstellung der Animation dann interpoliert wird.
7. Nur zwei.
8. AUF FLÄCHE, AUF BODEN, VON KANTEN.
9. ANSICHT|ANIMATION|EINSTELLUNGEN|ANIMATION.
10. DATEI|EXPORTIEREN|ANIMATION.

Anhang A
Fragen und Antworten

A.9 Kapitel 9

A.9.1 Übungsfragen Kapitel 9

1. Was ist Voraussetzung für die Funktion MIT FOTO ABGLEICHEN?
2. Können gewölbte Kanten dafür auch verwendet werden?
3. Womit können Sie die Größe des 3D-Modells bestimmen?
4. Was wird durch die Horizontlinie verbunden?
5. Welches sind die variierbaren Hilfsmittel in der Funktion MIT FOTO ABGLEICHEN?
6. Welche Gitterstile gibt es?
7. Wodurch wird die Fotodarstellung entfernt?
8. Welcher Schieberegler macht das Foto transparent?
9. Woran erkennen Sie beim Nachzeichnen des Fotos, dass ein geschlossenes Viereck nicht achsparallel verläuft?
10. Wie genau ist das Verfahren MIT FOTO ABGLEICHEN?

A.9.2 Antworten Kapitel 9

1. Sie brauchen ein Objekt mit mindestens zwei Scharen von achsparallelen und zueinander dann orthogonalen Kanten oder entsprechende Punktpositionen. Mit anderen Worten, es müssen zwei Kanten für die rote x-Richtung und zwei Kanten für die grüne y-Richtung vorhanden sein.
2. Nein.
3. Durch Abgleich mit einem Gitter.
4. Die beiden Fluchtpunkte.
5. Vier Fluchtlinien, die Horizontlinie, zwei Fluchtpunkte, die Skalierung (Cursor entlang z-Achse), der Augenpunkt (in Draufsicht).
6. a) Äußere obere Modellecke von außen und oben, b) innere untere Modellecke von außen und c) oben, äußere untere Modellecke von außen und oben.
7. Durch ORBIT-Aktionen.
8. OPAZITÄT.
9. Es erscheint nicht sofort als Fläche gefüllt.
10. So genau, wie Sie per Augenmaß die Positionen aus dem Foto abgreifen können.

A.10 Kapitel 10

A.10.1 Übungsfragen Kapitel 10

1. Mit welcher Mausbedienung können Sie in Google Earth die Ansicht von Draufsicht in seitliche Ansicht schwenken?
2. Was bedeuten am unteren Rand die Angaben Lat und Lon?
3. Wie wird in Google Earth die Sichthöhe gerechnet?
4. Was bedeutet Georeferenzierung?
5. Wo liegt in SketchUp die Funktion zum Exportieren eines Modells für andere Programme?
6. Wie kann man ein in Google Earth importiertes Modell noch genauer positionieren?
7. Wie wird ein Gelände aus Google Earth nach SketchUp übernommen?
8. Womit setzen Sie eine Ortsmarke in Google Earth?
9. Wie sieht eine AutoCAD-Exportdatei aus SketchUp in AutoCAD aus?
10. Was ist umzustellen, um ein SketchUp-Modell in AutoCAD sinnvoll weiterbearbeiten zu können?

A.10.2 Antworten Kapitel 10

1. Mit dem heruntergedrückten Mausrad.
2. Lat steht für englisch *Latitude* und bedeutet Breitengrad, Lon steht für englisch *Longitude* und bedeutet Längengrad.
3. Als absolute Höhe über dem Meeresspiegel.
4. Die Zuordnung des SketchUp-Modells zu den korrekten geografischen Koordinaten.
5. Unter DATEI|EXPORTIEREN.
6. Man muss das Modell in SketchUp genügend genau positionieren. In Google Earth ist dann keine Verschiebung mehr möglich.
7. Durch die Georeferenzierung mit DATEI|GEOSTANDORT|ORT HINZUFÜGEN kann der erste Geländeausschnitt definiert werden und später können weitere hinzugefügt werden.
8. Gehen Sie im Browser links ins Register ORTE und nach Rechtsklick dort auf MEINE ORTE. Wählen Sie HINZUFÜGEN|ORTSMARKE.
9. Es werden die Flächen als Vielflächennetze übertragen. Sie werden zunächst als Drahtmodell dargestellt.
10. Die schattierte Ansicht erhalten Sie in AutoCAD mit ANSICHT|VISUELLE STILE|REALISTISCH oder KONZEPTUELL. Die Einheiten sollten Sie unter FOR-

MAT|EINHEIT z.B. auf **Meter** setzen. Unter EXTRAS|OPTIONEN gehen Sie in das Register BENUTZEREINSTELLUNGEN und wählen bei EINFÜGUNGSMASSSTAB unter EINHEITEN FÜR QUELLINHALT ebenfalls die Einheit **Meter**.

A.11 Kapitel 11

A.11.1 Übungsfragen Kapitel 11

1. Mit welcher Funktion wird in SKETCHUP die Plotausgabe vorbereitet?
2. Wie erreichen Sie die Zentrierung des Plots?
3. Wozu brauchen Sie das Programm LayOut?
4. Wozu verwenden Sie Vorlagen in LayOut?
5. Welche Einstellungen sind wichtig bei BEARBEITEN|VOREINSTELLUNGEN in LayOut?
6. Was sind die wichtigsten Einstellungen unter DATEI|DOKUMENT EINRICHTEN?
7. Wo können Sie Modell-Layer aus-/einblenden, in SketchUp oder LayOut?
8. Was sind in LayOut die wichtigsten SketchUp-Modell-Einstellungen?
9. Wie können Sie die ungefüllte Darstellung eines rechteckigen Rahmens erreichen?
10. Wo finden Sie in LayOut die Plot-Vorschau?

A.11.2 Antworten Kapitel 11

1. DATEI|SEITENANSICHT.
2. Über MODELLERWEITERUNGEN VERWENDEN.
3. Zur individuellen Gestaltung einer Plotausgabe z.B. mit Rahmen, Beschriftungen und Bemaßungen oder für die Erzeugung von Präsentationen mit mehreren Blättern.
4. Um Grundeinstellungen und z.B. fertige Zeichnungsrahmen zu übernehmen.
5. Stellen Sie die nötigen Maßstäbe ein. Löschen Sie die englischen Zoll-Maßstäbe. Aktivieren Sie STANDARDMÄSSIG ALLE MASSSTÄBE ANZEIGEN, damit Sie diese Maßstäbe in der Layout-Ansicht wählen können.
6. EINHEITEN (DEZIMAL und MM), (z.B. A4 mit QUERFORMAT) und ggf. RASTER für die Positionierung Ihrer Layout-Elemente.
7. In SketchUp.
8. Unter ANSICHT die Auswahl der Ansicht z.B. aus den STANDARDANSICHTEN und der Maßstab. Unter STILE den Darstellungsstil z.B. in der Rubrik STANDARDSTILE das DRAHTGITTER.

9. Sie müssen rechts unter FORMSTIL die Option FÜLLUNG wegschalten.
10. DATEI|SEITENANSICHT.

A.12 Kapitel 12

A.12.1 Übungsfragen Kapitel 12

1. Wie heißt die boolesche Operation für Volumenkörper, die in der normalen Version von SketchUp enthalten ist?
2. Mit welcher Funktion können Sie eine Überlappung zweier Volumenkörper ermitteln?
3. Wie werden Volumenkörper erzeugt?
4. Was darf in einem Volumenkörper nicht enthalten sein?
5. Wie stellen Sie den Volumeninhalt eines Volumenkörpers fest?
6. Wie werden die Sandkistenfunktionen in der normalen SketchUp-Version aktiviert?
7. Welche Form hat eine »weiche Fläche« nach der Erzeugung?
8. Mit welcher Funktion können Sie die Bodenfläche eines Gebäudes auf eine »weiche Fläche« projizieren?
9. Womit verfeinern Sie eine »weiche Fläche«?
10. Können Sie ein Gelände auch aus mehreren geschlossenen Kurven erzeugen oder nur aus offenen?

A.12.2 Antworten Kapitel 12

1. TOOLS|ÄUSSERE SCHALE.
2. TOOLS|VOLUMENKÖRPERFUNKTIONEN|VERSCHNEIDEN.
3. Durch Erstellen von Gruppen oder Komponenten aus Objekten, die korrekt ein Volumengebiet einschließen.
4. Einzelne Linien, Kurven oder Flächen, die nicht zum Einschluss des Volumens benötigt werden.
5. Über die Elementeigenschaften, z.B. im Kontextmenü nach Rechtsklick.
6. FENSTER|VOREINSTELLUNGEN|ERWEITERUNGEN.
7. Rechteckig und eben.
8. TOOLS|SANDKISTE|FLÄCHE ABBILDEN.
9. TOOLS|SANDKISTE|DETAIL HINZUFÜGEN.
10. Ja, es können geschlossene und/oder offene Kurven verwendet werden.

Anhang B

Die Menüs und ihre Funktionen

Diese Übersicht der einzelnen Menüpunkte soll als Kurzreferenz für die Menüfunktionen dienen und dem versierten CAD-Kenner einen schnellen Einstieg in die Funktionalität des Programms ermöglichen.

B.1   Datei

NEU oder [Strg]+[N]   Mit dieser Funktion wird die aktuelle Zeichnung beendet und eine neue begonnen. Falls Sie in der aktuellen Zeichnung etwas gezeichnet oder verändert haben, werden Sie gefragt, ob Sie die Zeichnung speichern wollen. Die neue Zeichnung wird mit der Vorlage und den Einheiten erstellt, die Sie beim Start oder unter dem Menü FENSTER|VOREINSTELLUNGEN gewählt haben.

ÖFFNEN oder [Strg]+[O]   Hiermit wird eine bestehende Zeichnungsdatei zur Bearbeitung geöffnet. Falls Sie in der aktuellen Zeichnung etwas gezeichnet oder verändert haben, werden Sie gefragt, ob Sie die Zeichnung speichern wollen.

SPEICHERN oder [Strg]+[S]   Die Funktion speichert die aktuelle Zeichnung mit der Dateiendung *.SKP (für SKetchuP). Sofern die Zeichnung noch keinen eigenen Namen hat und »Unbenannt« heißt, erscheint ein Dialogfeld zur Namenseingabe. Wenn Sie der Zeichnung aber schon einen Namen gegeben hatten, wird unter dem alten Namen neu gespeichert. In diesem Fall wird der vorhergehende Zeichnungsstand als Backup-Datei mit der Endung *.SKB (für SKetchup-Backup) gesichert.

SPEICHERN UNTER   Mit dieser Funktion können Sie die aktuelle Zeichnung unter einem neuen Namen ablegen. Es erscheint ein Dialogfenster zur Dateispezifikation. Sie arbeiten danach an dieser Zeichnung mit dem neuen Namen weiter.

KOPIE SPEICHERN UNTER   Hiermit können Sie ebenfalls die aktuelle Zeichnung unter einem neuen Namen ablegen. Es erscheint ein Dialogfenster zur Dateispezifikation. Sie arbeiten aber danach an der Zeichnung mit dem alten Namen weiter. Diese Funktion können Sie nutzen, um Zwischensicherungen mit verschiedenen Namen anzulegen.

ALS VORLAGE SPEICHERN   Hiermit können Sie die aktuelle Zeichnung als Vorlage ablegen. Es erscheint ein Dialogfenster zur Eingabe von Name, Beschreibung und

Anhang B
Die Menüs und ihre Funktionen

Dateiname. Diese Datei wird dann in Zukunft bei der Vorlagenauswahl am Ende der offiziellen Liste mit angezeigt.

UMKEHREN   Mit diesem Menüpunkt können Sie alle Änderungen seit der letzten Speicherung zurücknehmen.

AN LAYOUT SENDEN   (nur unter SketchUp Pro verfügbar) Diese Funktion schickt die Zeichnung zur Weiterbearbeitung an das Zusatzprogramm LayOut.

VORSCHAU IN GOOGLE EARTH   Diese Funktion verzweigt zu Google Earth und zeigt Ihr Modell dort am spezifizierten Standort an. Das funktioniert nur, wenn Ihr Modell bereits georeferenziert ist.

GEOSTANDORT   Hiermit können Sie den geografischen Standort für Ihr Modell übers Internet in einer Google-Earth-Darstellung einstellen.

GEBÄUDE-ERSTELLUNGSTOOL   Diese Funktion lädt das Google-Earth-Plug-in und erlaubt Ihnen dort den Nachbau von Gebäuden in 3D. Es ist aber nur für bestimmte Gebiete sinnvoll, die über mehrere Fotos der Gebäude verfügen, die schräg von oben erstellt wurden.

3D-GALERIE   In den Untermenüs MODELLE ÜBERNEHMEN und MODELL GEMEINSAM VERWENDEN können Sie Modelle im Internet aus Googles 3D-GALERIE in Ihre Zeichnung einbauen oder umgekehrt Ihre Zeichnung für die 3D-GALERIE zur Verfügung stellen. Die 3D-GALERIE ist ein Speicherort bei Google, in dem registrierte Nutzer Modelle für andere zur Benutzung zur Verfügung stellen. Um dieses Werkzeug benutzen zu können, müssen Sie ein *Google-Konto* einrichten.

IMPORTIEREN   importiert die Grafikformate *.3DS und *.DDF, von Google Earth *.KMZ und *.DAE und die Bildformate *.PNG, *.BMP, *.JPG, *.PSD, *.TGA und *.TIF (zusätzlich bei Pro: *.DWG und *.DXF).

EXPORTIEREN   In verschiedenen Untermenüs können Sie verschiedene Dateiformate exportieren. Bei der Pro-Version kommen weitere Formate hinzu, die hier in Klammern stehen.

3D-MODELL   bietet einen Dateiexport für Google Earth mit *.KMZ und *.DAE an (zusätzlich bei Pro: *.3DS, *.DWG, *.DXF, *.FBX, *.OBJ, *.WRL, *.XSI).

2D-GRAFIK   ermöglicht den Export mit den Bildformaten *.PNG, *.BMP, *.JPG und *.TIF (zusätzlich bei Pro: *.PDF, *.EPS, *.EPX, *.DWG, *.DXF).

PRO-EXPORTPROGRAMME ABRUFEN   verzweigt ins Internet, um zusätzliche Exportformate für die vorhergehenden Exportfunktionen zu laden, die sonst nur über die Pro-Version verfügbar sind.

ANIMATION (nur unter Pro verfügbar)   exportiert eine Animationsdatei.

DRUCKEREINRICHTUNG   dient zum Einrichten des Druckformats.

SEITENANSICHT   erzeugt eine Vorschau der Druckdatei auf dem Bildschirm.

DRUCKEN oder `Strg`+`P`   druckt aus.

BERICHT GENERIEREN (nur unter Pro verfügbar)   erzeugt eine Datei mit Informationen über die enthaltenen Komponenten (aus anderen Quellen eingefügte Zeichnungsteile wie beispielsweise der Mensch *Sang* am Koordinatennullpunkt).

Dann folgt die Liste der zuletzt geöffneten Zeichnungen.

BEENDEN   schließt das Programm. Falls noch nicht gespeichert wurde, werden Sie nun dazu aufgefordert.

B.2 Bearbeiten

Dieses Menü enthält als Erstes die Funktionen zum Zurücknehmen und Wiederherstellen von Aktionen sowie die üblichen Operationen für die Zwischenablage.

RÜCKGÄNGIG oder `Alt`+`←` oder `Strg`+`Z`   macht jeweils eine Aktion rückgängig. Das geht 100 Mal.

WIEDERHOLEN oder `Strg`+`Y`   stellt rückgängig gemachte Aktionen wieder her.

AUSSCHNEIDEN oder `⇧`+`Entf` oder `Strg`+`X`   löscht markierte Elemente aus der Zeichnung und stellt sie in die Zwischenablage.

KOPIEREN oder `Strg`+`C`   kopiert markierte Elemente aus der Zeichnung und stellt sie in die Zwischenablage.

EINFÜGEN oder `Strg`+`Einfg`   fügt Elemente aus der Zwischenablage in die Zeichnung ein.

AN DIESER STELLE EINFÜGEN   fügt Elemente aus der Zwischenablage an der alten Stelle in die Zeichnung ein.

LÖSCHEN oder `Entf`   löscht die markierten Elemente.

FÜHRUNGEN LÖSCHEN   löscht Führungslinien (auch als Hilfslinien zu bezeichnen), die Sie mit dem MASSBAND-Werkzeug (Menü TOOLS|MASSBAND oder T) erstellt haben. Sie erscheinen in der Zeichnung als unendlich lange gestrichelte Linien.

ALLES AUSWÄHLEN oder `Strg`+`A`   wählt alle Objekte der Zeichnung für nachfolgende Bearbeitungen aus.

KEINE AUSWAHL oder `Strg`+`T`   beendet eine Auswahl.

AUSBLENDEN   macht die markierten Objekte unsichtbar. Wenn Sie ausgeblendete Objekte auswählen möchten, können Sie diese mit dem Menü ANSICHT|AUSGEBLENDETE GEOMETRIE als gestrichelte Drahtmodelle sichtbar machen.

Anhang B
Die Menüs und ihre Funktionen

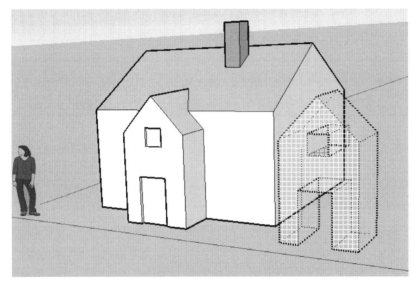

Abb. B.1: Ausgeblendete Geometrie gestrichelt sichtbar gemacht

EINBLENDEN blendet ausgeblendete Objekte wieder ein. Sie können zwischen AUSGEWÄHLTE, LETZTE und ALLE wählen.

SPERREN Sie können Objekte, die Sie mit dem Menü BEARBEITEN|GRUPPIEREN oder BEARBEITEN|KOMPONENTE ERSTELLEN zu Gruppen oder benannten Komponenten zusammengefasst haben, für weitere Modifikationen sperren.

ENTSPERREN Sie können gesperrte Gruppen oder Komponenten hiermit wieder entsperren und damit für Änderungen freigeben.

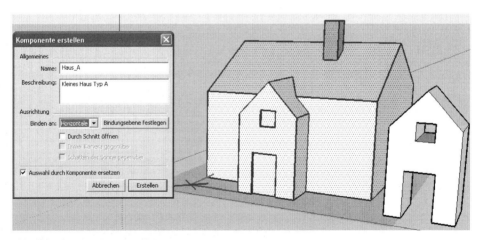

Abb. B.2: Komponente erstellen

KOMPONENTE ERSTELLEN oder [Strg]+[C] ermöglicht es, gewählte Objekte unter einem Namen zusammenzufassen. Wenn Sie die ausgewählten Objekte gleich durch die Komponente ersetzen wollen, dann aktivieren Sie AUSWAHL DURCH KOMPONENTE ERSETZEN. Weitere Exemplare einer Komponente können Sie mit dem Menü FENSTER|KOMPONENTEN in die Konstruktion einfügen.

GRUPPIEREN oder [G] ermöglicht es, aus ausgewählten Objekten eine Gruppe zu erstellen, eine Zusammenfassung ohne Namen.

GRUPPE/KOMPONENTE SCHLIEßEN Wenn Sie durch Doppelklick eine Komponente zur Bearbeitung aktiviert haben, dann können Sie mit dieser Funktion oder übers Kontextmenü diese Bearbeitung beenden. Die Änderung ist dann in allen Exemplaren dieser Komponente enthalten.

FLÄCHEN VERSCHNEIDEN berechnet für die ausgewählten Objekte alle Verschneidungsflächen und Kanten. Sie können danach beispielsweise das Modell bearbeiten und die gewünschten Verschneidungsflächen entfernen (Abbildung B.3).

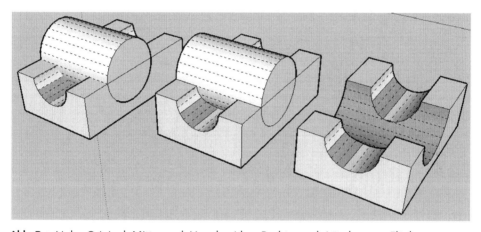

Abb. B.3: Links: Original, Mitte: nach Verschneiden, Rechts: nach Löschen von Flächen

Nach diesem letzten Menüpunkt folgt entweder

KEINE AUSWAHL wenn Sie aktuell keine Objekte gewählt haben oder

XXX OBJEKTE mit einem weiteren Untermenü, das individuelle Optionen zur Bearbeitung der gewählten Objekte enthält.

B.3 Ansicht

Mit diesem Menü steuern Sie die Sichtbarkeit verschiedener Elemente der Benutzeroberfläche und verschiedene Darstellungseffekte.

Anhang B
Die Menüs und ihre Funktionen

SYMBOLLEISTEN dient zum Aktivieren oder Deaktivieren diverser Symbolleisten mit zahlreichen Funktionswerkzeugen. Auch können Sie hier zwischen der normalen Anzeige und großen Schaltflächen wechseln.

SZENENREGISTER Sobald Sie mit der Menüfunktion ANSICHT|ANIMATION Szenen für eine Animation gespeichert haben, können Sie sich am oberen Rand ein Szenenregister zum Anwählen zeigen lassen (Abbildung B.4). Die Szenen einer Animation können Sie mit FENSTER|SZENEN verwalten.

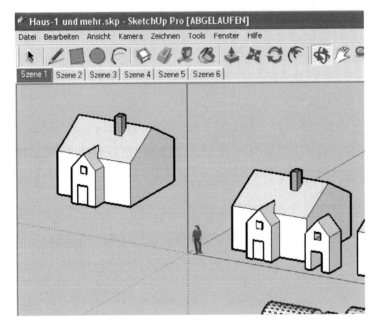

Abb. B.4: Szenenregister oben aktiviert

AUSGEBLENDETE GEOMETRIE zeigt Geometrie, die Sie mit BEARBEITEN|AUSBLENDEN unsichtbar gemacht haben, als gestricheltes Phantombild an (Abbildung B.1).

SCHNITTEBENEN aktiviert oder deaktiviert die Anzeige von Schnittebenen, die Sie mit TOOLS|SCHNITTEBENE erzeugt haben (Abbildung B.5).

SCHNITTE macht Schnitt-Darstellung sichtbar/unsichtbar wie in Abbildung B.5 und Abbildung B.6 gezeigt.

ACHSEN schaltet die Sichtbarkeit der roten, grünen und blauen Koordinatenachsen ein und aus.

FÜHRUNGEN schaltet die mit dem TOOLS|MAßBAND erstellen Hilfslinien ein oder aus.

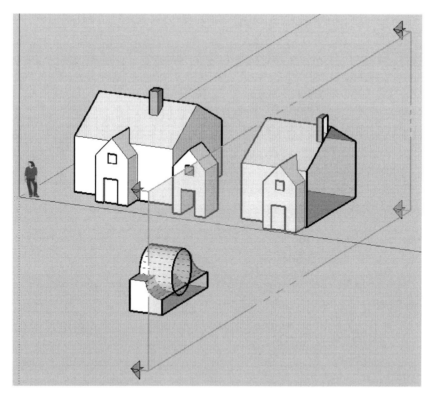

Abb. B.5: Konstruktion mit aktivierter Schnittebene und sichtbar gemachtem Schnitt

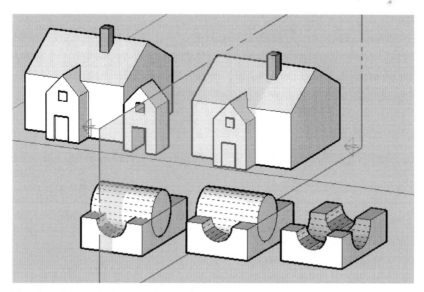

Abb. B.6: Schnitt deaktiviert, Schnittebene noch aktiviert

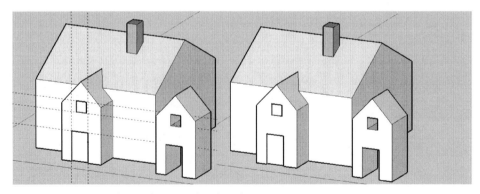

Abb. B.7: Haus mit Führungslinien und rechts ohne

SCHATTEN aktiviert und deaktiviert die Schattendarstellung. Details der Schattendarstellung wie Sonnenstand und Schattenfarbe lassen sich mit FENSTER|SCHATTEN einstellen.

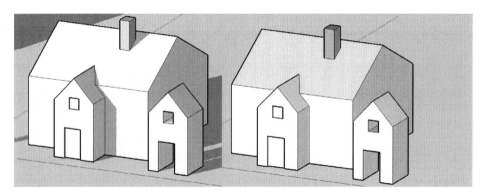

Abb. B.8: Schatten ein links, aus rechts

NEBEL schaltet einen Nebeleffekt ein und aus, dessen Stärke Sie mit FENSTER|NEBEL steuern können (Abbildung B.9).

KANTENSTIL Hiermit können Sie zuerst die Kantendarstellung generell ein- oder ausschalten. Mit der Option PROFILE lassen sich die Profilkanten hervorheben, also Kanten vor dem Hintergrund oder vor anderen Objekten. Die Option TIEFENSCHÄRFE zeigt nahe Kanten dicker an als ferne. Mit VERLÄNGERUNG werden die Kanten in den Eckpunkten etwas länger gezeichnet, so dass der Eindruck einer Handskizze entsteht (Abbildung B.10).

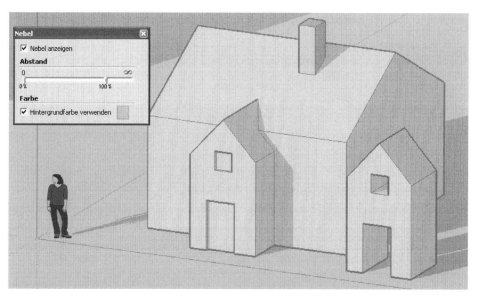

Abb. B.9: Nebeleffekt aktiviert

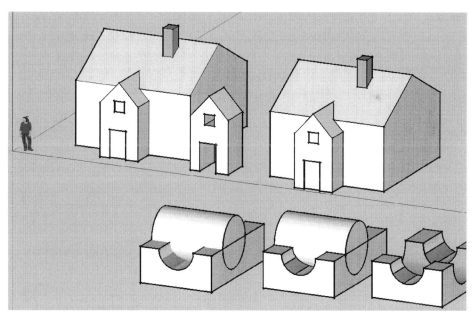

Abb. B.10: Kanteneinstellung: Profile hervorgehoben, Verlängerung aktiv, Nahe Kanten stärker als ferne (Tiefenschärfe)

FLÄCHENSTIL   Wie über die entsprechende Symbolleiste FLÄCHENSTIL können Sie hiermit den Stil für die Flächendarstellung einstellen. Zunächst gibt es eine Grundeinstellung, den Modus RÖNTGEN. Ist er eingeschaltet, dann werden die Konstruktionen durchsichtig wie in Abbildung B.11. Der Stil DRAHTGITTER zeigt unabhängig von Modus RÖNTGEN die komplette Konstruktion nur durch die Kanten an. Mit LINIENAUSBLENDUNG werden die verdeckten Kanten unter RÖNTGEN schwächer angezeigt, ohne RÖNTGEN gar nicht. Bei SCHATTIERT werden die Flächen mit farbiger Schattierung entsprechend dem jeweiligen Material dargestellt, aber ohne Oberflächenstrukturen, auch wenn diese über das Menü FENSTER|MATERIALIEN zugeordnet worden sind. Mit SCHATTIERT MIT TEXTUREN erreichen Sie die vollständige Darstellung der zugeordneten Materialien mit Farbe und Textur, d.h. Strukturierung der Flächen. In der Variante MONOCHROM erscheinen alle Flächen in Weiß.

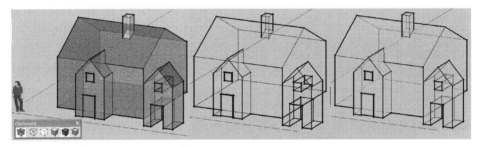

Abb. B.11: Flächenstile RÖNTGEN, mit DRAHTGITTER, mit LINIENAUSBLENDUNG

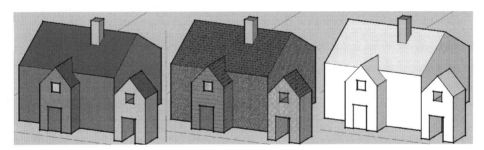

Abb. B.12: Flächenstile SCHATTIERT, SCHATTIERT MIT TEXTUREN und MONOCHROM

KOMPONENTENBEARBEITUNG   Wenn Sie eine Komponente – ein mit BEARBEITEN|KOMPONENTE ERSTELLEN zusammengesetztes und mehrfach wiederverwendbares Objekt – mit Doppelklick zur weiteren Bearbeitung aktivieren, können Sie hier einstellen, ob der Rest des Modells dabei ausgeblendet werden soll (Option REST DES MODELLS AUSBLENDEN) und eventuell auch noch weitere eingebaute gleiche Komponenten ebenfalls unsichtbar gemacht werden sollen (Option ÄHNLICHE KOMPONENTEN AUSBLENDEN). Diese Einstellungen machen die Bearbeitung von Komponenten einfacher und überschaubarer.

ANIMATION   Mit den Untermenüs hier können Sie einzelne Szenen für eine Animation erstellen, die Animation dann abspielen und die Grundeinstellungen für eine animierte Präsentation eingeben.

- SZENE HINZUFÜGEN   erstellt aus der aktuellen Bildschirmansicht eine neue Szene für die Animation. Falls schon Szenen existieren, wird die neue Szene nach der aktuellen Szene in den Animationsablauf eingefügt. Sie können das bei eingeschaltetem Szenenregister (s. ANSICHT|SZENENREGISTER) verfolgen.
- SZENE AKTUALISIEREN   ersetzt die aktuelle Szene durch die aktuelle Bildschirmansicht.
- SZENE LÖSCHEN   löscht die aktuelle Szene.
- VORHERIGE SZENE oder `Bild ↑`   wechselt zur vorhergehenden Szene.
- NÄCHSTE SZENE oder `Bild ↓`   wechselt zur nachfolgenden Szene. Bei der letzten Szene wird wieder zur ersten Szene gewechselt.
- WIEDERGABE   gibt die Animation wieder.
- EINSTELLUNGEN   zeigt das Dialogfenster für die Animationseinstellungen an. Mit SZENENÜBERGÄNGE AKTIVIEREN schalten Sie glatte Übergänge zwischen den Szenen ein. Die Zeitdauer der Übergänge stellen Sie darunter ein. Unter SZENENVERZÖGERUNG können Sie angeben, wie lange die Animation zwischen den Übergängen bei den einzelnen Szenen stehen bleiben soll.

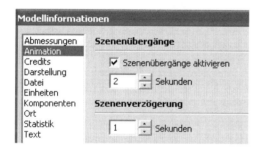

Abb. B.13: Animationseinstellungen

Weitere Funktionen zum Thema Animation finden Sie unter:

- ANSICHT|SZENENREGISTER, nämlich die Anzeige eines Registers am oberen Bildschirmrand zum direkten Aufruf der einzelnen Szenen, und unter
- FENSTER|SZENEN ein Dialogfenster zum Verwalten und Bearbeiten der Szenen.

B.4   Kamera

Im KAMERA-Menü finden Sie alles, was zur Ansichtssteuerung nötig ist: Wahl der Blickrichtung, die Art der perspektivischen Darstellung und die Manipulation des Bildausschnitts.

LETZTE   schaltet zurück zur vorhergehenden Blickrichtung. SketchUp speichert die gewählten Blickrichtungen.

NÄCHSTE   schaltet weiter zur nächsten Blickrichtung.

STANDARDANSICHTEN   ermöglicht die Wahl zwischen mehreren Standardansichten: OBEN, UNTEN, VORNE, HINTEN, LINKS, RECHTS und ISO. Sie werden auch in der Symbolleiste ANSICHT angeboten.

Abb. B.14: Standardansichten ISO, Draufsicht, Vorderansicht, Von rechts, Rückansicht, Von links

PARALLELE PROJEKTION   schaltet für die Bildschirmanzeige auf die parallele Projektion um, bei der parallele Linien auch in der Projektion parallel bleiben (Abbildung B.15 links).

PERSPEKTIVE   aktiviert die realistischere perspektivische Projektion, bei der Objekte zum Hintergrund hin kleiner werden und Parallelen sich in einem Fluchtpunkt treffen (Abbildung B.15 Mitte).

ZWEIPUNKTPERSPEKTIVE   verwendet die in der Architektur gern verwendete perspektivische Projektion mit zwei Fluchtpunkten (Abbildung B.15 rechts).

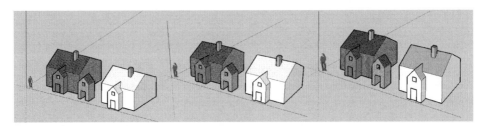

Abb. B.15: Parallele Projektion, Perspektive, Zweipunktperspektive

MIT NEUEM FOTO ABGLEICHEN   Hiermit können Sie die aktuelle Bildschirmdarstellung an ein im Hintergrund geladenes Foto anpassen. Das Verfahren wird später beschrieben.

ABGEGLICHENES FOTO BEARBEITEN   Mit dieser Funktion können Sie Ihre 3D-Konstruktion erstellen, indem Sie Linien in dem Foto nachzeichnen.

ROTIEREN oder [O] oder [Strg]+Mausrad drücken   schaltet die Funktion zum Schwenken der Blickrichtung ein, auch als Orbit-Funktion bezeichnet.

HAND oder [H] oder [⇧]+Mausrad drücken   aktiviert die Funktion zum Verschieben des Bildschirmausschnitts, auch oft als Pan-Funktion bezeichnet.

ZOOMEN oder [Z] oder Mausrad rollen   vergrößert oder verkleinert den Bildschirmausschnitt bei Bewegung mit gedrückter Maustaste nach oben oder nach unten.

BLICKFELD   Mit dieser Funktion ändern Sie die Brennweite Ihres Kamera-Objektivs. Gehen Sie mit gedrückter Maustaste nach unten, wird die Brennweite verkleinert, was einem Weitwinkelobjektiv entspricht. Damit erreichen Sie eine übertriebene Darstellung der Perspektive.

Abb. B.16: Blickfeld mit Weitwinkelobjektiv

ZOOMBEREICH oder [Strg]+[⇧]+[W]   Bei dieser Funktion können Sie auf einen Ausschnitt zoomen, indem Sie ein Fenster über zwei diagonale Punkte aufziehen. Der Ausschnitt wird dann auf dem Bildschirm vergrößert.

ALLES ZEIGEN oder [Strg]+[⇧]+[E] oder [⇧]+[Z]   Mit dieser Option wird auf Ihre komplette Konstruktion gezoomt.

AUF FOTOGRÖSSE ZOOMEN   Wenn Sie weiter oben die Funktion MIT NEUEM FOTO ABGLEICHEN gewählt haben, wird hiermit auf die Größe dieses Fotos gezoomt.

KAMERA POSITIONIEREN   Hiermit positionieren Sie Ihren Standpunkt und fahren danach in die gewünschte Blickrichtung.

Anhang B
Die Menüs und ihre Funktionen

GEHEN   Mit dieser Funktion können Sie mit gedrückter Maustaste in Ihrer Konstruktion spazieren gehen. Sie können übrigens auch rückwärtsgehen, wenn Sie den Fußstapfen-Cursor nach unten bewegen.

UMSCHAUEN   zeigt den Augen-Cursor an, den Sie auf das Zielobjekt richten sollten, um die Blickrichtung zu steuern.

B.5   Zeichnen

Die detaillierte Beschreibung des ZEICHNEN-Menüs mit Beispielen finden Sie in Kapitel 4. Deshalb hier nur ein kurzes Zitat der Funktionen: LINIE, BOGEN, FREIHAND, RECHTECK, KREIS und VIELECK. Sofern unter FENSTER|VOREINSTELLUNGEN|ERWEITERUNGEN aktiviert, erscheint als letzte Zeichenfunktion SANDKISTE zum Modellieren freier Oberflächen.

B.6   Tools

Das TOOLS-Menü enthält die wichtigsten Funktionen zur Bearbeitung von Objekten. Eine ausführliche Beschreibung der Funktionen finden Sie in Kapitel 5.

AUSWÄHLEN   dient zum Auswählen von Objekten für nachfolgende Bearbeitungsfunktionen.

RADIERGUMMI   ist das Werkzeug zum Löschen von Objekten.

FARBEIMER   liefert eine Werkzeugpalette zum Zuordnen von Materialien zu den Flächen.

VERSCHIEBEN   verschiebt und kopiert Objekte.

DREHEN   dreht Objekte.

SKALIEREN   kann Objekte vergrößern und verkleinern.

DRÜCKEN/ZIEHEN   ist eine raffinierte Funktion, um Flächen oder Linien in eine bestimmte Richtung zu ziehen und dadurch Volumenkörper zu schaffen.

FOLGE MIR   ist eine Funktion, die im CAD-Bereich als Sweeping bezeichnet wird. Ein Profil oder eine Kurve wird an einer Kontur entlanggezogen und ergibt neue Flächen oder Volumenkörper.

VERSATZ   erzeugt zu vorhandenen Kanten Parallelkurven.

ÄUSSERE SCHALE   erzeugt aus Volumenkörpern die Schnittmenge, wobei innere Hohlräume wegfallen.

VOLUMENKÖRPERFUNKTIONEN   (nur in Pro-Version) enthält weitere fünf Funktionen zum Kombinieren von Volumenkörpern.

MASSBAND   kann verwendet werden, um Abstände zu messen oder Hilfslinien parallel zu bestehenden Kanten zu konstruieren.

WINKELMESSER   bietet ein Instrument zum Messen von Winkeln.

ACHSEN   kann das Koordinatensystem neu positionieren und ausrichten.

ABMESSUNGEN   kann zur linearen Bemaßung verwendet werden.

TEXT   kann zur Bemaßung von Koordinaten oder zur Beschriftung verwendet werden.

3D-TEXT   erstellt dreidimensionale Textobjekte.

SCHNITTEBENE   erzeugt eine Schnittebene. Die Sichtbarkeit von Schnitt und Schnittebene wird über ANSICHT|SCHNITTE und ANSICHT|SCHNITTEBENE gesteuert.

GOOGLE-EARTH   Mit drei Untermenüs können Ansichten oder Modelle mit Google Earth ausgetauscht werden.

INTERAGIEREN   Komponenten mit Attributen können je nach einprogrammierter Funktion durch Anklicken verändert werden. Sie können das leicht ausprobieren, indem Sie dem Mann an Nullpunkt, dem *Sang*, durch einen Klick mit diesem Werkzeug eine andere Hemdfarbe geben.

SANDKISTE   Sofern unter FENSTER|VOREINSTELLUNGEN|ERWEITERUNGEN aktiviert, erscheint als letzte Funktion SANDKISTE zum Bearbeiten freier Oberflächen.

B.7 Fenster

Dieses Menü enthält zahlreiche wichtige Grundeinstellungen und Informationen zu den verschiedensten Programmfunktionen.

Modellinformationen

MODELLINFORMATIONEN   umfasst die wichtigsten Grundeinstellungen der aktuellen Konstruktion (= Modell). In den Kategorien ABMESSUNGEN und EINHEITEN sind Einstellungen für die Bemaßung und für die Eingabeeinheiten zu finden (Abbildung B.17). Für eine einigermaßen normgerechte Bemaßung in der Architektur wäre unter ENDPUNKTE die Option SCHRÄGSTRICH und unter ABMESSUNGSAUSRICHTUNG dann ÜBER korrekt, damit der Maßtext über der Maßlinie steht.

Die Einstellungen unter ANIMATION wurden schon oben beim Menüpunkt ANSICHT|ANIMATION beschrieben.

Unter CREDITS werden die Namen der Komponenten und deren Autoren angezeigt. In der aktuellen Konstruktion ist das bisher der Mann am Nullpunkt mit Namen *Sang* und als Autoren wird *Google* genannt.

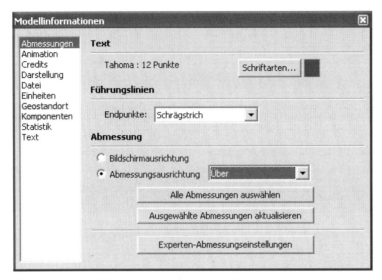

Abb. B.17: Dialogfeld MODELLINFORMATIONEN, Kategorie ABMESSUNGEN

Bei DARSTELLUNG gibt es nur eine einzige Einstellung zu aktivieren oder zu deaktivieren, die *Kantenglättung für Texturen*. Damit sollen später Oberflächenmuster an den Flächenkanten einen glatten Verlauf bekommen. Da das aber auch zu ungewöhnlichen Effekten führen kann, lässt sich diese Option auch abschalten.

In der Kategorie DATEI werden Speicherort und Größe der Datei angezeigt.

- Die nachfolgenden Einstellungen unter ALLGEMEINES sind alle für den Fall interessant, in dem Sie diese Zeichnung später mit DATEI|IMPORTIEREN in eine andere Konstruktion als Komponente einfügen. Im Feld BESCHREIBUNG können Sie einen beschreibenden Text eingeben. Sie können später nach Einfügen dieser Zeichnung als Komponente in die andere Konstruktion unter FENSTER|KOMPONENTEN die eingefügten Komponenten auflisten und Namen und Beschreibungen anzeigen.

- Unter AUSRICHTUNG können Sie bei BINDEN AN angeben, ob sich die aktuelle Zeichnung später beispielsweise nur auf horizontalen, senkrechten oder schrägen Flächen einfügen lässt. Wenn die Ebenen, auf die Sie die Zeichnung später als Komponente einfügen möchten, beliebig sein dürfen, wählen Sie hier BELIEBIGE. Es gibt auch die Möglichkeit, die aktuelle Zeichnung als ebenes zweidimensionales Bild parallel zur Bildschirmebene einzufügen. Dazu müssen Sie bei BINDEN AN die Option IMMER KAMERA GEGENÜBER wählen. In diesem Fall bewirkt die Option SCHATTEN DER SONNE GEGENÜBER, dass die Sonne immer auf die Komponente scheint. Das wirkt nur für schmale Objekte realistisch. Die Option DURCH SCHNITT ÖFFNEN bewirkt, dass die aktuelle Zeichnung beim Einfügen als 3D-Komponente eine Öffnung in die Zielfläche schneiden kann. Das ist für Fenster- und Türöffnungen interessant.

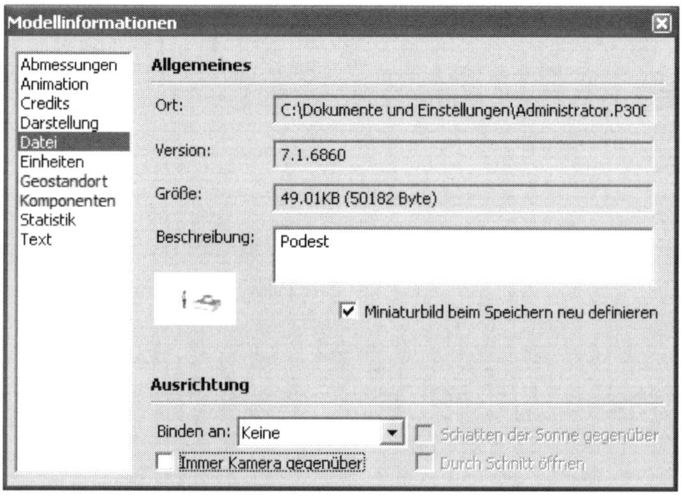

B.7
Fenster

Abb. B.18: Datei-Einstellungen

In der Kategorie KOMPONENTEN stellen Sie ein, wie bei der Bearbeitung von Komponenten oder Gruppen die gleichen Komponenten oder der Rest des Modells angezeigt werden sollen. Die Begriffe sind etwas missverständlich übersetzt. ÄHNLICHE KOMPONENTEN müsste eigentlich *Komponenten gleichen Namens* heißen. Die Intensitätsangeben HELLER und DUNKLER wären vielleicht mit *Schwächer* und *Intensiver* besser formuliert. Es gibt auch die Möglichkeit, gleiche Komponenten und/oder den REST DES MODELLS komplett bei Bearbeitungen auszublenden. Ganz unten können Sie wählen, ob bei den Komponenten die internen Achsenrichtungen angezeigt werden sollen.

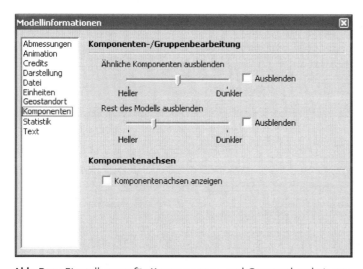

Abb. B.19: Einstellungen für Komponenten- und Gruppenbearbeitung

Unter ORT können Sie die *Georeferenzierung* festlegen, also Ihre Konstruktion an eine bestimmte geografische Position binden. Das ist natürlich für die spätere Berechnung von Schattenwurf und Sonnenstand von Bedeutung. Sie können entweder einen Ort mit ORT HINZUFÜGEN aus Google Earth übernehmen oder eigene geografische Koordinaten eingeben.

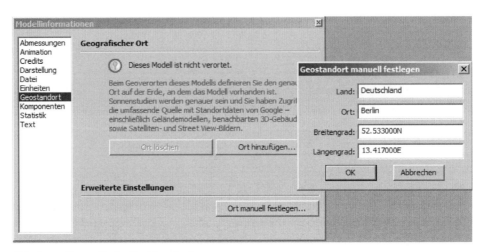

Abb. B.20: Geografische Position festlegen

Die Rubrik STATISTIK kann unter NUR KOMPONENTEN alle eingefügten Komponenten mitsamt Anzahl anzeigen oder unter GESAMTES MODELL die Anzahl aller einzelnen Konstruktionselemente.

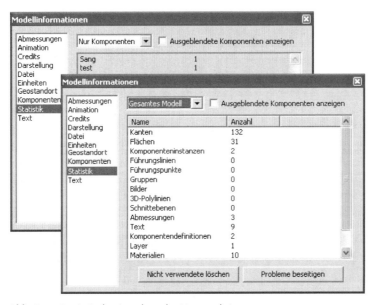

Abb. B.21: Statistische Angaben der Konstruktion

Mit der Option AUSGEBLENDETE KOMPONENTEN ANZEIGEN werden die in Komponenten enthaltenen Unter-Komponenten oder Geometrieelemente zusätzlich mitgezählt. Unten können auch nicht verwendete KOMPONENTEN, MATERIALIEN, BILDER und LAYER gelöscht werden, um den Speicherplatz für die Konstruktion zu reduzieren. Mit der Schaltfläche PROBLEME BEHEBEN werden nicht konsistente geometrische Verhältnisse korrigiert.

Die Kategorie TEXT legt die Schriftart für Texte und Hinweistexte fest (Abbildung B.22). Sie können damit auch alle vorhandenen Texte aktualisieren.

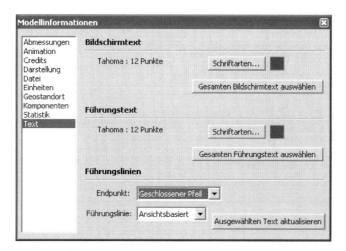

Abb. B.22: Einstellungen für Texte und Hinweistexte

Elementinformationen

ELEMENTINFORMATIONEN zeigt einige grundlegende Informationen zu den mit dem PFEIL-Werkzeug gewählten Objekten an. Bei Komponenten wird deren Name angezeigt, bei Linien deren Länge und bei Flächen deren Flächeninhalt.

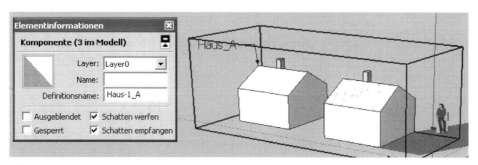

Abb. B.23: Elementinformationen für eine Komponente

Anhang B
Die Menüs und ihre Funktionen

Materialien

Hiermit aktivieren Sie die MATERIALIEN-Palette. Sie können aus den Dropdown-Listen eine *Materialkategorie* wie etwa BEDACHUNG auswählen, dann ein Material anklicken und danach das Geometrieelement, dem sie zugeordnet werden soll. Durch Anklicken des Materials wird nämlich auf das Werkzeug FARBEIMER umgeschaltet, mit dem eine Fläche mit dem Material gefüllt wird. Wenn Sie keine Oberflächenstruktur benötigen, sondern nur Farben, wählen Sie die Kategorie FARBEN. Die Palette kann maximal zwei Kategorien anzeigen. Die zweite Anzeige wird ggf. durch den Erweiterungsbutton rechts oben aktiviert . In der oberen Anzeige können im Register BEARBEITEN oder mit dem Werkzeug auch neue Materialien definiert werden.

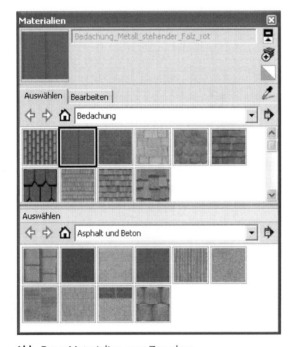

Abb. B.24: Materialien zum Zuordnen

Komponenten

KOMPONENTEN zeigt die Palette zum Einfügen von Komponenten an, also fertig vorkonstruierten Modellen. Komponenten sind entweder in der aktuellen Zeichnung durch BEARBEITEN|KOMPONENTE ERSTELLEN als Zusammenfassung mehrerer Geometrieelemente erzeugt worden oder sie werden aus Bibliotheken hereingeladen. Rechts oben können Sie wieder ein oder zwei Auswahlfenster aktivieren. Es gibt drei Registerkarten:

- AUSWÄHLEN Dies ist das normale Register, aus dem Komponenten ausgewählt und in die Konstruktion eingefügt werden. Links im Register wird die Darstellung der Komponenten als kleinere oder größere Bilder eingestellt. In einer Dropdown-Liste daneben kann zwischen mehreren Standardbibliotheken gewählt werden (Abbildung B.25). Insbesondere unter FAVORITEN finden Sie mehrere fachspezifische Standard-Bibliotheken. Unter IM MODELL sehen Sie die in der aktuellen Konstruktion vorhandenen Komponenten. Zum Einfügen klicken Sie eine Komponente an und dann die Position in Ihrer Konstruktion. Die Kategorie KOMPONENTEN zeigt eine Übersicht über die vorhandenen Bibliotheken an.

- BEARBEITEN   Hiermit kann die Ausrichtung einer Komponente im Modell bestimmt werden.
- STATISTIK   zeigt bei KOMPONENTEN die Anzahl der Unterkomponenten an, bei GESAMTE GEOMETRIE die Anzahl von Komponenten im Projekt oder mit ERWEITERN die Anzahl aller Objekte.

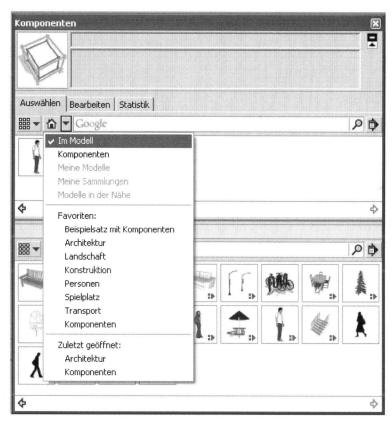

Abb. B.25: Komponenten zum Einfügen

Zusätzlich zu den Komponenten aus den Bibliotheken können Sie komplette SketchUp-Konstruktionen mit DATEI|IMPORTIEREN als weitere Komponenten einfügen.

Stile

STILE erlaubt die Auswahl aus einer Vielzahl von Kantenstilen zur Gestaltung der Bildschirmanzeige. Sie können auch eigene Stile erstellen. Abbildung B.26 zeigt den gern benutzten skizzenhaften Kantenstil, der eine exakte Konstruktionszeichnung wie eine Handskizze erscheinen lässt.

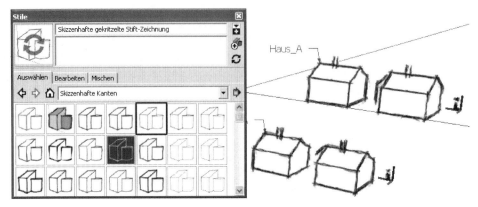

Abb. B.26: Skizzenhafter Kantenstil

Layer

LAYER öffnet die Layerübersicht. Mit den Buttons + und – können Sie Layer zur Tabelle hinzufügen und daraus entfernen. Die Layer können Sie zur Zeichnungsorganisation verwenden. Sie können die Farbe der Objekte nach dem Layer einstellen. Sie können auch über einen Layer alle Objekte, die ihm zugeordnet sind, in der Spalte SICHTBAR ein- und ausblenden. Um Objekte einem Layer zuzuordnen, müssen Sie die Symbolleiste LAYER (über ANZEIGE|SYMBOLLEISTEN) aktiviert haben. Sie wählen dann zuerst die zuzuordnenden Objekte aus und klicken dann in der Symbolleiste den Ziellayer an, auf den die Objekte kommen sollen.

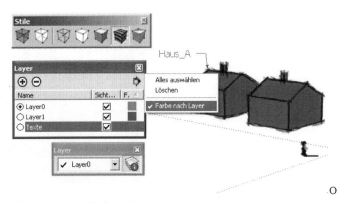

Abb. B.27: Layertabelle und Layermanager (Symbolleiste)

Gliederung

GLIEDERUNG zeigt eine Palette mit der Gliederungsinformation der Komponenten und Gruppen an. Die hierarchischen Strukturen können Sie mit einem Klick auf die quadratischen Knotenpunktsymbole aufblättern.

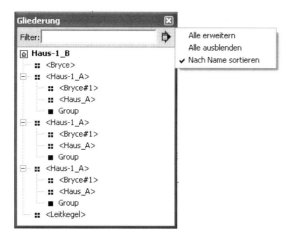

Abb. B.28: Gliederung der Komponenten

Szenen

SZENEN aktiviert den Szenen-Manager, mit dem Sie die aktuellen Szenen einer Animation verwalten und sortieren können.

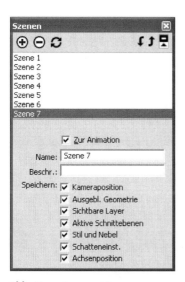

Abb. B.29: Szenen-Manager

Anhang B
Die Menüs und ihre Funktionen

Schatten

Das Dialogfeld SCHATTEN zeigt das Dialogfenster für die Schatteneinstellungen an. Sie können hier auch Datum und Uhrzeit zur Berechnung des korrekten Schattenwurfs einstellen. Der Ort wurde ja schon oben unter FENSTER|MODELL-INFORMATIOINEN unter ORT eingestellt.

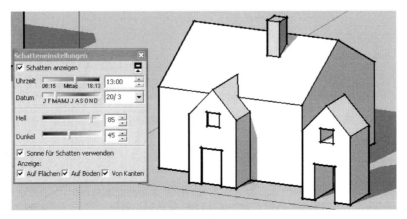

Abb. B.30: Einstellungen für den Schattenwurf

Nebel

Mit der Palette NEBEL können Sie den Nebel-Effekt gestalten. Sie können die Intensität steuern und dem Nebel Hintergrundfarbe geben oder eine andere Farbe auswählen.

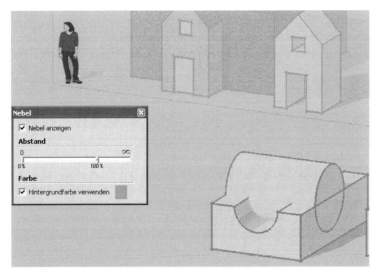

Abb. B.31: Nebel-Effekt

Mit Foto abgleichen

Die Palette MIT FOTO ABGLEICHEN kann verwendet werden, um die Projektion von SketchUp an eine Fotografie anzugleichen. Danach können dann dreidimensionale Konstruktionselemente von den Linien im Foto abgegriffen werden. Die Funktion entspricht dem Menü KAMERA|MIT NEUEM FOTO ABGLEICHEN.

Abb. B.32: Foto laden und mit der Projektion der Konstruktion abgleichen

Kanten abmildern

Mit dem Dialogfeld KANTEN ABMILDERN können Sie für gewählte Objekte die Kantendarstellung variieren. Da SketchUp eigentlich keine runden Objekte kennt, werden auch beispielsweise Zylinder als Vielecke gezeichnet (Abbildung B.33 links). Um die Strukturlinien auf den Zylinderflächen nicht wie normale Kanten dick anzuzeigen, können Sie hier wählen, unter welchem Winkel die Kanten abgemildert, das heißt, nur gestrichelt gezeichnet werden sollen (Abbildung B.33 rechts).

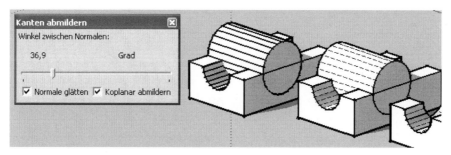

Abb. B.33: Kanten sichtbar links, abgemildert rechts

Anhang B
Die Menüs und ihre Funktionen

Mentor

MENTOR aktiviert das Lernprogramm MENTOR, das zum jeweils aktiven Befehl eine interaktive Hilfe anzeigt. Sie können es auch über das Logo ⓘ in der untersten Leiste des Zeichenfensters steuern.

Voreinstellungen

Mit dem Menüpunkt VOREINSTELLUNGEN können Sie zahlreiche Systemvoreinstellungen für den Programmlauf festlegen. In der Kategorie ALLGEMEINES stellen Sie die Bedingungen zur Dateisicherung ein. Mit SICHERUNGSKOPIE ERSTELLEN wird bei jedem Speichervorgang die letzte Version Ihrer Konstruktion als Sicherungsdatei mit der Endung *.SKB abgelegt. Die Option AUTOMATISCHE SICHERUNG sichert in den angegebenen Zeitintervallen in einer Datei *Autosave....SKP*. Diese Datei bleibt bei einem eventuellen Absturz des Programms erhalten und kann bei Datenverlust als Ausgangsmaterial für die Weiterbearbeitung verwendet werden.

Unter MODELLE AUF PROBLEME ÜBERPRÜFEN sollte die automatische Überprüfung immer aktiviert sein. Das bewirkt, dass bei geometrisch unsauberen Konstruktionen automatisch eine Warnung erscheint. Dann können Sie die Beseitigung der Probleme manuell wählen. PROBLEME BEIM ERKENNEN AUTOMATISCH BESEITIGEN sollte vielleicht nicht aktiviert werden, damit Sie auf die Probleme hingewiesen werden.

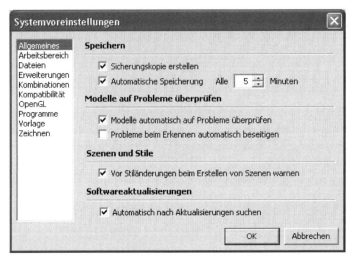

Abb. B.34: Allgemeine Voreinstellungen

Bei ARBEITSBEREICH können Sie zwischen großen und kleinen Werkzeugsymbolen wählen.

In der Kategorie DATEIEN können Sie die Speicherorte für die verschiedenen Dateien und Bibliotheken wählen. Vorgabe ist hier überall der Ordner *Eigene Dateien* des Anwenders.

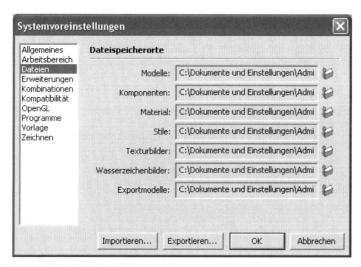

Abb. B.35: Datei-Speicherorte

Unter ERWEITERUNGEN können Sie Programmerweiterungen aktivieren. Die markierten Erweiterungen werden dann beim nächsten Neustart geladen und stehen übers Menü und eventuelle Symbolleisten zur Verfügung.

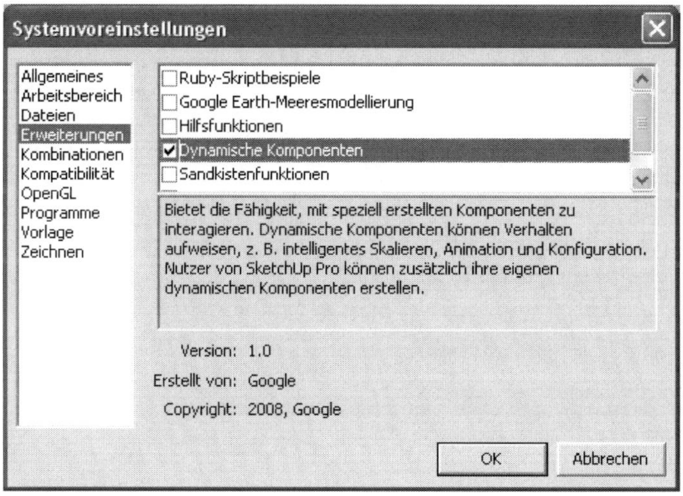

Abb. B.36: Erweiterungsfunktionen

Die RUBY-SKRIPTBEISPIELE sind Erweiterungen in der Makrosprache von SketchUp. HILFSFUNKTIONEN fügt zwei Funktionen bei TOOLS|DIENSTPROGRAMME hinzu: FLÄCHE ERSTELLEN und ABFRAGEFUNKTION. Die SANDKISTENFUNKTIONEN sind Erweiterungen unter ZEICHNEN und TOOLS für das Erstellen und Bearbeiten von Geländeformen und ähnlich geformten Objekten.

Anhang B
Die Menüs und ihre Funktionen

Unter KOMBINATIONEN können Sie allen möglichen Funktionen Tastenkombinationen zuordnen oder auch Tastenfunktionen nachschlagen. Mit dem FILTER können Sie aus der Vielzahl der Funktionen bestimmte über den Textanfang herausfiltern.

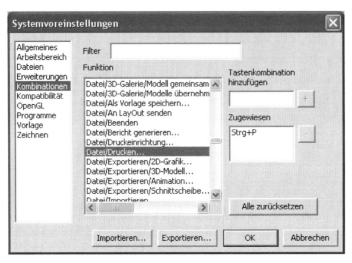

Abb. B.37: Tastenkürzel für Funktionen

Bei KOMPATIBILITÄT können Sie oben wählen, ob eine zur Bearbeitung markierte Komponente oder Gruppe mit Rahmen und Objekten markiert wird oder nur mit dem Rahmen. Das Mausrad dient ja als bequemes Hilfsmittel zum Zoomen des Bildschirmausschnitts. Leider aber gibt es dafür bei verschiedenen Programmen keine eindeutige Zuordnung der Richtung zum Vergrößern bzw. Verkleinern. Damit Sie sich bei Benutzung verschiedener Programme nicht umstellen müssen, können Sie hier in SketchUp die Rollrichtung notfalls umkehren.

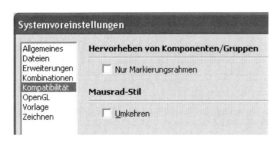

Abb. B.38: Markierung für zusammengesetzte Objekte

Unter OPENGL können Sie die Hardware-Beschleunigung einer OpenGL-kompatiblen Grafikkarte aktivieren, um die Zeichenarbeit zu beschleunigen. Insbesondere beim dynamischen Drehen mit der Funktion KAMERA|ROTIEREN zahlt sich die Geschwindigkeit der Hardware aus. Falls die Grafikkarte aber nicht voll kompatibel zu OpenGL ist, sollte man darauf verzichten. Die Option TREIBERFEHLER ... sollte nur bei Problemen mit der Flächenwahl aktiviert werden. Die Option SCHNELLES FEEDBACK VERWENDEN wird von SketchUp überprüft und Sie erhalten eine Warnung, falls sie problematisch wäre.

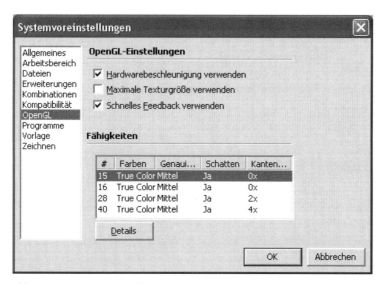

Abb. B.39: OpenGL-Einstellungen

Bei PROGRAMME können Sie ein Standardprogramm für die Pixelbildverarbeitung aktivieren, mit dem Sie Oberflächenmuster bearbeiten möchten.

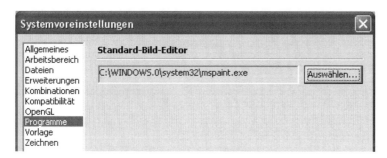

Abb. B.40: Programm zur Bildbearbeitung wählen

Unter VORLAGE können Sie die Standardzeichnungsvorlage für die nächsten Zeichnungen auswählen, die vor allem für die benutzten Einheiten zuständig ist. Außerdem wählen Sie damit auch, ob im 3D- oder 2D-Modus begonnen wird.

Anhang B
Die Menüs und ihre Funktionen

Abb. B.41: Auswahl der Vorlage

In der letzten Kategorie ZEICHNEN stellen Sie einige Zeichenerleichterungen ein. Mit KLICKEN-ZIEHEN-LOSLASSEN zeichnen Sie ein Liniensegment, indem Sie am Startpunkt die Maustaste drücken, dann unten lassen und am Endpunkt loslassen. Im Modus KLICKEN-BEWEGEN-KLICKEN klicken Sie den Startpunkt an und lassen die Maustaste wieder los, fahren dann zum Endpunkt und klicken erneut und lassen wieder los. Mit der Option AUTOMATISCH ERMITTELN ist beides möglich. Die Auswahl LINIENZEICHNUNG FORTFÜHREN bewirkt, dass dabei mehrere aneinander anschließende Liniensegmente entstehen können. Mit FADENKREUZE ANZEIGEN erhalten Sie am Linienstift ein großes Achsenkreuz angezeigt. Das kann manchmal eine gute Zeichenhilfe sein.

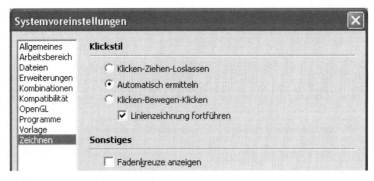

Abb. B.42: Klickstil und Fadenkreuz

Dialoge ausblenden/anzeigen

DIALOGE AUSBLENDEN/ANZEIGEN   blendet alle aktiven Dialogfelder ein bzw. aus.

Ruby-Konsole

RUBY-KONSOLE   Hiermit können Sie die Ruby-Konsole zur Eingabe eines Skripts in der Makrosprache Ruby aktivieren.

Komponentenoptionen

KOMPONENTENOPTIONEN   zeigt für eine markierte dynamische Komponente die Modifikationsmöglichkeiten an.

Komponentenattribute

KOMPONENTENATTRIBUTE (nur Pro)   In der Pro-Version können Sie hiermit dynamische Komponente erstellen und bearbeiten.

Fototexturen

FOTOTEXTUREN   dient zum Übertragen von Street-View-Texturen aus Google Earth auf Ihre Modelle.

B.8   Hilfe

Das HILFE-Menü enthält eine Vielzahl von Links zu verschiedenen Einführungs- und Lernhilfsmitteln zu SketchUp, meist im Internet.

WILLKOMMEN BEI SKETCHUP   zeigt die Willkommensseite an, die Sie vom Programmstart her kennen. Hierüber können Sie die oben bereits beschriebenen Hilfefunktionen im Internet aufrufen.

HILFE   verzweigt zur allgemeinen SketchUp-Hilfe im Internet.

KONTAKTIEREN SIE UNS   führt zur Google-Kontaktseite, um neue Funktionen vorzuschlagen oder Fehler zu melden.

LIZENZ   dient bei der Pro-Version zur Verwaltung der Lizenz bzw. einer Netzwerklizenz.

NACH AKTUALISIERUNGEN SUCHEN   sucht im Internet nach neuen Versionen.

INFO ÜBER SKETCHUP   zeigt die aktuellen Versionsinformationen zum Programm an.

Stichwortverzeichnis

Numerisch
2D-Modus 339
3D-Galerie 247, 269, 312
3D-Komponente 76
3D-Modell
    nach einem Foto erstellen 233
3DS 312
3D-Text 325

A
Ableitungen 51
Abmessungen 74, 325
Abrundung
    von Ecken 104
Abwählen 117
Achsen 28, 316, 325
Aktualisierungen 341
Alles zeigen 323
Als Vorlage speichern 311
Animation 75, 226, 312, 316, 321, 325, 333
Anklicken 115
Anklicken mit Shift 115
Ansicht 71
    Menü 315
Arbeitsbereich 82, 336
Architekturmäßige Bemaßungseinstellung 97
Augen-Cursor 324
Ausblenden 313
Ausgeblendete Geometrie 316
Ausrichtung 76
Ausschneiden 313
Äußere Hülle 287
Äußere Schale 65
Auswahl 60, 324
    alles 313
    beenden 313
    mit Box 115

B
Bearbeiten-Menü 69, 313
Beenden 313
Befehle
    versteckte 115
Bemaßung
    linear 325
Bemaßungseinstellung
    architekturmäßige 97
Benutzeroberfläche 24, 68
Bericht generieren 313
Betriebssysteme 16
Bildbearbeitung 339
Blickfeld 323
Blickrichtung 322
Bogen 49, 102
Boolesche Operationen 65, 286
Brennweite 323

C
Credits 26, 75, 325

D
Darstellung 75, 326
Datei 76, 326
    importieren 170
    Menü 69
Dateiformate
    Import, Export 312
Dateisicherung 82
Dateiverwaltungsfunktionen 69
DDF 312
Dialoge
    ausblenden/anzeigen 341
Dienstprogramme 337
Differenz 65, 287
Doppelklick 117
Download 15, 22
Downloadseite 18

Drahtgitterdarstellung 185
Drehen 124, 324
Dreifachklick 117
Drucken 313
Drücken/Ziehen 140, 324
Druckereinrichtung 312
Druckvorschau 277

E

Ecken
    Abrundung 104
    Rundung 49
Einblenden 314
Einfügen
    an dieser Stelle 313
    Menü Bearbeiten 313
Eingabefeld 25
Einheiten 22, 57, 77, 325
Einrasten
    in festen Abständen 77
Einstellungen
    Animation 321
Elementinformationen 329
Ellipse 108
Entsperren 314
Erweiterungen 337
Erzeugen
    einer Gruppe 149
Exportieren 229, 312
    2D-Grafik 265
    nach AutoCAD 267
Exportprogramme 312
Extrusion 140

F

Fadenkreuze
    anzeigen 340
Falten 63
Farbeimer 324
Farbkodierung 49
Farb-Manager 192
Fenster-Menü 73, 325
Fensteröffnung 76
Fläche
    mit einem Material versehen 213
Flächen 58, 212
Flächen verschneiden 315
Flächenstile 185, 320

Fluchtlinie
    ausrichten 235
Folge mir 144, 324
Foto
    3D-Modell 242
    abgleichen 322, 335
    Modellieren mit Fotos 233
    nachzeichnen 238, 322
    Textur 242
Fotogröße 323
Fototexturen 246, 258, 341
Freiformflächen 291
Führungen 316
Führungen löschen 313
Führungslinien 188, 209
Führungslinien löschen 313
Fußstapfen-Cursor 324

G

Gebäude-Erstellungstool 246, 260
Gehen-Funktion 225, 324
Gelände
    aus Google Earth übernehmen 253
Geländeformen 337
Genauigkeit 58
Georeferenzierung 26, 78, 217, 246, 250, 328
Geostandort 216
Gitterlinien 237
Gliederung 333
Google Earth 247, 325
Google-Anmeldung 26
Grafikkarte 84
Grundeinstellungen 325
Gruppe 80, 148
    bearbeiten 150
    erzeugen 149
    zerlegen 150
Gruppieren 149, 315

H

Hand 323
Handfunktion 37
Hardware-Beschleunigung 338
Hilfe 26
Hilfe-Menü 341
Hilfslinien 51, 188, 325
Hinterkanten 212
HLS 191
HSB 191

I

Importieren 312
Info über SketchUp 341
Innenansichten 228
Installation 19
Interagieren 325
ISO
    Ansicht 322

K

Kamera 71, 223
    positionieren 224, 323
Kamera-Funktionen 226
Kamera-Menü 321
Kante
    abmildern 335
    glätten 294
    Glätten entfernen 294
    spiegeln 296
    unsichtbar 294
    verdeckte 212, 320
Kantenglättung 326
    für Texturen 75
Kantenstil 318
Kombinationen 338
Kompatibilität 338
Komponente 151, 162
    aus bestehender erzeugen 162
    bearbeiten 159
    erstellen 152, 315
    zerlegen 159
Komponenten 76, 80, 148, 330
Komponentenattribute 341
Komponentenbearbeitung 320
Komponenten-Bibliothek 162, 171
    erstellen 172
Komponentenoptionen 341
Koordinatenachsen 28, 316
Koordinatensystem 325
Koordinatenwerte 57
Kopie speichern unter 311
Kopieren 123
    Menü Bearbeiten 313
    vervielfältigen 131
Kreis 57, 107
Kurzreferenz 311
Kurzübersichtskarte 26, 27

L

Layer 187, 332
    einrichten 190
Layer-Manager 191
LayOut 312
Lernhilfen 24
Linie 28, 29, 47, 93
Linienausblendung 320
Links
    Ansicht 322
Lizenz 341
Lizenzbedingungen 20
Löschen 313
    Objekte 118
    von Objekten 118

M

Markierung
    für zusammengesetzte Objekte 84
Maßband 54, 316, 325
Maßstab 276, 279
Materialien 213, 324, 330
    ändern 215
    selbst gestalten 214
Materialkategorie 330
Mausrad
    drücken 322, 323
    rollen 323
Mentor-Funktion 26, 27, 336
Menüleiste 24, 68
Menüpunkte 311
Modell 280
    nach Google Earth exportieren 252
Modellinformationen 74, 325

N

Nebel 318, 334
Neu 311
Nullpunkt
    bestimmen 169

O

Oben
    Ansicht 322
Oberflächenmuster 339
Objekt
    auswählen 115
    verschieben 120
Objektwahl 115

Stichwortverzeichnis

Öffnen 311
Öffnung
    in Zielfläche 76
OpenGL 84, 338
Orbit 37, 322
Ort 78, 328, 334

P

Pan-Modus 37, 235, 323
Parallele Projektion 322
Perspektive 322
Pixeldaten 265
Plot
    maßstabsgerecht 276
Plotausgabe 275
Plotten und Präsentieren 275
Polygon 111
Präsentieren 275
Probleme
    überprüfen 336
Profile 318
Programmerweiterungen 83, 337
Programmleiste 24, 68
Projektion
    parallele 322
Projektionsart 48
Punktpositionen 50

R

Radiergummi 118, 324
Rasterweite 293
Rechteck 56, 109
RGB 191
Röntgen-Darstellung 320
Röntgen-Modus 185
Rotieren 322
Rotierfunktion 37
Ruby-Konsole 341
Ruby-Skriptbeispiele 337
Rückgängig 117, 313

S

Sandkiste 291, 325
Sandkistenfunktionen 337
Schatten 213, 318, 334
Schattenanzeige 216
Schattenwurf 334
Schließen
    Gruppe/Komponente 315

Schnitte 316
Schnittebenen 316, 325
Schnittmenge 290
Seitenansicht 313
Semikolon 198
Skalieren 108, 128, 276, 324
SketchUp-Nutzerhandbuch 26
Sonnenlauf
    animiert 227
Sonnenstand 218
Speichern 311
Speichern unter 311
Speicherorte 82, 336
Sperren 314
Spiegeln 126
Spirale 105
Standardansichten 322
Standardprogramm
    zur Pixelverarbeitung 339
Standardvorlage 22
Standardzeichnungsvorlage 339
Statistik 80, 328
Stile 219, 332
    bearbeiten 221
    mischen 221
Strecken 137
Stutzen 288
Subtrahieren 287
Sweeping 144
Symbolleisten 24, 87, 316
Systemanforderungen 15
Szenen 321, 333
Szenen-Manager 226
Szenenregister 316
Szenenübergänge 321
Szenenverzögerung 321

T

Tastenkombinationen 85, 338
Teilen 290
Text 81, 325
Texturen 320, 326, 341
Tiefenschärfe 318
Tools-Menü 72, 324
Treiberfehler 339
Trennzeichen 198
Treppe
    konstruieren 163
Türöffnung 76

U

Überlappungsvolumen 287
Überzeichnen 241
Umkehren 312
Umschauen-Funktion 224, 324

V

Verdeckte Kanten 212
Vereinigen 287
Vereinigung 65
Verlängerung 318
Versatz 119, 324
Verschieben 324
Verschneiden 290, 315
Verschnitt 65
Versetzen 119
Versteckte Befehle 115
Vervielfältigen 131
Vieleck 111
Volumen 32
Volumenermittlung 288
Volumeninhalt 285
Volumenkörper 64
    erzeugen 285
Volumenkörperfunktionen 117
Volumenkörper-Gruppe 65
Volumenkörper-Komponente 65
Volumenkörperobjekte 285
Voreinstellungen 82, 336
Vorlage 22, 278, 339
Vorne
    Ansicht 322

W

Weiche Fläche 293
Weitwinkelobjektiv 323
Werkzeugsymbole
    klein/groß 336
Werteeingabe
    exakte Eingaben 56
Wiedergabe
    Animation 321
Wiederholen 313
Willkommensseite 341
Winkeleinheit 77
Winkelmesser 325

Z

Zahlenwerte 57
Zeichenerleichterungen 86, 340
Zeichnen 72, 93
    mit exakten Werteeingaben 47
Zeichnen-Menüs 324
Zeichnung
    als Komponente einfügen 170
    in Layer aufteilen 193
Zeichnungsdatei 68
Zentriert
    plotten 276
Zerlegen
    einer Komponente 159
Zoombereich 323
Zoomen 37, 323
Zurücknehmen
    Aktionen 312
Zweipunktperspektive 322

Georg Hornung

GIMP 2.6 Praxisbuch
mit Übungen und Video-Tutorials

- Von den Grundlagen der Bildbearbeitung und Fotoretusche bis hin zu Profi-Themen wie HDR, Script-Fu und RAW
- Unterteilung der Abschnitte für Anfänger, Fortgeschrittene und Profis
- Mehr als 90 Minuten Video-Tutorials auf DVD-ROM

GIMP 2.6 ist ein kostenloses und frei verfügbares Bildbearbeitungsprogramm, das keine Wünsche offen lässt und mit dem Sie Ihre Bilder beinahe genauso gut bearbeiten können wie mit den bekannten teuren Softwareprodukten.

Dieses umfassende Praxisbuch führt Sie Schritt für Schritt in GIMP ein: Sie erlernen nicht nur die grundlegenden Arbeitstechniken für einfache Korrekturen von Fotos wie das Bearbeiten bestimmter Bildbereiche oder die gezielte Retusche von Fehlern oder störenden Details. Sie erfahren auch etwas über die Arbeit mit Ebenen, Ebenenmasken, Kanälen und Pfaden. Letztlich führt der Autor Sie sogar in Profi-Themen wie die Erstellung von HDR-Bildern, die Möglichkeiten von Script-Fu, die Skriptsprache von GIMP, und die RAW-Entwicklung ein. Dabei wird die erforderliche Theorie so kurz wie möglich gehalten. Alle wichtigen Werkzeuge und Befehle werden präzise beschrieben und zahlreiche praktische Übungen zeigen Ihnen, wie Sie das Gelesene gleich in der Praxis anwenden können.

Der Autor Georg Hornung nimmt eine Einteilung der einzelnen Unterkapitel für Anfänger, Fortgeschrittene und Profis vor, die Ihnen das gezielte Erlernen bestimmter GIMP-Funktionalitäten noch leichter macht. Durch die auf der beiliegenden DVD enthaltenen Video-Tutorials werden Ihnen zusätzlich auch anfangs kompliziert erscheinende Bearbeitungsvarianten schnell klar und Sie können auf diese Weise Ihr Wissen vertiefen.

So erhalten Sie – immer praxisnah mit Beispielen, Übungen und Video-Tutorials belegt – einen umfassenden Einblick in die Möglichkeiten dieses tollen Open-Source-Programms und Sie werden in die Lage versetzt, das Erlernte sofort erfolgreich an den eigenen Bildern anzuwenden.

Probekapitel und Infos erhalten Sie unter:
www.mitp.de/5517

ISBN 978-3-8266-5517-3

Markus Hiermer

Autodesk
Revit Architecture 2012
Grundlagen

- Einführung und Workshop
- In 12 Schritten vom Entwurf zum Gebäudemodell
- Inklusive Trial-Version von Autodesk Revit Architecture 2012

Der Begriff BIM – Building Information Modelling – wurde vom Hersteller Autodesk für die Software Revit Architecture geprägt und hat binnen kurzer Zeit die ganze CAD-Welt erfasst. In der Tat bietet die Software neue Möglichkeiten der Erfassung und Auswertung von Daten für ein 3D-Modell eines Bauwerkes, allerdings ist dafür an manchen Stellen auch ein Umdenken bei der CAD-Konstruktion nötig.

Der Autor zeigt anhand eines praktischen Beispiels Konzepte, Probleme und deren mögliche Lösungen, damit Neueinsteiger sowie Umsteiger möglichst rasch und problemlos die Grundlagen des Programms erlernen können. Für jedes der logisch aufgebauten Kapitel im Buch stehen entsprechende Beispieldaten auf dem beiliegenden Datenträger zur Verfügung.

Aus dem Inhalt:
- Installationshinweise
- Navigation im Programm
- Erlernen der grundlegenden Befehle anhand eines durchgängigen Beispielplans
- Erstellen eigener Vorlagen
- Arbeiten mit Tastatur-kürzeln
- Rendern in Revit
- Einführung in den Familieneditor

Auf CD/DVD:
- Demo-Version von Autodesk Revit Architecture 2012
- Alle Beispielgrundrisse der einzelnen Kapitel
- Optimierte Tastaturkürzel-Datei
- Verschiedene Bibliotheksdateien

Probekapitel und Infos erhalten Sie unter:
www.mitp.de/9089

ISBN 978-3-8266-9089-1

Detlef Ridder

AutoCAD® 2012
für Architekten und Ingenieure

- Für die Versionen AutoCAD 2012 und AutoCAD LT 2012
- Konstruktionsbeispiele aus Architektur, Handwerk und Technik
- Auf DVD: AutoCAD-Testversion (30 Tage, für 32-Bit), Beispielzeichnungen, AutoLISP-Programme

Dieses Grundlagen- und Lehrbuch zeigt Ihnen anhand konkreter Praxisbeispiele aus Architektur, Handwerk und Technik die Möglichkeiten von AutoCAD 2012 und AutoCAD LT 2012 und richtet sich insbesondere an AutoCAD-Neulinge, die Wert auf einen gründlichen, praxisnahen Einstieg legen.

Mit der 30-Tage-AutoCAD-Testversion (32-Bit) und allen Übungszeichnungen auf der DVD können Sie sofort beginnen und in Kürze Ihre ersten eigenen Zeichnungen erstellen. Dabei arbeiten Sie von Anfang an mit typischen Konstruktionsaufgaben, wie sie Ihnen auch im Studium oder Berufsleben begegnen. Die wichtigsten Vorgehensweisen werden mit konkreten Beispielen erklärt und geübt.

Am Ende eines jeden Kapitels finden Sie Übungsaufgaben zum Konstruieren sowie Testfragen mit Lösungen.

Zahlreiche Befehle werden detailliert erläutert, wie z.B.:

- Zeichnen mit LINIE, BOGEN, PLINIE, Multilinie/Doppellinie und Schraffur
- Objektwahl und Editieren (VERSETZ, STUTZEN, DEHNEN, ABRUNDEN, FASE, SCHIEBEN, KOPIEREN, DREHEN, SPIEGELN, BRUCH, VERBINDEN), auch mit Griffen und Eigenschaften-Manager und Schnell-Eigenschaften
- Komplexe Editierbefehle: verschiedene Anordnungsverfahren, TEILEN, MESSEN, STRECKEN, VARIA, LÄNGE
- Zusammengesetzte Objekte: BLOCK, WBLOCK, Dynamische Blöcke (auch mit Attributen für Stücklisten) und externe Referenzen
- Parametrisches Konstruieren für Variantenteile und dynamische Blöcke mit Blocktabelle
- 3D-Modellierung mit Volumenkörpern, Netzkörpern und NURBS-Flächen
- Menü-Anpassungen (CUI), Makro-Aufzeichnung mit dem ActionRecorder, Einführung in AutoLISP-Programmierung
- Beschreibung der Expresstools

Probekapitel und Infos erhalten Sie unter:
www.mitp.de/9091

ISBN 978-3-8266-9091-4

Detlef Ridder

AutoCAD 2013 und LT 2013 für Architekten und Ingenieure

- Für die Versionen AutoCAD 2013 und AutoCAD LT 2013
- Konstruktionsbeispiele aus Architektur, Handwerk und Technik
- Auf DVD: AutoCAD-Testversion (30 Tage, für 32- und 64-Bit), Beispielzeichnungen, AutoLISP-Programme

Dieses Grundlagen- und Lehrbuch zeigt Ihnen anhand konkreter Praxisbeispiele aus Architektur, Handwerk und Technik die Möglichkeiten von AutoCAD 2013 und AutoCAD LT 2013 und richtet sich insbesondere an AutoCAD-Neulinge, die Wert auf einen gründlichen, praxisnahen Einstieg legen.

Mit der 30-Tage-AutoCAD-Testversion (32- und 64-Bit) und allen Übungszeichnungen auf der DVD können Sie sofort beginnen und in Kürze Ihre ersten eigenen Zeichnungen erstellen. Dabei arbeiten Sie von Anfang an mit typischen Konstruktionsaufgaben, wie sie Ihnen auch im Studium oder Berufsleben begegnen. Die wichtigs-ten Vorgehensweisen werden mit konkreten Beispielen erklärt und geübt.

Am Ende eines jeden Kapitels finden Sie Übungsaufgaben zum Konstruieren sowie Testfragen mit Lösungen.

Zahlreiche Befehle werden detailliert erläutert, wie z.B.:

- Zeichnen mit LINIE, BOGEN, PLINIE, Multilinie/Doppellinie und Schraffur

- Objektwahl und Editieren (VERSETZ, STUTZEN, DEHNEN, ABRUNDEN, FASE, SCHIEBEN, KOPIEREN, DREHEN, SPIEGELN, BRUCH, VERBINDEN), auch mit Griffen und Eigenschaften-Manager und Schnell-Eigenschaften

- Komplexe Editierbefehle: verschiedene Anordnungsverfahren, TEILEN, MESSEN, STRECKEN, VARIA, LÄNGE

- Zusammengesetzte Objekte: BLOCK, WBLOCK, Dynamische Blöcke (auch mit Attributen für Stücklisten) und externe Referenzen

- Parametrisches Konstruieren für Variantenteile und dynamische Blöcke mit Blocktabelle

- 3D-Modellierung mit Volumenkörpern, Netzkörpern und NURBS-Flächen

- Menü-Anpassungen (CUI), Makro-Aufzeichnung mit dem ActionRecorder, Einführung in AutoLISP-Programmierung

- Beschreibung der Expresstools

Probekapitel und Infos erhalten Sie unter:
www.mitp.de/9276

ISBN 978-3-8266-9276-4

Bleiben Sie in Kontakt.

www.mitp.de

Hier finden Sie alle unsere Bücher, kostenlose Leseproben
und ergänzendes Material zum Download.

Auf Twitter und Facebook erfahren Sie Neues aus dem Verlag
und zu unseren Produkten.

Folgen Sie uns auf:

www.twitter.com/mitp_verlag

Finden Sie uns auf Facebook:

www.facebook.com/mitp.verlag

Printed in Germany
by Amazon Distribution
GmbH, Leipzig